光明社科文库
GUANGMING DAILY PRESS:
A SOCIAL SCIENCE SERIES

·法律与社会书系·

中国保险资金运用的法律限制研究

乔 石丨著

光明日报出版社

图书在版编目（CIP）数据

中国保险资金运用的法律限制研究 ／ 乔石著 . -- 北京：光明日报出版社，2021.4

ISBN 978 - 7 - 5194 - 5892 - 8

Ⅰ.①中… Ⅱ.①乔… Ⅲ.①保险资金—资金占用—保险法—研究—中国 Ⅳ.①D922.284.4

中国版本图书馆 CIP 数据核字（2021）第 056996 号

中国保险资金运用的法律限制研究

ZHONGGUO BAOXIAN ZIJIN YUNYONG DE FALÜ XIANZHI YANJIU

著　　者：乔　石

责任编辑：陆希宇　　　　　　　　　责任校对：刘欠欠

封面设计：中联华文　　　　　　　　责任印制：曹　净

出版发行：光明日报出版社

地　　址：北京市西城区永安路 106 号，100050

电　　话：010 - 63169890（咨询），010 - 63131930（邮购）

传　　真：010 - 63131930

网　　址：http://book.gmw.cn

E - mail：luxiyu@ gmw.cn

法律顾问：北京德恒律师事务所龚柳方律师

印　　刷：三河市华东印刷有限公司

装　　订：三河市华东印刷有限公司

本书如有破损、缺页、装订错误，请与本社联系调换，电话：010 - 63131930

开　　本：170mm × 240mm

字　　数：205 千字　　　　　　　　印　　张：16

版　　次：2021 年 4 月第 1 版　　　　印　　次：2021 年 4 月第 1 次印刷

书　　号：ISBN 978 - 7 - 5194 - 5892 - 8

定　　价：95.00 元

序　言

在现代保险业经营中，保险资金运用具有举足轻重的作用。一方面，保险资金通过合理配置资产实现保值增值，以维持行业稳定运营，保障消费者合法权益；另一方面，保险业依托保险投资支持实体经济，参与社会治理体系建设。近十余年里，我国保险资金运用的发展日新月异，但配套法律制度建设仍显不足。本书以保险资金运用的法律限制为题，是一次很有意义的探索。从财务角度看，总的来说，保险资金具有负债性，主要用于履行保险责任，受负债成本和偿付能力约束，保险投资既不属于纯粹的自营投资，又不同于信托性质的资产委托管理。在法学视角下，如何解释保险资金运用的这种独特性，进而形成有利于规范行业健康发展的立法建议，以法律限制作为切入点，可谓其中要害，是不错的路径选择。

在我看来，本书具有三个鲜明特点：一是系统性，从保险资金运用的构成要件、遵循法律限制的理论与实践基础、境内外现状及分析，到法律制度的具体完善建议，本书均作了全面论述，内容非常充实；二是专业性，保险资金具有什么特点、保险资金运用与保险合同具有何种联系、保险资金运用监管遵循哪些理论依据、其他资金如养老保障管理业务资金应如何定性，这些问题的回答需要对保险合同法、保险业法以及保险学进行深入研究，本书作了很好的尝试；三是实践性，本书的核心观点是确立保险资金运用法律限制的理念、构建制度体系并提出具体完善建议，这正是当前我国保险资金运用监管体制改革所面临的任务，本书研究结论可为行业实践提供很有价值的参考。

本书作者乔石与我共事多年，看到他的专著出版，我由衷地为他高兴，也深知他的付出。平衡工作、家庭与学业，并不是一件容易的事。回想起来，乔石最早与我讨论本书选题是在 2016 年秋天，那时他在中国人民保险集团，参与《保险法》修订等工作时，就一直积极思考保险合同与保险资金运用之间的联系、保险资金运用的独特之处。之后，他调入中国人民养老保险有限责任公司——年金受托投资管理与第三支柱养老保险服务的专业平台，工作内容与研究方向更加契合，也算是一种机缘。登山则情满于山，观海则情溢于海。这些年来，一直能够看到乔石的努力，期待他有更多高质量的研究成果问世，为保险理论和实践做出更多的贡献。

是为序。

李祝用①

2020 年夏

---

① 中国人民保险集团股份有限公司党委委员、副总裁，中国保险法学研究会副会长

目 录
CONTENTS

导　论

一、研究背景与研究价值

本书的研究主题为我国保险资金运用的法律限制。保险资金运用是保险经营活动的必要组成部分，是将保险行业归入金融行业的重要原因。法律限制是从法学视角下对于保险资金运用的研究，即保险资金运用是否应从法律上加以限制、应如何限制。本书旨在探讨两个核心问题：一是保险资金运用法律限制的理由以及我国遵循保险资金运用法律限制的意义；二是我国应如何完善保险资金运用的法律限制，将法律限制相关要求在监管制度中加以体现。在当前我国保险资金运用的发展背景下，对于相关问题的研究具有较大价值。

（一）研究背景

我国保险资金运用市场发展迅速，亟待完善配套法律法规制度，须以相关研究为基础。根据中国保险资产管理业协会于 2020 年年初发布的2019—2020 年保险资管业综合调研数据，截至 2019 年年底，我国保险资产管理机构受托的管理资产规模已达 18.11 万亿，与 2018 年年底相比，规模增长 16.45%。① 在资产配置上，保险资金广泛参与资本市场的各类投资活动，包括银行存款、政府债券、金融债券等标准化固定收益类资产，股票、股票型基金、未上市企业股权等权益类资产，商业银行理财产品、集合资金信托计划、专项资产管理计划、基础设施投资计划等非标准化资产管理产品等。近年来，一系列重大保险投资行为，如中国人寿收购广发银行、中国平安收购伦敦劳合社大楼、中国人保入股兴业银行和华夏银行等，引发了社会的极大关注。与保险资金运用的迅速发展相比，保险资金运用相关法律法规亟待完善，突出表现为《保险法》相关规定滞后、高效力层级立法缺失、监管制度无法有效衔接等问题，一定程度上制约了保险资金运用市场的进一步发展。此种背景下，加强保险资金运用相关问题的研究，为立法完善提供依据，成为当前保险法理论界和实务界面临的首要任务。

一些不规范的保险投资行为频繁发生，使保险资金运用的法律限制问题成为讨论焦点。近年来，一些保险公司在资本市场的收购行为将保险资金运用推上了社会舆论的风口浪尖，如前海人寿使用保险资金参与收购万科公司股票事件、阳光保险举牌伊利股份等。加强保险资金运用监管成了行业焦点，保险资金运用是否应受到限制、应如何进行限制等，是当前我国保险市场发展中迫切需要解决的实践问题。2016 年，原中国保监会②因

---

① 2019 年保险资管机构管理资产规模超过 18 万亿元［EB/OL］. 财经时报网，2020 – 03 – 31.

② 2018 年 3 月 21 日，中国银行业监督管理委员会和中国保险监督管理委员会职责整合，成立中国银行保险监督管理委员会，作为国务院直属事业单位。按照当前我国金融业的习惯做法，本书将"中国保险监督管理委员会"简称为"原中国保监会"，将"中国银行保险监督管理委员会"简称为"中国银保监会"。

查处"老鼠仓"案件,暂停浙商财险的股票投资能力备案资质①;因存在短期内频繁买卖上市公司股票情形,暂停恒大人寿的委托股票投资活动②;2017 年,原中国保监会同样因不规范开展保险资金运用活动,对原前海人寿董事长姚振华给予撤销任职资格并禁入保险业 10 年的"顶格"处罚③;对恒大人寿处以下调权益类资产的投资比例上限至 20% 的处罚④。大量行政处罚的做出,显示了监管机构严格规范保险资金运用行为的立场,但从相关处罚决定的具体内容看,处罚依据不明确、尺度不统一等问题在某种程度上依然存在,折射出相关理论研究尚不深入,法律制度仍有待完善的问题。2017 年,原中国保监会先后印发《关于进一步加强保险监管 维护保险业稳定健康发展的通知》(保监发〔2017〕34 号)、《关于进一步加强保险业风险防控工作的通知》(保监发〔2017〕35 号)、《关于强化保险监管 打击违法违规行为 整治市场乱象的通知》(保监发〔2017〕40 号)、《关于保险业支持实体经济发展的指导意见》(保监发〔2017〕42 号)、《关于弥补监管短板构建严密有效保险监管体系的通知》(保监发〔2017〕44 号)等系列文件(保险行业内称为"1 + 4"系列文件),将保险乱象整治作为加强保险业监管的核心任务。"1 + 4"系列文件印发至今,保险资金运用一直是保险乱象整治的重要内容,而健全相关法律制度则是从根源上杜绝此类乱象的基础。

---

① 关于暂停浙商财产保险股份有限公司股票投资能力备案的通知(保监资金〔2016〕225 号)〔EB/OL〕. 中国保险监督管理委员会,2016 – 11 – 08.
② 关于暂停恒大人寿保险有限公司委托股票投资业务的通知(保监资金〔2016〕237 号)〔EB/OL〕. 中国保险监督管理委员会,2016 – 12 – 09.
③ 中国保险监督管理委员会行政处罚决定书(保监罚〔2017〕13 号)〔EB/OL〕. 中国保险监督管理委员会,2017 – 02 – 24.
④ 中国保险监督管理委员会行政处罚决定书(保监罚〔2017〕14 号)〔EB/OL〕. 中国保险监督管理委员会,2017 – 02 – 25.

（二）研究价值

理论价值上，当前我国对于保险业法，尤其是保险资金运用相关问题的研究尚不充分，本书的探讨是加强此方面研究的积极探索。一直以来，我国的保险法研究存在"重保险合同法、轻保险业法"之嫌，对保险合同项下权利义务关系的研究较多，而保险公司的公司治理、保险资金运用、保险行业的准入与退出等保险业法问题，则少有问津。① 事实上，保险合同法属于合同法的特别法②，在研究上以民法理论为基础，而保险法之所以成为商法的传统组成部分，一个重要原因便在于涵盖保险业法的内容。保险资金运用是保险业法的重要研究方向，对保险资金运用法律限制问题的系统性探讨，有利于加强当前保险业法的理论研究。同时，随着我国保险资金运用市场的不断发展，一些争议性问题逐渐出现，迫切需要在理论上加以论证和解释，其中的一个争议焦点便是保险资金运用的法律限制问题。形式上，保险资金运用表现为保险公司的自主投资行为，投资范围、投资策略等均由保险公司决定，与投保人、被保险人、受益人等保险消费者并无直接关联。但是，保险资金主要来源于保险消费者缴纳的保险费，保险资金运用的盈亏与保险消费者利益息息相关。因此，如何看待法律制度层面对保险公司意思自治与保险消费者利益保护之间的平衡，是否应从法律上对保险资金运用做出限制、应如何进行限制，具有理论探讨的意义。目前，该问题尚未形成成熟的理论认识，本书研究是在此方面的积极探索。

---

① 邹海林. 保险法学的新发展［M］. 北京：中国社会科学出版社，2015：11－15.
② 《保险法》与《合同法》均是基本法律，属于同一效力位阶。保险合同本质上仍是一种合同，对于保险合同的缔结、履行、解除等，《保险法》有规定的，优先适用《保险法》；《保险法》没有规定的，则应适用《合同法》。由此，可以认为，保险合同法属于合同法的特别法。

实践价值上，完善保险资金运用相关法律制度、规范保险公司投资行为是推进我国保险业改革的重要方向，本书的探讨将为此提供参考。法律层面，我国《保险法》对于保险资金运用的规定仅第一百零六条一个条文，相对原则且内容滞后，已经难以适应保险资金运用发展实践。监管制度层面，当前我国保险资金运用相关的行业监管规定纷繁复杂，大多是效力等级较低的"通知""暂行办法"等规范性文件，数量虽多却缺乏相互之间的有效衔接，往往是针对具体问题，"头痛医头、脚痛医脚"，没有形成健全的制度体系。此外，前海人寿参与收购万科等一系列不规范保险投资活动的发生，更加剧了完善保险资金运用法律限制相关法律法规、监管制度和规范保险公司投资行为的迫切性。本书以保险资金运用的法律限制为研究内容，对保险资金运用是否应进行限制、应如何实现对保险资金运用的法律限制、法律限制的边界等问题进行深入分析，进而提出完善相关法律制度的建议，为立法实践和监管实践提供一定参考。

二、研究现状

（一）国内的研究情况

从国内的研究情况看，尚没有以保险资金运用的法律限制为主题的专门性研究，对本书内容具有借鉴意义的探讨体现在保险资金运用相关的法学研究成果中，主要包括以下三个方面。

一是关于保险资金运用相关法律制度的反思，在完善建议中涉及法律限制问题。根据我国保险资金运用法律制度的不同发展阶段，此类研究大致可以分为两类：一类是在 2012 年以前的研究成果，鉴于当时法律制度极为不健全，提出立法完善上的宏观建议。如建议完善我国保险投资的法律环境，赋予保险机构在投资方式上具有选择权，在拓宽保险投资方式的同时适度控制投资比例①；建立我国保险资金运用监管制度体系，对保险机构的组织机制进行规范，进一步明确保险资金运用的渠道②；丰富保险资金运用的比例限制规则，对不同的保险资金投资做出区别对待③。另一类是在 2012 年以后的研究成果，针对逐步建立起的保险资金运用监管制度，提出相对具体的改进建议。如通过分析保险监管体系的有效性，对保险资金运用中的重点监管问题进行反思，建议根据市场发展情况逐步取消对保险资金运用的比例限制④，进一步放宽投资范围⑤；通过研究保险资金运用的原理和法律关系，探讨保险资金运用法律规制中存在的不足，对当时的保险资金运用专项监管制度⑥提出具体修改建议⑦；以保险资金投资于上市公司股票为视角，探讨金融与商业相分离的原则下，平衡保险资金运用的收益性与安全性，区分保险准备金投资与保险公司自有资金投资的路径⑧。

二是关于保险资金运用监管的实证研究，在新时期我国保险资金运用

---

① 费安玲，王绪谨. 保险投资监管法律问题的思考［J］. 北京商学院学报，2000（1）：37 - 40.

② 卢劲松. 我国保险资金运用监管法律制度的缺失及其完善［A］. 中国商法年刊（2007）：和谐社会构建中的商法建设［C］. 北京：北京大学出版社，2008：660 - 666.

③ 姜淞源. 各国保险资金运用法律监管的比较与借鉴［J］. 经济研究导刊，2008（12）：119 - 121.

④ 祝杰. 我国保险监管体系法律研究——以保险资金运用为视角［D］. 长春：吉林大学，2011：112 - 129.

⑤ 祝杰. 我国保险资金运用法律规则的审视与优化［J］. 当代法学，2013（3）：86 - 93.

⑥ 该监管制度为原中国保监会于 2010 年颁布的《保险资金运用管理暂行办法》（保监会令 2010 年第 9 号），现已被原中国保监会于 2018 年颁布的《保险资金运用管理办法》（保监会令〔2018〕1 号）所取代，该研究成果发表于 2012 年。

⑦ 金涛. 保险资金运用的法律规制［M］. 北京：法律出版社，2012：93 - 214.

⑧ 李伟群，胡鹏. 保险机构股票投资行为的法律规则——以"金融与商业分离原则"为视角［J］. 法学，2018（8）：182 - 192.

的监管原则、监管政策等论述中，涉及投资原则、投资范围等法律限制问题。2012 年 10 月以后，我国进入新一轮的保险资金运用体制改革，实务界和理论界对保险资金运用的实践与发展探讨较多。如提出我国保险资金运用市场已进入新常态发展阶段，根据不同资产的风险收益特征，来确定保险投资的总体思路①；保险资金运用应坚持稳健审慎的原则，服务于保险主业，以投资固定收益类资产为主，投资股权、基金等非固定收益类资产为辅②；保险公司作为机构投资者具有自身独特性特征，应加强保险资金在资产配置上的合理性，提升运用效率③；基于外部性理论和保险公司的企业社会责任，在"大资管"时代应不断创新保险资金运用的监管思路④。

　　三是对于保险资金运用监管制度的比较研究，其中涉及法律限制相关规定的讨论。如从保险资金运用的渠道与方式、监管情况、资产负债管理的特点等角度，对不同国家或地区的保险资金运用情况进行比较，建议区分保险资金运用在寿险和产险情形下的不同要求，建立保险投资的最高额度和比例限制⑤；探讨英国保险资金运用监管对我国的借鉴⑥；比较国内外保险公司在资金运用方面的不同，提出对国内保险公司资金运用的改进建议⑦；基于保险资金运用在资产结构状况方面的比较分析，探讨我国应

---

① 陈文辉，等．新常态下中国保险资金运用研究 ［M］．北京：中国金融出版社，2016：4 - 16.
② 陈文辉．保险资金运用原则 ［J］．中国金融，2016 (18)：9 - 11.
③ 缪建民，等．保险资产管理的理论与实践 ［M］．北京：中国经济出版社，2014：232 - 253.
④ 熊海帆．"大资管"时代的保险资金运用监管创新——基于外部性及企业社会责任的视角 ［M］．北京：经济科学出版社，2015：162 - 194.
⑤ 孟昭亿．保险资金运用国际比较 ［M］．北京：中国金融出版社，2005：211 - 231.
⑥ 杜墨．英国保险资金的运用、监管及其借鉴 ［J］．保险研究，1999 (4)：44 - 46.
⑦ 杨帆，韩卫国，甘露．保险资金运用国际比较研究 ［J］．保险研究，2002 (6)：11 - 14.

完善的方向①；通过对美国《保险公司投资示范法》的研究，分析对我国的借鉴价值②；主要从国家在保险资金运用监管政策的比较上，探讨国际经验对我国的启示③，提出我国保险资金运用模式的构建思路④。

（二）其他国家或地区的研究情况

我国台湾地区在保险立法历程、保险业发展等方面与大陆具有较多相似性，台湾地区学者关于保险资金运用法律限制的研究成果，对本书研究具有较高借鉴价值。台湾地区所谓"保险法"对于保险资金运用的限制包括资金运用项目、资金运用比例、资金运用对象、取得处分等多个方面，要求较为严格，即使保险公司的投资行为在形式上符合相关规定，但事实上仍存在介入被投资公司经营的可能性。因此，在积极发挥保险资金之作用与限制保险的金融机能之间，应掌握合理的制度，正确发挥保险公司所拥有的庞大经济资源。⑤ 台湾地区所谓"保险法"规定，保险资金投资于股票的资金总额不得超过该上市公司实收资本总额的百分之十，此种做法并不能完全实现保险公司不介入被投资公司之经营，台湾地区所谓"保险法"所采用的正面列举限制事项的方式，应调整为负面列举方式，规定保险资金运用不得开展的行为范围，增强保险市场的活力与创造力⑥。基于对保险产业安排资产组合方式的分析，发现台湾地区保险业积累的保险资

① 张洪涛. 美日英韩四国及台湾地区保险资金运用的启示［J］. 保险研究，2003（5）：38 – 40.
② 徐高林. 美国财险公司投资示范法研究与借鉴［J］. 国际商务（对外经济贸易大学学报），2006（6）：47 – 51.
③ 曲扬. 保险资金运用的国际比较与启示［J］. 保险研究，2008（6）：83 – 85.
④ 曾庆久，蔡玉胜. 保险资金运用和监管的国际比较与借鉴［J］. 经济纵横，2007（5）：49 – 51.
⑤ 江朝国. 保险业之资金运用［M］. 台北：保险事业发展中心，2003：177 – 180.
⑥ 梁昭铭. 保险业资金运用规范之妥当性——以中寿投资开发金衍生之争议为例［D］. 台北：台湾政治大学，2005.

金大多数并未投入社会公共体系投资，应统筹规划保险资金的运用方向，使保险资金能够通过市场价格机能选择是否转换其资金运用渠道①。在保险资金投资股权与介入经营问题上，基于两岸相关规定的比较研究，应考虑因保险资金组成之不同而采取差异化的限制措施，对于保险公司的自有资金应降低限制要求，对于保险准备金则应加以适度限制②。

　　保险资金运用起源于西方国家的保险实践，美国、英国等金融业发达国家在保险资金运用领域的基础理论研究及在法律限制方面的举措，对本书具有重要参考意义。保险资金运用理论根源于 20 世纪 50 年代创立的资产组合学说，其目标在于合理描述经济主体应如何持有不同资产，如何调整比例配置，从而使投资风险损失最低，保障预期收益最大。资产组合学说是保险资金运用的理论基础③。在保险领域，收益与风险是保险投资时必须考虑的两个方面，而将风险控制在合理范围内，是保险公司进行投资决策时考虑的重要因素④。在西方国家金融业普遍采取混业经营模式的背景下，保险公司的投资自主性更强，保险资金运用中的风险控制与风险管理，不仅是保险企业维持自身经营的重要因素，同样是相关法律法规制定的依据⑤。保险承保业务与保险资金运用之间存在动态的相互影响⑥，保

①　梁宏源，彭亚筑，黄胤茜，等. 台湾保险业资金资产配置允当性之探讨［R］. 台北：台湾致理技术学院保险金融管理系，2011.

②　陈俊元. 保险资金投资股权与介入经营问题——两岸法制之比较［N］. 中国保险报，2015 - 10 - 23.

③　MARKOWITZ H. Portfolio Selection［J］. Journal of Finance，1952，7（1）：77 - 91.

④　LAWRENCE J D. Investment Policies of Life Insurance Companies［M］. Cambridge：Harvard University，1968.

⑤　PRAET P. Fixed Income Strategies of Insurance Companies and Pension Funds，Bank for International Settlements［R］. The Committee on the Global Financial System Report，2011.

⑥　JACKSON C J. Stochastic Models of a Risk Business Operating under the Influence of Investment Fluctuation［M］. University of Wisconsin，1971.

险资金中来源于保险负债端的部分越多，保险企业投资行为的激进性越大，为了维护市场稳定，有必要从法律制度层面对投资行为进行一定的控制①。保险公司在开展运用资金活动时，尤其是运作组合投资，应统筹考虑风险大小、投资收益与监管成本、信用成本之间的相互匹配关系②。对于寿险业务来说，利率风险是保险资金运用中的重要风险，应通过合理的法律规范，引导保险公司降低利率风险水平，保护保险消费者的利益③。实践中，基于保险资金运用的风险管理理论，美国保险监督官协会（National Association of Insurance Commissioners）制定了保险公司"基于风险的资本金示范法"（Risk – Based Capital Insurers Model Act）以及基于风险的资本金（RBA）标准④。关于该法案的研究成果成为多数国家制定保险资金运用相关法律法规的依据，其核心内容在于保险投资与保险业务的相关性、保险资金的比例控制、投资收益与监管成本的相互匹配等⑤。

三、研究内容

保险资金运用是保险法研究的重要领域之一，本书的研究内容是我国保险资金运用的法律限制问题，主要包括两个方面：一是保险资金运用法律限制的理由，特别是我国遵循保险资金运用法律限制的意义；二是我国应如何

---

① HARRINGTON S E, NELSON J M. A Regression – Based Methodology for Solvency Surveillance in the Property – Liability Insurance Industry [J] . Journal of Risk and Insurance, 1986, 53 (4): 583 – 605.

② REDDY S, MULLER M. Risk – Based Capital for Life Insurers: Part Ⅱ Assessing the Impact [J] . Risks and Rewards, 1993, 5 (9): 6 – 8.

③ BABBEL D F, ARTHUR B H. Incentive Conflicts and Portfolio Choice in the Insurance Industry [J] . Journal of Risk and Insurance, 1992, 59 (4): 645 – 654.

④ The web of National Association of Insurance Commissioners [EB/OL] .

⑤ 熊海帆. "大资管"时代的保险资金运用监管创新——基于外部性及企业社会责任的视角 [M] . 北京：经济科学出版社，2015：9.

实现保险资金运用的法律限制，即保险资金运用法律限制的完善建议。

保险资金运用法律限制的理由是研究的起点。从形式上看，保险资金运用是保险公司作为商主体自主开展的商行为，但保险资金主要来源于保险业务收入即保险费形成的保险准备金。实质上保险资金运用的实施效果与投保人、被保险人、受益人等保险消费者的利益密切相关。在保险公司自主开展投资活动与保险消费者利益保护之间实现平衡中，法律限制是保险行业监管实践中较为普遍的做法。在理论上，如何对保险资金运用法律限制的作用进行解释，尤其是基于我国保险业当前的发展现状，法律限制对保险资金运用发展的价值何在，目前尚无明确认识，这是本书研究的首要问题。从我国的情况看，保险业的发展呈现出自身特点，对我国遵循保险资金运用法律限制的意义做出进一步探讨，更有利于理解当前行业监管的目标，明确法律制度完善的方向。

探索我国应如何完善保险资金运用的法律限制是研究的落脚点。保险资金运用法律限制研究的目的在于指导实践，即我国应如何构建保险资金运用法律限制体系，完善相关监管规则。从当前情况看，我国的保险资金运用法律限制更多停留在对于某类具体投资行为的规范上，如保险资金投资股票或不动产时的相关限制要求，并没有形成完整的法律限制体系。从理论研究情况看，现有成果更多集中于保险资金投资特定领域的风险控制，或仅从行为方式的角度分析保险资金运用的法律限制措施，缺乏系统性、全面性的研究结论，对实践完善无法形成充分支撑。结合我国情况与境外先进经验，保险资金运用法律限制首先是行业监管中应遵循的一项理念，包括法律限制的主要原则和边界。本书在分析保险资金运用法律限制核心理念的基础上，从制度体系的构建和主体、客体、行为相关法律限制规则的优化等维度，对我国保险资金运用法律限制的完善提出建议，为行业实践提供更多参考。

四、研究思路与研究方法

（一）研究思路

本书遵循"阐明基础问题——分析法律限制原因——探究法律限制方式"的研究路径。保险资金运用是保险领域的特定概念，其内涵并不为社会所普遍认识，尤其是对于非保险专业人士，对保险资金运用相对陌生。本书研究起始于对保险资金运用构成要件的辨析，包括保险资金运用主体、客体、内容的指向和特点。在明晰保险资金运用相关要素的基础上，本书重点分析保险资金运用法律限制的理由，通过对保险资金运用负外部性问题的理论分析与境内外保险资金运用法律限制实践案例的归纳，阐明保险资金运用法律限制被世界各国保险立法所普遍采用的原因，进一步探究我国遵循保险资金运用法律限制的价值。本书研究的核心内容是保险资金运用法律限制的完善，结合对我国保险资金运用法律限制相关监管制度现状与不足的分析，在借鉴境外相关经验的基础上，从保险资金运用法律限制的总体思路、主要原则、制度结构、主体的限制、客体的限制、行为方式的限制等角度，全面探究如何对保险资金运用做出合理限制，对完善我国保险资金运用法律限制相关制度提出具体建议。

（二）研究方法

本书所采用的研究方法包括：实证研究，在当前我国保险行业实践情况的基础上，通过对保险公司开展资金运用情况、典型保险投资案例的分析，使研究结论具有实践价值，能够为立法及监管实践提供参考。规范研究，通过对我国保险资金运用法律限制相关制度的梳理分析，探讨不同层级法律制度之间的内在联系，研究当前立法中存在的突出问题，为构建符合我国保险业特点的保险资金运用法律限制制度体系、优化具体法律限制规则提出建议。历史研究，自 20 世纪 80 年代以来，我国保险资金运用市场经历了缺乏保险投资意识、无序投资、全面限制、适度放宽、全面放宽等不同发展阶段，出现了一系列与保险资金运用法律限制相关的典型案例，通过对保险资金运用发展过程的梳理及典型案例的分析，使研究结论具有充分的历史依据。比较研究，其他国家或地区在保险资金运用法律限制方面的立法经验和研究成果，对我国具有较大的借鉴意义。通过对美国、英国、德国、日本及我国台湾地区保险资金运用法律限制情况的比较分析，为研究结论提供了更多的域外经验参考。多学科交叉研究，除法学视角下的研究为基础外，还将从经济学、社会学、投资学等其他学科，对保险资金运用法律限制相关问题进行分析，如保险资金的不同组成及属性特征等，从保险学、会计学的角度加以解释，为研究保险资金运用法律限制规则的制定提供多视角的参考。

五、创新与不足

（一）本书的创新之处

如前所述，目前国内尚无以保险资金运用法律限制为主题的专门性研究成果，相关的研究也相对有限。本书研究具有以下创新之处。

一是选题上的创新。国内关于保险资金运用的研究成果较多，但主要集中于经济学、管理学方面，从法学视角下的研究相对较少，更缺乏以法律限制为视角对保险资金运用的系统性研究。本书在选题上关注点较为集中，即与法学研究关系最为密切的法律限制问题。在内容上，该选题主要涉及两方面要素：一是保险资金本身的特殊性，保险资金与其他类型资金存在何种差别，是从法律上对保险资金运用进行限制的基础；二是保险资金运用法律限制的理由，虽然对保险公司的资金运用行为加以适度限制是各国保险立法中通行的做法，但从理论上应如何解释，其不同于保险公司自身的风险管理措施，而是以法律法规及监管制度的方式做出，须具有明确的理论依据。从当前保险资金运用的研究情况看，对于本书选题所涵盖的两方面要素，理论界一直关注较少，并没有出现针对性的研究成果。

二是结论与观点的创新。国内从法学视角下对于保险资金运用的研究成果主要集中于2013年之前，而我国新一轮的保险资金运用体制改革则起始于2012年10月，大量行业监管制度颁布于2013年之后，如当前实践中普遍适用的《保险资金运用管理办法》，由原中国保监会于2018年1月颁布。在此种背景下，很多研究成果仅是针对2012年以前我国保险资金运用市场的情况，一些研究结论已显得滞后。如关于拓宽保险资金运用渠道的研究，很多发表于2009年之前，仅适用于《保险法》修改之前的保险资金运用市场，而目前保险公司已经可以将保险资金投资于资本市场上各类主要的投资渠道。① 又如保险资金运用的比例监管，原中国保监会于2014年颁布了《关于加强和改进保险资金运用比例监管的通知》，对行业实践影响较大，但该规定实施之后，尚无针对性的理论研究成果②。本书在研究内容上集中于保险资金的法律限制，主要包括保险资金本身的特殊性，从法律法规及监管制度上对保险资金运用进行适度限制的理由，如何对保险资金运用进行法律限制（包括主体资质的限制、资金组成的划分、投资范围和比例的限制、对不同投资行为的监管要求等），保险资金运用法律限制的边界等问题，结合国内外最新实践情况和保险法相关基础理论，形成较为系统的研究结论与观点，

---

① 拓宽保险资金运用的范围是2009年我国《保险法》修改时的重大变化之一，但即使现行《保险法》的规定，与当前我国保险资金运用市场的实践仍存在较大脱节，后文将详细论述。

② 原中国保监会《关于加强和改进保险资金运用比例监管的通知》（保监发〔2014〕13号）于2014年颁布，是当前确立我国保险资金运用比例监管的核心监管制度。

以期为当前行业发展实践提供更为全面的理论依据。

三是资料收集与梳理的创新。本书从当前我国保险资金运用相关法律法规及监管制度、行业实践情况及统计数据、保险资金运用法律限制相关的典型案例、不同国家和地区关于保险资金运用的立法情况及先进经验、国内外相关理论研究成果等不同方面，对研究主题相关的资料进行了全方位收集。结合研究主题，对相关文献资料做了较为深入的梳理和归纳，同时重点收集了近年来保险资金运用行业最新的实践信息和分析资料。本书对于相关资料的归纳和提炼，不仅用于支撑研究结论，而且对其他类似主题的研究也可提供帮助。

（二）本书存在的不足

保险资金运用是一个庞大的课题，具有丰富的内涵，受专业水平与资料收集所限，本书仍存在诸多不足之处。

一是研究的全面性不足。本书仅选取了保险资金运用的一个视角即保险资金运用的法律限制进行研究，并非对保险资金运用的全面研究，很多与保险资金运用相关的法律问题并不在研究范围之列。

二是相关学科的交叉研究不足。本书的研究以法学视角为主，虽然综合采纳了其他相关学科的研究成果，但更多是对法学研究的辅助，鉴于专业能力所限，缺乏更深层次的学科交叉研究，如以精算原理为基础的数据模型分析，文中并未使用。

三是资料收集方面的不足。本书在资料收集上仍以国内资料和国外资料的译文为主，在国外最新第一手资料的采纳上仍存在不足，尤其是对于非英语系国家保险资金运用情况的分析和研究相对有限。此外，保险资金运用市场始终处于不断的发展变化之中，本书对于保险资金运用法律限制的研究仅仅体现了当前阶段的理论认识和实践特征。随着保险行业实践不断发展，相关研究结论仍需不断完善。

第一章

保险资金运用的构成要件

保险资金运用是我国保险行业中普遍使用的特定词语，从一般意义上理解，其泛指保险经营主体将所积累的各类保险资金用于投资，使保险资金能够保值增值的行为。但是，从我国保险资金运用相关法律法规及监管制度看，《保险法》《保险资金运用管理办法》等主要规定并没有对保险资金运用的概念做出明确解释。"保险资金运用"虽然在各类保险法教科书中普遍出现，多数界定也仅体现出保险资金运用的某方面特征，缺少对各构成要件的全面论述①。

---

① 关于保险资金运用的界定，不同学科研究成果往往采取不同的方式。从保险学的角度，一般强调保险资金运用是一种以保险资金的保值增值为目的的投资行为或经济活动，将保险资金运用与保险投资相等同。如认为保险资金运用即保险公司在经营过程中将积累的保险资金部分用于投资，使保险资金得到增值的业务活动（黄华明. 风险与保险 [M]. 北京：中国法制出版社，2002：431）；保险资金运用是保险公司为了取得预期的收益而垫付资金以形成资产的经济活动（王绪谨. 保险学 [M]. 北京：高等教育出版社，2011：139）。从风险学的角度，侧重于揭示保险资金运用是保险公司的一种融资行为，受到资金组成等方面的限制，不同于保险投资。如认为保险资金运用是保险公司对自有资金和外来资金（主要为责任准备金）的闲置部分进行认许资产的重组以谋求盈利或从事某项事业的一种投资行为（[美] 马克·S. 道弗曼. 风险管理与保险原理（第9版）[M]. 齐瑞宗，译. 北京：清华大学出版社，2009：145）。从法学的角度，主要着眼于保险资金运用中的法律关系，如认为保险公司在运营过程中，必然要对自身多积累的保险费等保险资金进行投资，以保障保险赔偿责任的履行，获取更大的收益（任自力主编. 保险法学 [M]. 北京：清华大学出版社，2010：323）。

实际上，保险资金运用是一个相对复杂的概念，其主体、客体、内容等各构成要件均具有自身特殊性。保险资金运用的主体一般为保险公司，但其他机构同样可以成为保险资金运用的主体，如委托投资关系下的保险资产管理公司。保险资金运用的客体是保险资金，由于保险业务收入来源体现为保险费，保险资金往往被等同于保险费，保险资金运用即为保险费的投资。除保险费转化形成的保险准备金外，保险资金还包括保险公司的自有资金等其他资金种类；保险费也并不完全转化为保险准备金，除用于支付保险赔款外，保险费的流向还包括覆盖保险公司的销售成本、中介服务费用等。保险资金运用的内容包括保险资金运用模式和范围，保险公司可以自行投资，也可以委托第三方实施投资，并非仅指保险公司独立的投资行为；保险投资的范围也限定于银行存款、有价证券、房地产与股权等特定资产。

因此，保险资金运用的主体、客体、内容等各构成要件均具有特定的含义和指向，理解保险资金运用的各构成要件，是研究相关问题的基础。

第一节　保险资金运用的主体

在我国现行保险法律体系下，保险公司是开展保险经营活动的主体。[①]保险公司依据《公司法》《保险法》等相关法律法规，经保险行业监管机构审批通过后成立。一方面，保险公司通过自有资金和保险业务收入即保险费的积累，沉淀保险资金；另一方面，保险公司通过有效开展保险资金运用活动，保障偿付能力水平满足监管要求，维持赔付资金的流动性，以

---

① 《保险法》第六条。

满足向被保险人履行保险金给付或赔偿责任的能力。因此，从一般意义上理解，保险资金运用的主体即指保险公司。我国《保险法》规定，保险公司的资金运用活动应遵循稳健运行原则，保证资金运作的安全性①。该条规定作为保险资金运用最基础的法律原则，并未使用"保险资金运用"的表述，而是规定"保险公司的资金运用"，正体现了保险公司在保险资金运用中的核心地位。

　　保险公司是保险资金运用最重要的主体，但并不是任何保险公司均可以开展各类保险投资行为，保险资金运用对主体仍设定了相关条件。同时，除保险公司之外的其他类型组织，也可能构成保险资金运用的主体或利益相关主体。因此，在保险资金运用的主体问题上，除了明确保险公司的核心地位，仍存在很多相关理论问题值得探讨。首先是保险公司与保险资金运用的关系，从产生发展上看，保险资金运用是保险活动发展到一定阶段的产物，而保险公司的出现和逐步成熟为开展保险资金运用奠定了基础。现代意义上的保险资金运用是一种专业化的行为，保险公司作为活动主体必须具备相应的资质或条件。其次是保险资金运用的其他主体，包括广义的保险公司，即保险集团公司和保险控股公司；未采用公司制形式的保险经营组织，如互助合作社；在委托投资模式下实际从事资金运用的保险资产管理机构、其他资产管理机构等。最后是保险资金运用的利益相关主体，广义上的保险活动是由保险合同行为和保险资金运用行为共同组成的，两者均有天然联系，投保人、被保险人及受益人等保险消费者虽然不构成保险资金运用的主体，但对保险资金运用仍然具有利益相关性。保险公司具有较高的资金门槛要求，且必须为现金出资，保险资金运用的情况同样关系到保险公司股东的利益。

---

①　《保险法》第一百零六条。

一、保险公司与保险资金运用

（一）保险公司是资金运用产生与发展的基础

现代保险业经营被认为是"双轮驱动"模式①：一方面是承保业务端，即保险公司与投保人缔结保险合同，收取保险费，承担保险标的的损失赔偿风险；另一方面是投资业务端，即保险公司将累积形成的保险资金用于各类投资活动，使资金能够保值增值，在保障能够履行保险赔偿责任的基础上，获取超额收益。承保业务即保险业务②与保险资金运用并不是同步产生的。从起源上看，保险资金运用是在保险业务发展到一定阶段，随着保险公司的出现和保险资金累积到一定规模而逐步发展起来的。因此，保险公司的出现，为保险资金运用的开展奠定了基础。

在保险业务的起源上，保险思想在人类社会发展早期已经开始萌芽，但主要体现为一种经济上的互助行为③。如在公元前 5000 年的古埃及商队中，就有损失分担的互助性约定，对于货物运输过程中发生的损失，没有遭受损失的商人将给予遭受损失的商人一定的补偿。④ 在公元前 3 世纪左右，海上贸易活动中出现共同海损制度，将一个人或者一部分的损失由所有受益方分摊的做法，体现了多数人共同分摊损失、互助共济的保险精神。⑤ 一般认为，海上贸易中的船货抵押借款制度是现代保险的起源⑥。

---

① 魏华林. 保险的本质、发展与监管［J］. 金融监管研究，2018（8）：5.
② 广义上理解，保险业务应包括承保端的保险合同行为，为了方便表述，本书将保险业务端的保险合同行为称为"保险业务"，即狭义上的承保业务活动。
③ TRENERRY C F. The Origin and Early History of Insurance ［M］. Lawbook Exchange Ltd，2010：56 – 62.
④ 缪建民，等. 保险资产管理的理论与实践［M］. 北京：中国经济出版社，2014：4.
⑤ 初北平，曹兴国. 海上保险及其立法起源考［J］. 中国海商法研究，2013（4）：35.
⑥ NIEKERK J P V. Fragments from the History of Insurance Law ［J］. South Africa Mercantile Law Journal，2001（12）：104.

在船舶出海航行或货物通过海上运输之前，由于缺乏足够的资金，船东或货主往往需要通过借款的方式，为船舶的建造、修理或货物采购筹集资金。船货抵押借款制度的特殊之处在于借款人与放款人的约定，如果船货在航行中由于风暴、海盗、战争等灾难事故而沉没、灭失，则放款人的本金债权即告消灭。① 此种操作方式，实质上是将船货灭失的风险从船东或货主身上转移至放款人，具备了保险的风险转移功能。② 在公元 14 世纪左右，意大利沿海的城邦国家允许成立相互保险组织，专门经营此种船货抵押借贷业务，成为保险业的雏形。③ 到公元 14 世纪下半叶，现代意义上的保险单开始在意大利地区出现④，保险单上对赔偿责任、保险费等保险合同的核心要素做出约定，保险活动不再依托于借贷等其他法律关系存在，标志着保险真正产生。早期的保险集中于财产领域，以海上保险为主，也包括针对房屋等建筑物的火灾保险。进入公元 15 世纪以后，海上保险的承保范围开始包括航海旅客因被海盗绑架而须支付的赎金，船长和船员在航行过程中的人身安全赔偿等成了早期的人身意外保险⑤，使保险从财产领域逐步拓展至人身领域。

从上述保险业务的产生过程来看，无论是萌芽阶段的互助行为，还是早期的海上保险、火灾保险或者人身意外保险，保险业务均单纯体现为一种发挥风险转移功能的工具，并没有形成资金的融通。对于投保方来说，购买保险的目的仅是获得风险事故发生后的损失补偿；而对于承保方来说，开展保险活动的目的更多是服务会员的风险分散需求，经营所得将定

① NELLI H O. The Earliest Insurance Contract – A New Discovery [J]. Journal of Risk and Insurance, 1972, 39（2）：217 – 218.
② 初北平，曹兴国. 海上保险及其立法起源考 [J]. 中国海商法研究，2013（4）：35.
③ 邹海林. 保险法 [M]. 北京：社会科学文献出版社，2017：3.
④ 初北平，曹兴国. 海上保险及其立法起源考 [J]. 中国海商法研究，2013（4）：37.
⑤ 齐瑞宗. 保险理论与实践 [M]. 北京：知识产权出版社，2015：37.

期返还会员，并没有形成资金的沉淀。因此，在保险业务产生之初，保险活动仅具有风险保障的属性，缺少金融属性，尚没有形成保险资金，更不具备开展保险资金运用活动的条件。正是基于此种背景，早期的保险经营主体大多采用互助协会或相互组织的形式，风险分摊的方式往往是事先约定和事后实际分担损失费用，在累积保险费和主动管理资金方面，互助性质的经营主体同样缺乏积极性和专业性。

现代公司制度在 19 世纪被广泛运用于经济实践中，伯利和米恩斯的企业所有权与经营权相互分离学说成为现代公司制度的基石。① 现代公司制度下，公司成为与所有者（股东）相分离的独立法律主体，在授权范围即公司章程规定的范围内，可以独立自主地开展经营活动，具有独立的财产权，而不再是合伙、互助等形式下完全为合伙人、会员的利益服务。② 当现代公司制度进入保险行业后，保险业务经营的专业性及独立性大大增强。一方面，保险经营主体即保险公司的业务行为逐步专业化，开始主动研究保险标的的风险、识别风险程度和发生概率，进而主动去管理风险，保险业务从被动性地安排风险分摊演变为主动帮助被保险人降低风险发生的可能性。如保险公司通过判断风险特征和借助概率论原理来制定不同情形下的保险费率标准，引导被保险人增强保险标的的安全性，增强风险防范的意识；对投保人提出风险防范方面的建议，包括海上保险提供航行路线选择方案、火灾保险提供房屋修缮意见等。在这种专业化的经营模式下，同类承保情形下的赔付金额相比以前开始下降，保险业务本身的利润逐步增加。另一方面，保险经营的独立性增强，经营方式和盈利模式逐步

---

① ADLOF B，MEANS G. The Modern Corporation and Private Property［M］. London：Macmillan，1932.

② 张维迎. 理解公司：产权、激励与治理［M］. 上海：上海人民出版社，2014：184 - 193.

成熟，与以前的相互组织等形式不同，保险公司首先须考虑自身的经营成效，进而向股东分红，不再是单纯地为会员安排分摊风险机制，经营所得也不全部返还给会员，而是在公司内部具有留存收益，逐步形成资金沉淀。基于上述两方面原因，在公司制度与保险业务相互结合的背景下，开展保险活动的保险公司渐渐积累起一定规模的可支配资金，其中部分是未用于赔付的保险费收入即盈利所得，部分是可能用于赔付的保险费即准备金，部分则是保险公司成立时的资本投入，这些资金汇聚形成了最初的保险资金，为保险资金运用的出现奠定了基础。

第二次世界大战是保险资金运用发展的重要分水岭。在此之前，保险的基本功能是风险转移①，主要经营模式是保险公司通过收取保险费的方式集散风险，用建立准备金的方式履行保险赔付责任，只要保险公司具备履行保险责任的能力即偿付能力，就可以开展正常经营，此种模式被称为"一个轮子"模式。在此种模式下，虽然保险经营中逐渐出现将累积资金用于投资的情况，即早期的保险资金运用，但这种资金运用的规模相对有限，与银行业等其他金融行业相比差距较大。到第二次世界大战之后，保险市场环境发生重大变化，竞争加剧导致保险费率下降，保险公司收取的保险费不足以弥补保险标的的损失和保险经营的费用，保险经营持续亏损导致大量保险公司退出，对保险市场的稳定造成了影响。在此种背景下，保险界提出"两个轮子"经营模式，用"承保业务"和"投资业务"双轮驱动的方式，以投资业务的收入盈余来补偿承保业务的经营亏损。这种新的模式在世界范围内被广泛运用，突破性地发展了保险经营理论。② 在

---

① JOHN C. Whatever happened to insurance? More small companies retain risk [J]. Managed Care, 2003, 12 (8): 30.

② 魏华林. 保险的本质、发展与监管 [J]. 金融监管研究，2018 (8): 5.

"双轮驱动"模式下，保险经营主体不仅是一个专业化的风险管理者，而且应具备全面的投资能力，成为一个专业的投资管理者，通过在投资活动中获取高收益，以保证经营利润。随着保险公司的不断发展壮大，公司制的优势在此经营模式下得到发挥，保险公司规模迅速扩张，会集了一批具有较高专业能力的投资人才，成为开展保险资金运用活动的保障。

（二）保险资金运用主体的一般条件

保险经营的逐步专业化和对投资能力的依赖性，使保险公司成为最主要的保险经营主体类型。① 但是，并非任何保险公司均可以开展各类保险资金运用活动。保险资金运用是一种专业化的投资活动，保险公司须具备相应的资质和条件。这种资质和条件有的是保险公司成立时就应具备的准入门槛条件，是任何一家保险公司均应具备的；有的则是根据所投资对象的风险特征，对已成立的保险公司在专业能力、人员配置等方面的进一步要求，不满足条件的保险公司将无法开展相对应的资金运用活动。这里主要对保险公司开展资金运用活动应具备的一般条件加以说明，针对特定投资行为的资质要求将在后文进一步论述。保险公司开展资金运用应具备的一般条件主要包括行业准入、公司治理、偿付能力评价等三个方面。

一是行业准入方面的条件。我国保险行业对于市场主体准入实行审批制，根据《保险法》，设立保险公司应满足相关条件，经国务院保险监督管理机构审批通过后成立。② 从实践情况看，一般保险公司成立时，在行

---

① 当然，保险行业产生与发展至今，一直存在非保险公司形式的经营组织，如互助社等非公司制主体，在境内外保险行业中仍大量存在。但整体上，保险公司仍是最主流的保险经营主体形态，即使其他形式的经营组织，在内部架构、管理方式上，也多参照保险公司设计。

② 《保险法》第六十七条。

业监管机构核准的经营范围中，均包括"保险资金运用业务"。① 由此理解，满足开展一般保险资金运用活动的主体条件是保险公司筹建时的基础工作，也是行业监管机构对保险公司进行开业验收的重要审查事项。从其他国家或地区的立法经验看，在规定保险公司的设立条件时涵盖保险资金运用主体方面的一般要求也是普遍采取的做法。

具体来说，行业准入方面的条件主要包括两个方面：一是根据《保险法》《保险公司管理规定》等法律法规，设立保险公司时须满足的基本条件，如《保险公司管理规定》规定保险公司设立时注册资本不得低于人民币2亿元，须具有明确的发展规划、经营策略、组织机构框架、风险控制体系等；二是保险资金运用相关制度中规定的一般条件，如《保险资金运用管理办法》中规定，保险公司应当建立保险资金运用风险管理组织体系和运行机制，改进风险管理技术和信息技术系统。此类条件要求与保险资金运用密切相关，保险公司在成立时即应满足。

二是公司治理方面的要求。保险资金运用既关系到保险公司的收益和风险状况，又影响着投保人、被保险人、受益人等保险消费者的利益，还涉及整个保险行业的健康稳定发展，而保险公司的治理结构又与保险资金运用的安全性、收益性和流动性密切相关，良好的公司治理是有效开展保险资金运用活动的制度与组织基础。在我国保险业发展史上出现的新华人寿保险公司违法使用保险资金事件，正是由于公司治理机制失灵，造成保险公司的实际控制人在未经董事会决策的情况下大额挪用保险资金，这给

---

① 2018年，中国银保监会共批复成立五家保险公司，分别为太平科技保险股份有限公司、黄河财产保险股份有限公司、北京人寿保险股份有限公司、海保人寿保险股份有限公司和瑞华健康保险股份有限公司，从经批复的业务范围上看，均包括"国家法律、法规允许的资金运用业务"。中国银保监会网站［EB/OL］. 中国保监会行政许可在线服务大厅.

新华人寿保险公司以及整个保险行业均带来巨大损失。① 因此，满足公司治理方面的相关要求，是保险公司开展资金运用的基本前提。

在具体内容上，我国保险资金运用相关制度对保险公司应满足的公司治理要求具有相对明确的规定。如按照《保险资金运用管理办法》，保险公司应当建立和健全公司治理机制，有效划分股东大会、董事会、监事会和经营管理层在保险资金运用活动中的职责，实现决策权、运营权、监督权相互分离，相互制衡。我国与美国、我国台湾地区的做法相似②，同样强调董事会在保险资金运用中的职责和最终责任，按照《保险资金运用管理办法》，保险资金运用相关管理制度的制定、资产战略配置方案的出台、委托投资关系的建立等，以及重大投资事项均须由董事会决策通过。

三是偿付能力评价方面的规定。偿付能力水平是各国保险业监管中评价保险公司风险状况的核心指标，保险资金运用领域的风险是偿付能力评价的重要内容，保险公司只有在满足偿付能力相关指标的前提下，才可以开展各类资金运用活动。我国在 1995 年颁布的《保险法》中，首次对偿付能力的概念和最低偿付能力的监管要求做出规定。2008 年原中国保监会制定的《保险公司偿付能力管理规定》，标志着涵盖保险资金运用风险的偿付能力监管体系在我国初步搭建完成。③ 偿付能力评价本身是一种对于保险经营主体即保险公司的评价体系，当偿付能力评价与保险资金运用相互联系时，一方面保险公司应主动根据偿付能力评价标准，制订或调整资产配置计划和相关投资行为，保证自身满足偿付能力要求；另一方面行业监管机构将根据偿付能力监管相关制度，定期对保险公司的偿付能力充足

---

① 金涛. 保险资金运用的法律规制［M］. 北京：法律出版社，2012：126.
② 美国、我国台湾地区的具体规定，将在后文中详细介绍。
③ 陈文辉，等. 新常态下中国保险资金运用研究［M］. 北京：中国金融出版社，2016：255.

率情况进行评价，如不符合相应评价标准，监管机构将有权限制保险公司的全部或部分投资范围。因此，偿付能力相关指标的评价是判断一家保险公司是否可以开展资金运用活动的基础条件，这种要求具有间接性、市场化的特点①，是保险公司从事资金运用前必须满足的前提。

具体来说，根据原中国保监会制定的《保险公司偿付能力监管规则(1—17 号)》，资产负债匹配、市场和信用风险管理、资金流动性、资金运用操作风险等与保险资金运用相关的制度建设和机制运行情况，是保险公司偿付能力水平评价的主要因素，直接影响保险公司在偿付能力风险管理评估中的得分。一旦此类因素评价较低，将影响保险公司的偿付能力水平等级，行业监管机构将可以基于偿付能力分类监管要求，对保险公司开展资金运用活动做出适度限制。② 从世界范围来看，将偿付能力指标评价情况作为保险公司开展资金运用活动的前提条件是较为普遍的做法，如英国等保险业发达国家已具有较长时间的实践，形成了相对完善的评价指标体系。

二、保险资金运用的其他主体

(一) 保险集团 (控股) 公司和其他保险经营组织

狭义上，保险公司仅指从事保险业务经营的人身保险公司或财产保险公司；广义上的保险公司包括保险集团公司、保险控股公司。原中国保监会在《保险集团公司管理办法 (试行)》 (保监发〔2010〕29 号) 中对保险集团公司做出规定，明确保险集团公司是指经保险行业监管机构批准成

---

① 胡良. 偿付能力与保险资金运用监管 [J]. 保险研究，2014 (11)：94 – 102.
② 具体内容可参见原中国保监会. 关于印发《保险公司偿付能力监管规则 (1—17 号)》的通知 (保监发〔2015〕22 号) [EB/OL]. 中国保险监督管理委员会，2015 – 02 – 17.

立，公司名称中带有"集团"或者"控股"字样，对集团内成员公司进行控股管理或实施重大影响的公司，该集团内的子公司应包括两家以上从事保险业务的保险公司。① 由此理解，在我国保险业监管层面，保险集团公司与保险控股公司基本上是一致的。

从保险资金运用的角度看，保险集团公司、保险控股公司同样是保险资金运用的主体。原中国保监会《保险资金运用管理办法》在规定保险资金运用的主体时，明确除了保险公司外，保险集团公司、保险控股公司的资金运用活动同样适用该办法②，保险集团公司、保险控股公司的经营范围也均包括保险资金运用活动③。但是，与一般的保险公司不同，保险集团公司、保险控股公司并不直接经营保险业务，其作为保险资金运用主体时，具有如下特点。

一是保险集团公司、保险控股公司的资金运用以其自有资金的投资为主。保险集团公司、保险控股公司的业务范围以股权管理为主④，一般不直接经营保险业务，其资金运用多是自有资金的使用。一方面，保险集团公司、保险控股公司的资金运用以对其子公司的股权投资为主，包括投资设立保险公司及其他类型公司，也包括对已成立子公司的增资；另一方面，保险集团公司、保险控股公司也存在股权之外的投资，如投资债券、资产管理产品等，但由于其不经营保险业务，此类投资相对较少。

---

① 原中国保监会《保险集团公司管理办法（试行）》第三条。
② 原中国保监会《保险资金运用管理办法》第二条。
③ 经查阅，保险集团（控股）公司的经营范围均明确包括保险资金运用，如中国人寿保险（集团）公司的经营范围包括"国家法律法规允许或国务院批准的资金运用业务"，中国太平保险集团有限责任公司的经营范围包括"法律、法规允许的资金运用"，泰康保险集团股份有限公司的经营范围包括"国家法律法规允许的投资业务"。相关信息见国家企业信用信息公示系统［EB/OL］.国家企业信用信息公示系统。
④ 原中国保监会《保险集团公司管理办法（试行）》第九条。

二是保险集团公司、保险控股公司通过控制关系影响其集团内保险公司的投资决策。[1] 保险集团公司、保险控股公司是金融行业不断发展的产物，尤其在国外实行混业经营的模式下，保险集团公司往往是控股保险公司、银行、证券公司、基金公司等多家不同类型的金融企业。从提升资产配置效果的角度看，多数保险集团公司会统一制定保险资金运用的方针或实施指引，由所控制的各家保险公司根据指令具体实施。[2] 对于保险资金运用的相关监管要求，保险集团公司不仅要自身遵循，同样须为其保险子公司的投资行为负责。[3] 形式上，此类保险资金运用的主体仍为各保险公司，但实际上保险集团公司、保险控股公司对保险子公司的投资行为具有较大影响。

如前所述，最初的保险经营主体采用互助组织的形式，保险业发展至今，保险公司是最重要的经营主体，但不是保险市场上开展保险业务的唯一主体。同样，保险资金运用的主体也不仅仅限于保险公司，除保险公司外，依法设立的其他保险组织同样可以经营保险业务，从事保险资金运用活动。从国外的情况看，开展保险经营的主体中有相当比例未采用公司制的组织形式；在我国，非保险公司形式的保险经营主体则相对较少，主要是相互保险组织。与保险公司一致，其他保险组织开展保险资金运用业务，同样以取得行业监管机构的批准为前提，须遵循保险资金运用相关法律法规的各项要求。[4] 如 2017 年 5 月经原中国保监会批准开业的信美人寿相互保险社，其业务范围中便明确载明"国家法律、法规允许的保险资金

---

[1] COLQUITT L L, SOMMER D W. An Exploratory Analysis of Insurer Groups [J]. Risk Management and Insurance Review, 2003, 6 (2): 83 - 96.

[2] 郭冬梅，郭三化编著. 保险投资学 [M]. 北京：经济科学出版社，2017：47.

[3] 原中国保监会《保险集团并表监管指引》第三十六条。

[4] 原中国保监会《相互保险组织监管试行办法》第二十九条。

运用业务"。① 此外，实践中也存在一些实质经营保险业务、开展资金使用活动，但不属于保险行业监管范围的相互组织，如中国船东互保协会，并不属于保险资金运用的主体。②

（二）保险资产管理机构

随着保险资金运用的不断专业化，市场上出现了独立于保险公司、专门为保险公司开展资金运用服务的组织机构——保险资产管理机构。保险资产管理机构一般采取公司制形式，主要是接受保险公司的委托，利用自身专业优势为保险公司提供资产管理及资金运用服务，从中获取管理费和超额奖励。保险资产管理机构直接以自身名义从事资金运用行为，构成保险资金运用的主体，但不是保险资金的实际持有人，也不是保险资金运用收益的最终享有者，而是专业的投资服务机构。保险资产管理机构是在保险市场的专业化发展过程中出现的，专业力量及人员主要来源于保险公司内设投资部门，因此多为保险集团公司、保险控股公司或保险公司的子公司。成立保险资产管理机构须经保险行业监管机构批准③，其接受保险公司委托开展各类资金运用行为时，须遵循相关法律法规的要求。保险资产管理机构的业务范围是资产管理，即"受人之托、替人理财"，其本身与保险业务经营并无直接联系。因此，按照相关监管制度，经营资产管理业务的证券公司、基金公司在符合条件的前提下，同样可以履行保险资产管

---

① 信美人寿相互保险社网站［EB/OL］.

② 中国船东互保协会是经国务院批准，接受交通运输部业务指导，在民政部注册登记的社团法人。中国船东互保协会能够向会员提供保赔险、互助船舶险、抗辩险、战争险等多种保险服务。参见中国船东互保协会网站［EB/OL］. 原中国保监会《关于船东互保协会问题的复函》（保监办函〔2003〕78 号）中明确规定，船东互保协会从事的活动不属于《保险法》规定的商业保险行为，并非保险行业监管范围。从实践情况看，中国船东互保协会实际经营保险业务，存在资金运用行为，但其不属于中国银保监会监管范围，因而不能构成保险资金运用的主体。

③ 原中国保监会《保险资产管理公司管理暂行规定》（保监会令〔2004〕2 号）第三条。

理机构的职责，成为保险资金运用的主体。①

由上可见，保险资金运用的主体包括经保险行业监管机构批准可以开展保险资金运用的保险集团公司、保险控股公司、一般人身保险或财产保险公司，以及其他保险组织。同时，保险资产管理机构及符合相关条件的证券公司、基金公司也构成保险资金运用的主体。从保险资金运用法律限制的角度，保险集团公司、保险控股公司及其他保险组织同样须遵循各项法律法规要求，为了便于表述和理解，除特别说明外，后文将其一并概括为保险公司。保险资产管理机构及同类型金融机构在保险资金运用中承担管理者的角色，为了区别其与保险公司之不同，可以将其界定为保险资金运用的管理主体②或受托机构。

三、保险资金运用的利益相关主体

保险是一种较为复杂的商业经营行为，包括多个经营环节，保险资金运用作为其中重要的组成部分，与其他保险经营环节存在着密不可分的联系，保险资金运用的情况同样影响着其他环节法律关系主体的利益。从保险资金运用法律限制的角度看，对利益相关主体的保护是制定法律法规时考虑的重要方面，这里有必要对保险资金运用的利益相关主体予以分析，主要包括保险消费者和保险公司股东。

（一）保险消费者

保险资金运用是为保险业务服务的，保险公司通过资金运用活动取得收益，以保证其具有向被保险人、受益人履行保险赔偿或保险金给付责任

---

① 原中国保监会《保险资金运用管理办法》第二十六条。
② 陈文辉，等. 新常态下中国保险资金运用研究［M］. 北京：中国金融出版社，2016：218.

的能力。从此角度分析，保险合同关系中的相关主体即投保人、被保险人和受益人等保险消费者①，与保险资金运用具有密切关系，是保险资金运用的利益相关主体。

具体来说，一方面保险公司具有向投保人收取保险费的权利，从保险费中提取准备金形成保险资金，投保人是保险资金的来源方；另一方面按照保险合同约定，在构成保险责任的情形下，保险公司须向被保险人、受益人履行保险金给付或赔偿责任，保险资金运用是保障保险公司具备履行能力的必要手段，被保险人、受益人是保险资金运用收益的实际享有者。保险资金运用的主要目的是使保险资金能够保值增值，维持保险公司具备足够的偿付能力，尤其是在现代保险行业承保本身的盈利能力相对较低的情况下，保险资金运用对于保险经营更显重要，关系着保险消费者在保险合同项下的利益能否得到保障。② 同时，由于保险资金运用活动本身具有较大的风险性，保险公司在权衡投资收益与风险防范的平衡时，不仅须从维持自身经营安全的角度考虑，更应注重投资活动给被保险人、投保人和受益人等保险合同相关利益主体可能带来的风险，避免发生因保险公司盲目投资造成巨额亏损，最终损害被保险人、投保人和受益人利益的情况。此外，保险资金形成后，形式上的所有者和使用者均为保险公司，如保险

---

① 关于保险消费者的概念，目前保险法学界尚未形成统一的认识，但在实务中尤其是监管实践中已普遍使用。2011 年 4 月，原中国保监会成立"保险消费者权益保护局"作为其内设机构，明确使用了"保险消费者"的表述；2014 年 11 月，原中国保监会颁布《关于加强保险消费者权益保护工作的意见》（保监发〔2014〕89 号），进一步深化了保险消费者这一概念在保险行业的使用。在保险消费者的范围上，根据国务院原法制办公室于 2015 年 10 月公布的《关于修改〈中华人民共和国保险法〉的决定（征求意见稿）》第一百四十七条，保险消费者应包括投保人、被保险人和受益人。为了便于表述和理解，本书使用了保险消费者的概念，在指向上遵循前述立法建议，指投保人、被保险人和受益人。

② 李华. 中国大陆保险资金股权投资监管与保险消费者之保护［J］. 台北：月旦财经法杂志，2018（11）：181－182.

公司利用保险资金进行利益输送或利益转移，表面上造成业务经营亏损，实际上则构成变向套取被保险人、投保人和受益人的利益。

（二）保险公司股东

股东是公司最重要的利益主体，在公司法理论层面，股东利益与公司利益既具有一致性，又存在一定的博弈关系。但是，将保险公司股东作为保险资金运用的利益相关主体，并非基于公司法理论，而是从保险资金运用的视角，保险公司股东与保险资金运用之间存在着特殊的关联性。

一方面，股东权益类资金本身即保险资金的组成部分。由保险费形成的保险准备金是保险资金最主要的来源，但并非唯一来源，从组成上看，保险资金还包括资本金、公积金、未分配利润等，主要来源于股东投入或股东权益的提取分配，与保险公司股东的利益直接相关。具体来说，资本金是保险公司成立时的股东投入，公积金是通过权益性资产增值转化形成，未分配利润是归属于股东、暂留存于保险公司的资金，其他综合收益则体现股东权益的变化情况等。因此，除了通过保险合同关系形成的资金外，其他的保险资金主要是保险公司的所有者权益性质资金，此部分资金的运用情况，对保险公司股东的利益具有重要影响。

另一方面，保险公司股东可以通过其股权关系影响保险资金运用。保险作为一种金融行为的特殊性在于能够通过开展保险业务吸纳大量资金，这些保险资金在规模上可以远远大于保险公司自身的资本金，由保险公司独立决定如何运用于投资活动中。保险资金运用是保险公司最重要的经营活动，其各项投资决策由股东大会、董事会或管理层经过集体决策做出，以维护保险公司的自身利益为基础。但不可否认，基于自身控制关系，保险公司的股东尤其是控股股东可以利用其优势地位促使保险公司董事会或管理层做出不合理决策，使保险投资行为在定价、使用周期、对象上偏离保险公司的自身意志，实现单纯为股东利益服务的目的，这种现象在保险资金运用发展历程中已屡见不鲜。因此，保险公司股东与保险资金运用之间的利益关系，还体现在应避免股东利用其优势地位干扰正常的保险投资活动，损害保险公司及保险消费者的权益。

第二节 保险资金运用的客体

保险资金运用的客体是保险资金。辨析保险资金是理解保险资金运用的基础，也是将保险资金运用区别于其他资金使用活动的主要依据。保险资金常常被误等同于保险费收入，其原因在于保险费是保险公司在保险业务经营中取得的对价，体现了保险的特征。事实上，保险资金是一个抽象的概念，并不是一类特定的资金，而是对保险公司所持有的各种不同类型资金的概括总称，由保险费形成的责任准备金是其中最主要的组成部分。基于此种原因，我国相关监管制度采用列举资金组成的方式对保险资金进行界定，指出保险资金包括保险公司的资本金、公积金、未分配收益、各项准备金，以及保险公司可以自主使用的其他资金。①

上述监管规定仅仅简单列举了保险资金的主要组成部分，对于保险资金的具体种类和属性特征，以及保险资金与相近概念的区分，仍须从理论上进一步探讨。

---

① 原中国保监会《保险资金运用管理办法》第三条、原中国保监会《保险资产管理公司管理暂行规定》第三条。

一、保险资金的组成

（一）保险资金的历史沿革

保险资金是开展资金运用活动的基础，对于何种资金属于保险资金，不同国家或地区做法各异。美国规范保险资金运用的主要法律规定是《保险公司投资示范法（标准版）》[1] 和《保险公司投资示范法（限制版）》[2]，其中对保险资金的界定为保险公司的许可资产，指除了该法案尚没有做出规定的独立账户资产外，那些在保险公司最近向保险监督官协会存档的法定会计报表中作为许可资产上报的资产[3]，即保险资金是体现在保险公司会计报表中，须事先向监管机构备案的资产。日本《保险业法》[4] 中并没有对于保险资金的概括规定，其第九十七条直接规定了保险资金是指保险公司以保险费名义收取的资金和其他资产[5]，其中以保险费名义收取的资金即保险业务收入，对于何为其他资产则没有界定。我国台湾地区所谓"保险法"在第 146 条"资金之运用及定义"中对保险资金做出规定，其将保险资金称为"保险业资金"[6]，保险资金包括业主权益及各种准备金。

---

[1] Investments of Insurers Model Act – Defined Standards Version, National Association of Insurance Commissioners, 2001.

[2] Investments of Insurers Model Act – Defined Limits Version, National Association of Insurance Commissioners, 1996.

[3] "Admitted asserts" means assets permitted to be reported as admitted assets on the statutory financial statement of the insurer most recently required to be filed with the commissioner, but excluding assets of separate accounts, the investments of which are not subject to the provisions of this Act. Investments of Insurers Model Act – Defined Limits Version, National Association of Insurance Commissioners, Article I. General Provisions, Section 2. Definitions, (1996).

[4] Insurance Business Act, No. 105, Japan, 1995, amended in 2018.

[5] 廖淑惠，译述．新日本保险业法 [M]．台北：保险事业发展中心，2003：82.

[6] 这里的"保险业"，是指保险公司和经营保险业务的其他保险组织。

其中各种准备金是由保险费收入转化形成的资金，主要强调保险行业特有的保险准备金，业主权益则应理解为股权权益类资金，与保险公司的自有资金较为接近。

对于保险资金组成的不同界定方式体现了各个国家或地区保险行业的发展特点及立法习惯，从整体上看，保险资金应主要包括两个方面，由保险费收入形成的资金和其他资金，而两类资金的组成如何界定，规定方式则不同。从我国的情况看，伴随着保险市场的发展，对于保险资金的界定也经历了逐步演化的过程。

在法律层面，1980 年恢复国内保险业经营后的很长一段时间内，我国一直没有制定保险业相关基本法律，因而也缺乏关于界定保险资金的法律依据。在 1995 年我国制定的第一部《保险法》中，虽然对保险资金运用做出相应规定，但表述上使用了"保险公司资金运用"或"保险公司的资金运用"等用语，并未出现"保险资金"的概念，也没有对保险资金的组成做出规定。事实上，从 1995 年《保险法》颁布至今，我国保险业相关基础法律中从未出现关于保险资金的界定，甚至《保险法》条文中从未出现过"保险资金"的表述。从《保险法》第一百零六条的规定看，"保险公司资金运用"的表述方式更多强调资金的主体归属，即保险公司持有的资金①，但对于保险公司所持有资金应如何区分，即保险资金的组成，法律层面一直未做出明确规定。

在监管制度层面，中国人民银行于 1996 年 7 月 25 日颁布的《保险管理暂行规定》，是最早对保险资金组成做出界定的行业监管规定。（当时我

---

① 《保险法》第一百零六条第一款规定："保险公司的资金运用必须稳健，遵循安全性原则。"第三款规定："保险公司资金运用的具体管理办法，由国务院保险监督管理机构依照前两款的规定制定。"

国保险业由中国人民银行直接管理）按照该规定第二十四条，保险资金包括保险公司的注册资本金、保证金、各种营运类资金、准备金、法定公积金和公益金、未分配收益、保险保障基金和国家法规规定的其他资金。①由此可见，在我国保险行业监管制度对保险资金的最初界定上，采用了列举的方式，明确保险资金的不同类型，此种方式在后续监管规定中一直得以遵循；同时，最初的界定采取了广泛覆盖的原则，将当时保险行业内存在的各类资金均界定为保险资金，不仅涵盖了各类保险准备金、资本金、公积金、未分配盈余等保险公司可自主支配使用的资金，而且包括了保证金、保险保障基金等须按照行业统一监管要求提取和存放，保险公司不得随意动用的资金。《保险管理暂行规定》是我国保险行业的市场化改革刚刚起步，从填补行业监管制度空白角度出台的规定，在界定保险资金时，较为笼统地概括了行业内存在的各种资金类型，并未充分考虑保险资金运用的客观情况。加之当时我国保险资金运用的方式主要为向企业贷款，须接受中国人民银行的额度审批，保险公司实际适用本条规定的情形较少。之后，随着原中国保监会的成立和保险业相关法律法规的完善，《保险管理暂行规定》被原中国保监会出台的行业监管规定所取代，本条关于保险资金的规定相应废止。

　　原中国保监会成立后，于 2000 年颁布《保险公司管理规定》，作为当时保险行业监管的基础制度。该规定第五章"保险资金管理及运用"中，将保险资金界定为保证金、各项保险责任准备金、资本金和公积金。② 之后，原中国保监会在 2004 年修订《保险公司管理规定》，第五章"保险资金及保险公司偿付能力"中删除了前述对于保险资金的规定，仅是在第七

---

① 《保险管理暂行规定》（中国人民银行 1996 年 7 月 25 日）第二十四条。
② 原中国保监会《保险公司管理规定》（保监发〔2000〕2 号）第七十九条。

十七条至第七十九条中规定保险公司应当依法提取保证金、保险保障基金、各项保险责任准备金①，并没有针对保险资金包括哪些种类做出进一步解释。2009 年原中国保监会再次修订《保险公司管理规定》时，保险资金运用相关规定被全部删除，转而在 2010 年颁布的《保险资金运用管理暂行办法》中进行规范。

2010 年 7 月 30 日，原中国保监会颁布《保险资金运用管理暂行办法》，成为当时我国保险资金运用领域最基础的行业监管规定。如前所述，该办法将保险资金界定为保险公司的资本金、公积金、未分配收益、各项准备金以及其他资金。该办法延续了列举保险资金不同种类的方式，但没有再将保证金、保险保障基金纳入保险资金的范围。② 从 2010 年起，本条关于保险资金的界定一直沿用至今，2014 年修订《保险资金运用管理暂行办法》和 2018 年颁布《保险资金运用管理办法》时，该条文表述均被完整保留。

此外，在政策文件层面，保险资金运用是国家推进金融业改革的重要领域，但政策文件中出现"保险资金"相关表述的情况相对较少。第十二届全国人民代表大会第五次会议《关于 2016 年国民经济和社会发展计划执行情况与 2017 年国民经济和社会发展计划的决议》在关于深化投融资体制改革的表述中，规定"完善保险资金等机构资金对项目建设的投资机制"，将保险资金界定为一种机构资金，即保险公司可运用的资金，与保险业相关法律法规和行业监管规定对于保险资金的界定较为一致。

---

① 原中国保监会《保险公司管理规定》（保监会令〔2004〕3 号）第七十七条、第七十八条、第七十九条。

② 从理论上，保险公司缴纳的保证金、保险保障基金等应界定为保险基金，而非保险资金。关于保险资金与保险基金的区别，后文将做详细论述。

（二）我国对于保险资金组成的界定

由上可知，我国对于保险资金组成的界定采用列举的方式，相关监管规定经过不断完善，当前保险资金组成的法规依据为原中国保监会《保险资金运用管理办法》第三条。根据该规定，我国保险资金运用中的保险资金主要包括：保险公司注册成立和日常运营管理中形成的资本金、公积金、未分配利润；来源于保险费收入、用于履行保险赔偿责任的各项准备金；作为兜底条款规定的保险公司可运用的其他资金。

在我国保险资金运用实践中，保险公司的自有资金是区分保险资金组成时较为常见的概念，该自有资金的制度依据为原中国保监会于2012年颁布的《关于保险资金投资股权和不动产有关问题的通知》。按照该通知，保险公司在投资重大股权或购买自用性不动产时，除了可以运用自身的注册资本金，还可以使用公积金、未分配利润等自有资金，由此理解保险公司的自有资金应包括资本金、公积金、未分配利润等。从资本金、公积金、未分配利润的法律性质看，其均属于保险公司自身的权益类资金，并无显著的负债特征，区别于保险费收入形成的准备金。正因如此，从表述方便的角度，保险公司自有资金的界定方式在保险资金运用实践中被普遍使用。

综上，结合目前我国保险行业相关监管规定和实践情况，可以对保险资金的种类做出如下界定。

一是各类保险准备金。保险准备金通过保险业务收入即保险费转化形成，是保险资金最主要的组成部分，一般可以占到保险公司可使用资金总量的80%～90%。① 准备金是保险学上的重要概念，我国台湾地区著名保险学学者袁宗蔚将保险行业中的准备金分为三类：法律规定要求提取的资

---

① 项俊波主编. 保险资金运用实践与监管［M］. 北京：中国时代经济出版社，2016：2.

金，主要包括责任准备金、给付准备金等；保险公司章程规定或者行业主管机关要求提取的资金，如盈余分配准备金、特别危险准备金等；由保险公司自行决定提取的资金，如公积金等。在此三类准备金中，为履行保险合同义务、运用保险精算技术提取的，称为技术准备金，其中最重要的便是责任准备金、给付准备金，即第一类资金，为保险行业所特有。① 准备金是一个较为广泛的概念，在其他金融行业同样被大量使用，如风险准备金、坏账准备金等。结合我国保险业的实际情况，界定保险资金时的准备金应仅指保险经营中特有的准备金，即责任准备金和给付准备金，为了便于表述，本书将其统称为"保险准备金"。对于前述第二类和第三类准备金，根据行业监管机关要求保险公司提取的，一般是基于特殊目的或特定用途，不得由保险公司随意从事资金运用，不属于保险资金；根据保险公司章程或自行决定提取的，主要是公积金、盈余分配准备金、一般风险准备金等，如前述分析可见，应界定为保险公司的自有资金范畴，并非保险资金中的准备金。

二是保险公司的自有资金。自有资金通过保险公司的股东投入和经营利润所得形成，主要包括资本金、公积金和未分配收益等，是保险资金的另一重要组成部分。自有资金是保险公司权益类资金的统称，其具体指向可以参照各保险公司财务会计信息报告确定。② 以目前我国保险市场上最大的财产保险公司中国人民财产保险股份有限公司（简称"人保股份"）和最大的人身保险公司中国人寿保险股份有限公司（简称"人寿股份"）

---

① 袁宗蔚. 保险学——危险与保险（增订三十四版）[M]. 北京：首都经济贸易大学出版社，2000：341.

② GUPTA K, KRISHNAMURTI C, RAD A T. Financial Development, Corporate Governance and Cost of Equity Capital [J]. Journal of Contemporary Accounting & Economics, 2018, 14 (1)：65-82.

为例，在 2017 年人保股份披露的财务会计信息中，股东权益主要包括股本、资本公积、其他综合收益、盈余公积、一般风险准备、大灾风险利润准备金和未分配利润。① 在 2017 年人寿股份披露的财务会计信息中，股东权益主要包括股本、资本公积、其他综合收益、盈余公积、一般风险准备、未分配利润。② 由此可见，保险公司的自有资金除包括资本金、公积金（包括资本公积和盈余公积）、未分配利润外，还应涵盖其他综合收益、一般风险准备金和大灾风险准备金。其中，资本金来源于股东投入，公积金、未分配利润等来源于公司经营收益，其他综合收益主要通过权益类资产的价值变动体现，一般风险准备金、大灾风险准备金则是针对保险公司整体经营风险提取，由保险公司自行决定提取范围和提取比例，与保险业务并无直接对应关系。③

三是《保险资金运用管理办法》所规定的其他资金。对于其他资金的指向，当前保险行业监管规定中并无相关依据，须结合理论和实践情况进一步明确。一般理解，其他资金因保险公司业务规模的不同而有所差异，通常包括保留盈余和结算中形成的短期负债。④ 保留盈余是保险费收入的结余，短期负债是指资产负债表中流动负债项下的应付账款、拟派股息等负债。

---

① 中国人民财产保险股份有限公司二〇一七年年度信息披露报告［EB/OL］，http：//www. epicc. com. cn/pilu/nianduxinxi/.

② 中国人寿保险股份有限公司二〇一七年年度报告［EB/OL］，http：//www. e – chinalife. com/IRchannel/http/gb2312/annual_ interim_ reports. html.

③ 一般风险准备金和大灾风险准备金本质上也来源于保险费收入，但其是在保险准备金基础之上，保险公司从应对整体经营风险提取的资金，在权益类资金科目下列支，如前所述，应界定为保险公司的自有资金。

④ 李亚敏. 我国保险资金运用问题研究——基于资本市场的收益与风险分析［D］.上海：复旦大学，2007：10.

二、保险资金的属性特征

（一）保险资金的财务属性

形式上，保险资金是保险公司持有的各类资金的概括统称，保险公司对于保险资金享有所有权。如前所述，保险资金由保险准备金、保险公司的自有资金和其他资金组成，其中保险准备金占据了绝大比例，而该部分资金主要用于履行保险责任，与保险消费者关系密切，这是保险资金不同于其他类型资金的主要区别。因此，保险资金的属性特征一般指其财务属性，主要包括以下三个方面。

一是负债性。保险资金最显著的特征是负债性①，这主要是因为保险准备金构成了保险资金的主要组成部分，须在将来某一时刻"返还"②。保险准备金所具有的保障保险公司履行保险赔偿或保险金给付的功能，使保险资金运用必须以资产负债的相互匹配为基本原则。保险准备金的投资受到对应保险业务的直接影响，包括期限、总量、投资资产性质、投资币种等各方面，须保持与负债端的相互匹配。

二是长期性。与其他资金相比，保险资金的使用周期相对更长。一方面，保险业务尤其是寿险业务的自身特征决定了保险准备金的投资期限较长，如一般分红保险的保险期限在 10 年以上，万能保险、投资连结保险的期限通常也在 5 年以上，保险资金可运用于长期性投资；另一方面，保险经营存在资金池，在保险业务收入与保险责任履行支出的双向运行过程中，形成相对固定的资金沉淀，可以投入期限更长、价值更高的投资领

---

① 陈文辉，等. 新常态下中国保险资金运用研究［M］. 北京：中国金融出版社，2016：53.

② 刘喜华，杨攀勇，宋媛媛. 保险资金运用的风险管理［M］. 北京：中国社会科学出版社，2013：11.

域，正因如此，成长性高的股权投资往往是国外保险公司的重要投资方向。

三是稳定性。保险资金具有相对稳定的资金来源，一般不会发生剧烈波动。一方面，保险资金是长期性资金，寿险产品以十年至三十年的长期保单居多①，大多采用分期支付保险费的方式，每年度的保险费收入来源稳定，财险产品的期限虽然多为一年，但续保率普遍较高；另一方面，保险经营以系统性的精算假设为基础，保险公司在承保时既会对市场规模、保险费费率、赔付周期及赔付率、未来投资收益情况等进行测算，又使保险资金在收入和支付上能够保持相对稳定的状态。

（二）关于保险资金属性的反思

负债性、长期性、稳定性是保险资金的财务属性特征，但结合前述对于保险资金的界定可以看出，保险资金的属性特征更多是源于保险准备金的自身情况，并没有覆盖保险资金的各类不同情形。当然，上述对于保险资金属性的界定并无不当，保险准备金在保险资金中占据的比重较大，并且为保险行业所特有，而保险公司自有资金等其他资金类型则缺乏显著性。在遵循保险资金一般属性特征的基础上，仍可以根据保险资金组成的分析，对此类资金的属性特征做出进一步补充。

一方面，保险资金具有多样性。保险资金涵盖多种不同的资金组成，不同资金类型在属性特征上体现出较大差异，如负债性被认为是保险资金的基本特征，但从保险资金的组成上看，负债性主要是保险准备金所体现的特征，资本金、公积金等保险公司的自有资金实质上并不具有负债性。另一方面，属性特征具有差异性。同一属性特征在不同保险资金中的体现

---

① 刘喜华，杨攀勇，宋媛媛. 保险资金运用的风险管理［M］. 北京：中国社会科学出版社，2013：11 – 12.

程度不同，这种差异不仅体现在保险准备金与自有资金之间，在不同种类的保险准备金中同样存在。如保险资金的长期性特征，对于人身保险尤其是保障型的人寿保险而言，保障周期大多在二十年以上，且一定比例资金为分期缴纳，资金稳定性较强，长期性是该类保险资金的主要特征；对于财产保险所形成的保险准备金而言，由于财产保险本身的经营周期较短，一般保险期间为一年以内，除部分沉淀资金可以用于长期投资外，该类资金则须保持较好的流动性。

实际上，对于保险资金属性特征的反思，是研究保险资金运用法律限制的重要基础。是否应对保险资金运用进行法律限制，以及采取法律限制的方式和程度，本质上是由资金的属性和特征决定的。保险资金在组成上具有多样性，且各类资金所体现出的属性特征有所差异，如针对各类保险资金采取完全相同的法律限制手段，不仅难以符合保险经营要求，而且将造成资金的浪费和不当制约，违背保险资金运用的目的。正是基于此种背景，对于不同种类的保险资金采取差异化的法律限制手段，是各国保险法律法规通行的做法，后文在保险资金运用客体的法律限制方式中将对此做进一步论述。

以上关于保险资金的属性分析主要基于财务角度，保险资金在法律属性上是否具有特殊性，实际上是较为复杂的问题。一方面，在我国民商事法律体系下，保险资金是一种财产，无论保险公司的自有资金，还是来源于保险费收入的保险准备金，其所有权均应由保险公司享有（投资连结型保险除外），这虽然区别于信托型资金由投资者而非金融机构享有所有权，但在法律属性上与一般金融类资产并无本质差异；另一方面，保险公司对于保险资金所享有的所有权，实际上是一种"假"所有权，在保险活动的大数法则下，保险公司在个案中是否承担保险赔偿责任是不确定的，但在整体上承担保险赔偿责任是确定的，即保险资金在保险公司的账户上仅是过渡性停留，绝大部分会赔付给被保险人或受益人。由此可见，保险资金的法律属性在界定上相对困难，基于民商事法律体系的一般理解，并不能准确反映其特殊性，而借用财务角度的负债性，则能够相对清晰地解释保险资金的特点。当然，从法学基础理论上对于保险资金属性的研究，仍是值得探讨的课题，有待进一步深入研究。

三、保险资金和保险基金

（一）保险资金与保险基金的辨析

在保险领域，除"保险资金"外，还存在"保险基金"的概念，两者在形式上较为接近，很多情况下被混同使用，如在一些研究成果中，保险资金运用也被称为保险基金的使用。实际上，无论"保险资金"还是"保险基金"，在明确其来源指向的情况下，概念本身的表述并无对错。但鉴于我国相关法律法规对保险资金做出了明确规定，且保险基金在行业实践中也具有特定的指向，有必要对两者进行辨析，以避免理解上的偏差。

基于我国现行保险法律制度，保险资金与保险基金的差异主要体现在以下方面：首先，两者适用的领域不同，保险资金主要适用于商业保险领域，在《保险法》及中国银保监会制定的监管制度中，大多使用保险资金的概念；保险基金主要适用于社会保险领域，如基本养老保险基金、失业保险基金等。[①] 其次，两者的筹集方式不同，保险资金主要来源于保险业务收入即投保人缴纳的保险费，也包括保险公司的资本金、公积金等，属于保险公司"自主筹集"；保险基金则主要来源于法律法规、政策规定下按比例提取或财政划拨，如企业职工基金养老保险基金按照职工工资的一

---

① 《社会保险法》第六十四条。

定比例提取，很多政策性保险基金通过财政划拨。最后，两者的使用目的不同，保险资金主要强调保险公司对所持有资金的投资运作，通过市场化的手段，使保险资金能够保值增值，在用于支付保险赔款的基础上实现保险公司的经营利润；保险基金则主要强调行业管理部门或行业性组织对资金的统一管理，在发生规定的支付情形或重大风险事件时使用，以维护社会或行业的稳定。

（二）保险保障基金并非保险资金的组成部分

虽然保险基金一般在社会保险领域使用，但在商业保险领域存在保险保障基金的概念，指保险公司按照一定比例从业务收入中提取、缴纳形成，由保险行业特定组织机构统一管理，以应对行业风险的储备资金。[①]如前所述，在1996年中国人民银行颁布的《保险管理暂行规定》中，保险保障基金被列入保险资金的范畴，但从原中国保监会成立后出台的保险资金运用相关规定开始，保险资金的组成中没有再明确提及保险保障基金。目前，《保险资金运用管理办法》对保险资金的界定采用了概括列举的方式，除准备金、资本金、公积金等列明的资金类型外，保险资金中还包括"其他资金"。那么，保险保障基金是否属于保险资金中的其他资金，实际上现行制度并不明确，应从理论上加以判断。

按照财政部、中国人民银行与原中国保监会共同制定的《保险保障基金管理办法》，保险保障基金是由保险公司根据法律规定和监管要求缴纳形成的，用于救助被保险人或受益人、支持受让业务的保险公司或者处置保险业风险的非政府性行业救助基金[②]，与保险资金运用中的保险资金存在本质差异。一方面，保险保障基金由特定的行业组织机构——中国保险

---

① 《保险法》第一百条。

② 原中国保监会《保险保障基金管理办法》（保监会令〔2008〕2号）第三条。

保障基金有限责任公司依法负责筹集、管理和使用①，资金虽然由保险公司缴纳形成，但保险公司并非该资金的使用主体；另一方面，保险保障基金的用途是为被保险人、受益人等提供救助，或为处置行业性的整体风险事件提供资金支持，属于行业救助基金，其资金使用对于安全性、流动性和收益性方面的要求更高，须遵守规定的投资范围和要求②，不同于一般意义上的保险资金运用。因此，保险保障基金是保险行业内存在的特定资金，具有针对性的监管制度依据，并非保险资金运用客体意义上的保险资金范畴。

第三节　保险资金运用的内容

形式上，保险资金运用表现为保险公司使用保险资金开展各类投资活动的行为。作为一种特定领域的投资活动，保险资金运用在行为方式上须遵循相关法律法规和监管制度要求，呈现出具有行业特点的操作惯例。具体来说，保险资金运用的内容包括投资模式和投资范围两个方面。在投资模式上，保险公司可以自行开展资金运用活动，也可以委托专业的第三方资产管理机构开展投资；在投资范围上，保险资金仅限运用于法律法规允许范围内的投资形式，且各类投资形式均具有针对性的限制要求。

---

① 原中国保监会《保险保障基金管理办法》第六条。
② 原中国保监会《保险保障基金管理办法》第二十九条。

一、保险资金运用的模式

（一）自行投资模式

保险资金运用中的自行投资模式是指保险公司独立制定保险资金的配置策略，以自身名义直接开展投资活动的资金运用模式。实践中一般包括保险公司在内部设置专业投资部门负责运作和由保险集团公司牵头制定投资策略、集团内成员统一开展投资活动两种方式。对业务类型相对单一的保险公司，大多采用内部设置专业投资部门的方式，自行制订保险资金配置方案，开展投资活动；对规模较大、业务类型多样化的保险集团公司或保险控股公司，保险集团内往往包括多家不同类型的保险子公司，如前述关于保险资金运用主体的分析，保险集团公司或保险控股公司大多会统一制定整体资产配置策略，由旗下各保险公司根据集团整体投资计划，结合自身业务特点和投资目标实施具体投资行为。①

在自行投资模式下，保险资金运用活动是保险公司自身开展的行为，性质上应属于商业主体的商行为②，所产生的法律关系即保险公司作为保险资金的持有者与交易对象之间发生的交易关系。如保险资金投资股票、基金等有价证券，将构成有价证券交易法律关系；保险资金直接投资不动产，则构成物权买卖法律关系。即使在保险集团公司统一制定资产配置策略的方式下，具体投资行为也均由保险公司独立实施。因此，自行投资模式下的保险资金运用法律关系体现了各类保险投资活动的具体形式，法律关系产生的基础是遵守相关投资活动所对应的证券法、物权法等法律法规要求，并不必然受到保险行业相关法律法规的制约。按照原中国保监会

---

① 郭冬梅，郭三化编著. 保险投资学［M］. 北京：经济科学出版社，2017：47.
② 金涛. 保险资金运用的法律规制［M］. 北京：法律出版社，2012：51.

《保险资金运用管理办法》，对于保险公司自行开展资金运用活动的要求主要是遵循"独立性"原则，由保险公司的总部对保险资金进行集中管理，专业的投资部门统一实施投资行为，保险公司的各级分支机构不得开展保险资金运用活动。①

（二）委托投资模式

保险资金运用中的委托投资模式是指保险公司作为委托人将保险资金委托给专业投资管理机构由其作为管理人实施投资运作，并聘请独立的第三方作为托管人对保险资金实行托管的资金运用模式。② 其中管理人可以是保险资产管理机构，也可以是符合保险行业监管要求的证券公司、证券资产管理公司、证券投资基金管理公司等其他金融行业专业投资管理机构。③

与直接投资模式不同，委托投资模式下的保险资金运用法律关系首先是一种委托人、管理人、托管人之间的三方权利义务关系，保险公司作为委托人不再直接从事保险投资行为，而由管理人代为开展资金运用，由托管人负责对资金进行托管。此种三方法律关系建立后，管理人将代委托人具体开展保险资金运用活动，保险投资的结果归属于委托人。委托人、管理人与托管人之间的相互关系可以概括为三个方面：一是委托人与管理人之间的投资委托关系，保险公司自身不再进行投资和资产管理，而是将全部或部分保险资金委托给专业的投资管理机构进行运作④，由保险公司按照一定的标准向管理人支付管理费用⑤。从性质上看，管理人在投资委托

---

① 原中国保监会《保险资金运用管理办法》第二十一条。
② 保险公司投资资产委托管理模式研究编委会. 保险公司投资资产委托管理模式研究［M］. 北京：首都经济贸易大学出版社，2007：9.
③ 原中国保监会《保险资金运用管理办法》第二十六条。
④ BOGERT G T. Trusts［M］. West Publishing Co，(6th ed.)，1987：91.
⑤ 金涛. 保险资金运用的法律规制［M］. 北京：法律出版社，2012：46.

项下以自己名义开展保险投资活动，独立行使资产的管理权，此种投资委托关系并非一般的委托代理关系，应界定为委托关系下的信托法律关系。①二是委托人与托管人之间的资金托管关系，保险公司将保险资金的托管、清算等职责委托给托管人（一般为银行），形成独立于委托人、管理人的资金托管关系。②形式上，这种资金托管关系更类似于托管人对于保险资金的保管和监督，但在性质上又不同于一般的保管法律关系。鉴于资金托管法律关系并非保险资金运用中所独有，这种关系在银行理财、证券、信托等行业均普遍存在，本书对资金托管关系的属性不做过多探讨。三是托管人与管理人之间的关系，两者分别与委托人建立委托投资关系和资金托管关系，托管人与管理人之间并无直接的法律关系，但从实质上看，托管人对保险资金的保管构成了对管理人的监督关系。

二、保险资金运用的范围

保险资金运用的范围即保险资金可以投资于哪些资产品种或资产形式，是保险资金运用中的核心问题。我国《保险法》第一百零六条对保险资金运用的形式做出了相对原则的规定，保险资金可以投资于银行类存款、股票或债券等有价证券和不动产，以及法律法规允许的其他形式，但与当前行业实践相比，该条法律规定已较为滞后。原中国保监会《保险资金运用管理办法》虽进一步充实了保险资金运用的范围，但仍存在诸多不足。保险资金运用的范围本身是保险资金运用法律限制的研究重点，后文将对我国现行法律法规中存在的问题及完善的建议做出详细论述，这里主

---

① 赵廉慧. 信托法解释论［M］. 北京：中国法制出版社，2015：62 – 64.
② 金涛. 保险资金运用的法律规制［M］. 北京：法律出版社，2012：46 – 48.

要针对《保险资金运用管理办法》相关规定①，对保险资金运用的主要范围进行介绍。

（一）银行存款

银行存款主要包括定期存款、协议存款、协定存款等类别，是保险资金运用最基础的方式。2004 年以前，我国保险公司的资金运用活动以银行存款为主，占比最高时达到全部资金运用规模的 80% 以上。② 银行存款具有收益稳定、安全性高的特点，但收益率较低，按照保险资金运用应实现负债与投资相匹配的原则，银行存款并不能作为保险公司的主要投资领域。同时，人寿保险具有一定的储蓄性质，保险资金投资银行存款意味着保险行业从居民储蓄中分离的资金再次回笼了银行体系③，不利于发挥保险业自身所具有的金融功能。

在投资要求上，根据《保险资金运用管理办法》，保险公司所投资的存款银行应是符合相关条件的商业银行，包括具备满足监管要求的资本充足率和净资产；内部治理结构较为完善，以往的经营情况良好；近三年来没有发生重大的违法或违规事件；银行的信用等级达到行业监管机构要求的标准。④

---

① 原中国保监会《保险资金运用管理办法》第六条规定："保险资金运用限于下列形式：（一）银行存款；（二）买卖债券、股票、证券投资基金份额等有价证券；（三）投资不动产；（四）投资股权；（五）国务院规定的其他资金运用形式。保险资金从事境外投资的，应当符合中国保监会、中国人民银行和国家外汇管理局的相关规定。"

② 陈文辉，等. 新常态下中国保险资金运用研究［M］. 北京：中国金融出版社，2016：146.

③ 李亚敏. 我国保险资金运用问题研究——基于资本市场的收益与风险分析［D］. 上海：复旦大学，2007：12.

④ 原中国保监会《保险资金运用管理办法》第七条。

（二）有价证券

有价证券涵盖的范围较为广泛，包括政府债券、金融债券、企业债券等债券产品，上市公司股票，各种类型的基金产品，以及金融衍生品等，是保险资金最重要的投资方式。无论是《保险法》，还是《保险资金运用管理办法》，对于保险资金可以投资的有价证券均采取了列举的方式，明确规定的仅包括债券、股票和基金，其他属于保险资金运用范围的有价证券形式则须根据保险行业监管机构出台的相关规范性文件确定。

债券属于固定收益类资产，具有收益稳定的特点，是保险资金运用的主要方式。2004 年以后，我国保险公司投资债券的规模一直保持在总资金运用规模的 45%～55%，直到 2012 年保险资金运用市场改革以后，随着资产管理产品投资的增长，债券投资才开始逐步下降。[1] 在投资要求上，保险公司投资债券的核心条件是满足规定的信用级别[2]，避免保险资金流入垃圾债券或低质量债券，影响资金安全。

股票属于权益类资产，包括在证券交易所公开发行的上市公司股票和上市公司通过非公开方式向特定投资者发行的股票。随着保险资金运用市场的发展，股票投资越来越为保险公司所重视，希望通过股票投资的高收益来实现更高收益，但股票本身的高风险特征，也使此类保险投资行为引发出很多问题，如近年来的一系列不规范保险资金运用行为，均出自股票投资领域。在投资要求上，行业监管机构颁布了一系列针对性的规范性文件，以加强对于保险资金股票投资的监管，后文将做出进一步论述。

基金，即证券投资基金，是指一种特定的金融产品，由基金管理人集

---

① 陈文辉，等．新常态下中国保险资金运用研究［M］．北京：中国金融出版社，2016：146.

② 原中国保监会《保险资金运用管理办法》第八条。

中管理和运用资金，从事股票和债券等投资，并由基金托管人对资金进行托管。① 基金具有组合投资种类、分散投资风险的特点，由专业的基金管理人负责实际的资金运作，是保险资金运用的重要渠道。同时，基金根据其不同投资方向具有较大差别，如分为股票型基金、债券型基金、货币型基金、混合型基金等，相应的投资风险也差异较大，保险资金投资基金时须具体判断，不能一概而论。在投资要求上，《保险资金运用管理办法》对基金管理人应具备的条件做出规定，包括具有健全的内部治理机制和风险控制机制；能够依法维护投资者的合法权益；设立时间在一年以上；近三年来没有发生过重大的违法或违规事件；建立了基金与特定客户资产管理业务之间的防火墙；配置了专业性强、人员稳定的投资团队等。②

（三）投资不动产

保险资金运用中的不动产投资，包括直接投资和间接投资两种方式。直接投资不动产，是指使用货币资金从事房地产开发、购置不动产资产或收购不动产所属企业股权。③ 间接投资不动产，是指通过保险投资计划、信托投资计划、资产证券化产品等方式，将保险资金间接投资于不动产资产。④ 不动产属于中高收益回报的投资资产，一直是保险资金运用的重要形式。据测算，保险资金投资不动产的收益率一般在6%～10%。⑤ 保险公司直接投资不动产，不仅可以通过不动产本身价值的上升获取收益，还可以在投资期间取得租金收入；间接投资不动产类，则此类资产管理产品一般以不动产基金资产作为担保，有利于提升投资的安全性。我国自2010年

---

① 金涛．保险资金运用的法律规制［M］．北京：法律出版社，2012：142．
② 原中国保监会《保险资金运用管理办法》第十条。
③ 吴永刚．保险资金投资不动产研究［M］．北京：经济科学出版社，2014：47－48．
④ 吴永刚．保险资金投资不动产研究［M］．北京：经济科学出版社，2014：90．
⑤ 谭显英．保险公司投资不动产的收益与风险［N］．中国保险报，2011－6－13．

原中国保监会颁布《保险资金投资不动产暂行办法》之后，保险资金开始大量进入不动产领域。在投资要求上，保险行业监管机构针对保险资金不动产投资制定了较多规范性监管文件，对投资范围内不动产的底层资产类型、投资方式、资金来源限制等，均做出了明确规定。

（四）投资股权

保险资金运用范围中包括的股权，是与上市公司股票相区别，指未在证券交易所公开上市的股份有限公司和有限责任公司的股权。① 保险资金股权投资，同样包括直接投资和间接投资两种方式。直接投资是指保险公司以出资人名义，直接投资企业股权，成为被投资企业股东的行为；间接投资是指保险公司投资各类资产管理机构发行的、以未上市企业股权为基础资产的相关资产管理产品。② 一般来说，股权投资收益率较高，尤其是投资于高成长性的未上市企业，当企业取得实质发展后，投资者将获取数倍的超额回报。但是，股权投资本身具有投资周期较长、退出机制相对较少、投资风险较高等特点，对投资者的专业判断要求较高。2010 年以后，随着原中国保监会《保险资金投资股权暂行办法》发布，我国保险公司逐步开始涉足股权投资领域，丰富了保险资金运用的范围，为优化保险投资的资产配置提供了更多选择。鉴于股权投资本身所具有的风险性，行业监管机构出台了大量规范性文件引导保险公司的此类投资活动，包括投资目的应以财务投资为主，对投资企业所在行业做出一定程度限制等。

（五）国务院规定的其他资金运用形式

除原中国保监会《保险资金运用管理办法》明确规定的形式外，保险

---

① 原中国保监会《保险资金运用管理办法》第十二条。

② 陈文辉，等.保险资金股权投资问题研究［M］.北京：中国金融出版社，2014：127.

资金运用的范围还包括资产证券化产品、私募基金等其他形式。根据《保险法》的规定，国务院授权保险行业监管机构对保险资金运用的其他形式做出进一步规定。① 近年来，我国保险资金运用的范围一直处于不断拓展的趋势中，大量监管制度的出台，为保险资金运用于各种不同投资形式提供了依据。

三、保险资金运用与保险投资

保险资金运用在行为方式上表现为保险公司的投资活动，很多情况下也被称为保险投资。保险资金运用与保险投资在概念上非常接近，在保险行业实践中基本上等同使用。但实际上，保险资金运用与保险投资既具有共同性，又存在一定的差异。为了便于理解本书研究内容，以下对保险资金运用与保险投资之异同做简要分析。

（一）狭义上保险资金运用与保险投资具有相同含义

从行为方式的角度看，保险资金运用就是指保险公司使用保险资金进行投资的行为，保险资金运用与保险投资具有相同的含义。无论是学术界还是实务界，将保险资金运用等同于保险投资的情况均较为普遍。如早期从法律角度研究保险资金运用的理论成果中，使用的就是保险投资的概念;② 在原中国保监会颁布的保险资金运用相关监管规定中，也没有严格区分保险资金运用与保险投资，两个概念的使用相对随机，使用"保险资金运用"的如《保险资金运用管理办法》《关于加强和改进保险资金运用比例监管的通知》等，使用"保险投资"的如《保险资金间接投资基础设

---

① 《保险法》第一百零六条。

② 费安玲，王绪谨．保险投资监管法律问题的思考［J］．北京商学院学报，2000（1）：37-40．

施项目管理办法》《关于进一步加强保险资金股票投资监管有关事项的通知》《关于提高保险资金投资蓝筹股票监管比例有关事项的通知》等，实际指向并没有差异。

保险投资是一种商业行为，即保险公司以承担投资风险为代价，通过多种模式（自营投资和委托投资）和渠道（投资股票、债券、股权、不动产、金融产品等）对自身筹集的保险资金进行运作管理，以稳定经营成果、获取经营利润的市场活动。① 从狭义上理解，保险投资与保险资金运用具有相同的含义。为了保持与立法实践、同类研究成果在概念理解上的一致性，本书除特别说明外，并没有严格区分保险资金运用和保险投资。

（二）广义上保险资金运用的外延宽于保险投资

从广义上理解，保险资金运用不仅仅是一种保险公司的投资行为，而是对保险活动中一种特定现象或运行机制的概括，相比保险投资，涵盖着更为丰富的内容。具体来说，可以从以下三个方面对保险资金运用与保险投资的主要区别进行辨析：首先，两者涵盖的范围不同，保险投资一般指保险公司以获取收益为目的的投资行为，如保险公司将资金投资于股票、基金、债券、金融产品等，投资期限、预期收益率或退出机制等是保险投资的核心要素；保险资金运用除了涵盖一般的保险投资行为外，还包括以控制为目的的企业股权投资（区别于以获得分红回报为目的的财务投资）、使用自有资金购置自用性不动产等活动，而这些活动在多数情况下并不考虑投资期限、收益率和退出机制等要素，不应属于保险投资的范畴。其次，两者与保险业务之间的关系不同，保险投资一般仅聚焦于保险投资端，强调应如何使用保险资金进行投资，与前端的保险业务活动并无直接

---

① 熊海帆. "大资管"时代的保险资金运用监管创新——基于外部性及企业社会责任的视角［M］. 北京：经济科学出版社，2015：17.

关联；保险资金运用则不仅考虑保险投资端，而且涉及保险资金的来源等保险业务端的问题，关注保险业务活动与保险投资之间的关系，如万能保险、分红保险、投资连结保险等投资型保险产品，不同保险业务的承保条件如何影响保险资金的配置范围和投资策略，属于保险资金运用的范畴。最后，两者涵盖的功能不同，保险投资的主要功能在于使保险资金保值增值，强调投资行为的盈利性；保险资金运用除了考虑盈利性功能外，还涵盖参与社会管理、履行企业社会责任等其他功能，如保险公司将保险资金运用于民生基础设施建设、中西部地区产业开发等，在保证必要盈利条件的基础上，一定程度上体现了保险资金运用参与社会管理的功能，不同于一般的保险投资行为。

由上可知，广义上的保险资金运用涵盖保险投资，在外延上又宽于保险投资。当然，上述差异分析更多是从理论上的探讨，实践中并没有得到严格的遵守。本书研究保险资金运用与保险投资之间差异的主要目的在于更好地理解研究主题。保险资金运用的法律限制，是从整个保险活动的视角，对保险公司使用保险资金开展投资活动的全面分析和探讨，既涉及保险资金运用作为一种投资行为的实施模式和投资范围，更考虑保险资金运用在保险经营甚至保险业发展中的作用、保险资金的特点、承保业务端与资金运用端的相互关系等问题，不限于狭义上的保险投资。

第二章

保险资金运用法律限制的理由

从前文关于保险资金运用各构成要件的分析可见，保险资金运用在形式上表现为一种保险公司使用保险资金开展投资行为的商业活动，性质上属于商事主体从事的商行为，由保险公司独立决定保险资金的投资方式与策略。同时，从保险资金运用实践情况看，对于保险投资活动做出适度的法律限制，是世界各国保险业监管通行的做法，法律法规在一定程度上又制约着保险公司的投资自主权。

那么，应如何理解此种保险资金运用活动中的法律限制，即保险资金运用法律限制的理由。一方面应从理论层面入手，探究法律限制所针对的问题及发挥的作用，明确法律限制的理论基础；另一方面应从实践层面展开，分析相关历史事件或典型案例对于保险资金运用监管的影响，理解法律限制的实践探索脉络。对于我国而言，是否应遵循保险资金运用的法律限制，做出此种制度安排具有何种价值，应结合我国保险业的发展特点做出进一步探讨。

第一节 保险资金运用法律限制的理论依据

保险资金是对保险公司持有的各类资金的概括总称，无论保险投资采用自主投资或是委托投资模式，决策均由保险公司做出；同时，对于保险公司开展资金运用应具备的条件、保险资金运用的范围等，相关法律法规又做出一定程度的限制。保险资金运用本质上是保险公司开展的一种商行为，如何理解从监管制度上对其做出限制的原因，可以从经济学与法学理论角度进行探究。

一、保险资金运用的负外部性问题

（一）经济活动的外部性理论

外部性是经济学理论中的重要概念。新古典经济学大师阿尔弗雷德·马歇尔最早在《经济学原理》一书中提出外部经济与内部经济的区分，其中外部经济是指有赖于产业的一般发达而使得一种货物的生产规模扩大的经济种类。[①] 根据马歇尔对外部经济的界定，经济活动具有外在性效应，经济主体在开展活动时，既影响其他主体，也受到外部市场的影响，个体经济活动的成熟有利于增加其他主体的利益，外部条件的变化也可以促进个体经济的发展。马歇尔的学生庇古在《福利经济学》一书中进一步完善了外部性理论，在外部经济和内部经济的基础上，提出了外部不经济和内部不经济的概念。如果厂商给其他厂商或整个社会造成不需付出代价的损失，那就是外部不经济。由此理解，个体经济活动与外部社会之间同样存在相互负面影响的可能，私人边际成本和私人边际收益并非任何时候都等于社会边际成本和社会边际收益，个体经济活动常常因追求个体边际收益而制约社会边际收益的最大化。[②] 之后，罗纳德科斯、米德、萨缪尔森等经济学家均围绕外部性问题做出更加深入的研究，经济活动的外部性理论

---

① MARSHALL A. Principles of Econimics［M］. London：Macmillan，1920：266.

② PIGOU A. The Economics of Welfare［M］. London：Geneal Books LLC，2010.

逐步为经济学界所广泛接受。按照斯蒂格利茨对于外部性的解释，"当个人或厂商的一种行为直接影响到他人，却没有给予支付或得到补偿时，就出现了外部性"。① 因此，外部性可以理解为个体经济活动与外部市场、其他个体之间的正面或负面影响。

从经济活动所产生的效应属性上，可以将外部性划分为正外部性和负外部性。正外部性，是指经济主体在开展经济活动中，给其他主体或市场带来的影响是正面的，私人活动能够额外增加外部社会的收益，这种收益多于其自身获得的对价；负外部性，是指经济主体在开展经济活动中，给其他主体或市场造成的影响是负面的，私人活动带给外部社会的效益低于自身获得的收益，甚至在一些情况下造成外部社会的损失。正外部性与负外部性是外部性问题最重要的分类，尤其是对于负外部性的研究，成为政府干预理论产生与发展的依据之一。在法学视角下，负外部性问题也成为商法学、经济法学研究国家与市场协调发展相关法律规范的逻辑起点。

（二）保险资金运用的外部性分析

外部性问题是经济活动中普遍存在的现象，并且大多数经济活动均同时呈现出一定的正外部性与负外部性特征。如上所述，由于负外部性会对其他主体及整个市场带来消极影响，并且这种负面作用是活动主体与市场本身所无法克服的，因此负外部性问题更为理论研究所关注。

保险资金运用是保险公司开展的一种商业经济活动，与其他主体、外部市场均产生着广泛的联系，同样体现出典型的外部性特征。在正外部性上，保险资金运用具有与一般金融活动相似的积极作用，主要包括：保险资金运用有助于支持社会经济建设，保险投资的直接目的在于保险资金的

① 斯蒂格利茨. 微观规制经济学［M］. 朱绍文，等译. 北京：中国人民大学出版社，2000：138.

保值增值，使保险公司具备履行保险责任的能力，随着保险资金运用规模的扩大，保险资金大量投资于社会公共事业，在保障保险投资取得收益的同时，可以为社会经济建设提供更多资金；保险资金运用有助于稳定资本市场，保险资金为长期性、持续性资金，当一国资本市场出现波动时，保险投资往往可以发挥"稳定器"的作用，抑制投机行为；保险资金运用有助于促进其他金融行业发展，保险资金运用的范围较为广泛，与其他金融行业具有密切的联系，如保险资金投资于股票、银行理财、信托计划等，对于证券业、银行业、信托业等相关行业丰富产品供给，提升资产配置能力，具有客观上的推动作用。

金融的本质在于服务实体经济，与各类行业具有非常密切的联系，所蕴含的风险也高于一般行业。由此，金融业的负外部性问题更为社会所关注。从保险资金运用的情况看，其负外部性现象较为突出，且相比正外部性带来的社会效益，负外部性问题造成的影响更加剧烈，呈现出典型的保险经营特征。总体上，保险资金运用的负外部性问题主要表现在如下方面。

一是保险资金运用可能扭曲社会资源配置。在"双轮驱动"的现代保险经营模式下，对于收益的追求是保险公司开展资金运用活动的直接原因。如前所述，现代保险业承保利润相对有限，对于高收益率的"贪恋"往往成为保险公司在保险资金运用中出现问题的内在原因。保险公司在选择保险投资的标的或领域时，可能为了实现高投资回报而激进设计资产配置方案，投资股票、未上市企业股权、不动产等高风险资产的比例过大，降低了保险资金运用的安全性；因盲目追逐盈利性而草率进入高风险项目或虽有高回报却明显损害社会公共利益的领域，如投资高耗能、粗放型的企业或行业。此类投资行为，虽然短期内可能给保险公司带来较高回报，但长期来看并不利于社会资源的优化配置，且积聚的风险一旦爆发，将给相关主体及外部社会带来严重影响，而此种损失是保险公司自身所无力承受的。

二是保险资金运用可能助推金融危机。金融危机是金融市场运行中不可避免的循环性灾害事件①，导致金融危机发生的因素很多，基于追逐高收益而导致的资金向高风险资产聚集是金融危机爆发的重要原因。从历史发展的情况看，保险资金运用一般不是金融危机的直接导火索，但保险投资往往在历次金融危机中发挥助推作用，最终导致相关主体承担严重损失。保险资金具有长期性特征，投资规模较大，当资金大量投入金融危机相关领域时，一旦危机爆发，保险公司自身避险能力是有限的。如在2008年美国次贷危机中，保险公司为了获取超常利润而大量购买了抵押贷款支持债券、担保债务凭证等金融衍生品，最终导致整个保险行业承受巨大损失。

三是保险资金运用可能干扰市场秩序、损害保险消费者权益。如前所述，保险消费者属于保险资金运用的利益相关主体，一旦保险投资产生重大损失且超出保险公司自身可以承担的范围，保险消费者将成为主要的损失承担方。随着保险市场的发展，保险资金累积规模不断增长，成为资本市场上重要的资金来源。当公司内部治理机制存在缺陷时，保险公司的控股股东、实际控制人、管理层将可能基于其他目的，凌驾于保险公司自主投资决策之上，不当使用保险资金，如将保险资金用于为自身谋利、争夺其他企业的控制权、关联企业的扩张等，最终干扰正常的市场秩序，损害保险消费者利益。尤其是随着保险集团的发展，保险集团的控股股东或实际控制人可以通过旗下保险子公司筹集保险资金，通过旗下保险资产管理

---

① 熊海帆.“大资管”时代的保险资金运用监管创新——基于外部性及企业社会责任的视角［M］. 北京：经济科学出版社，2015：37.

公司发行金融产品作为挪用保险资金的通道，进一步增加了保险资金运用的负外部性风险。近年来我国资本市场上发生的一系列保险资金滥用事件，实质上均是此种保险资金运用负外部性风险的表现。

二、保险资金运用负外部性风险的监管

（一）负外部性问题与金融监管

解决经济活动中的负外部性问题是经济学理论研究的重要内容。负外部性来源于经济活动本身，是经济个体与市场调节所无法克服的，政府干预成为防范负外部性风险的重要手段。德国历史学家李斯特从生产力理论出发，提出国家对于经济的干预是不可缺少的，如后进国家的经济发展不能完全放任由市场调节，必须依靠国家采取一些政策举措加以保护，以避免先进国家在市场竞争中给本国带来的外部冲击。20 世纪 30 年代的世界经济危机，使凯恩斯的政府干预理论为社会所重视。按照凯恩斯理论所说，市场机制本身存在缺陷，必须通过扩大政府支出来弥补私人有效需求不足，即实施必要的政府干预。当经济活动的负外部性导致生产过度或生产不足、消费不足或消费过度使市场配置的结果与完全竞争市场所产生的结果不同时，将出现市场失灵，需要政府对市场活动做出适度干预，以降低个体行为的负外部性影响。

对于负外部性问题的关注以及通过政府干预手段防范负外部性风险的探讨一直是法学理论研究的重要内容。法是社会经济关系的反映，政府与市场的相互作用是社会经济关系的组成部分，须通过法律规范予以调整，法学研究侧重于为政府与市场之间的关系提供制度保障。从经济法学的视角看，揭示市场调节机制、政府干预职能与法律规范同步演变的一般规律，为发挥国家调节职能、规制行政权力滥用提供法律依据，是经济法研

究的基本逻辑。① 经济法学的产生便是经济学理论中经济自由主义与国家干预主义冲突与磨合的结果。② 从商法学的视角看，合理制定政府职能与市场机制相互关系的法律规范以有效发挥政府与市场的作用，同样是商法建设的重要任务与主要思路。③ 市场之手与政府干预同为规制市场法律关系的两种方式，市场之手由市场主体之间的合意进行自治，政府干预则以外力来改变市场主体、交易客体、交易条件或者竞争关系等来重构市场条件。④ 维持市场的秩序、公平和效率是法律追求的价值目标，法学视角下对政府干预的研究是寻求国家干预与实现前述目标之间的正向关系。⑤ 经济活动的负外部性是导致市场调节机制失灵的重要原因，表现为负外部性活动对于市场正常秩序的干扰、损害其他主体的合理利益、降低社会资源配置的有效性等，通过法律制度明确行为主体的相关权利义务，对产生负外部性效应的行为予以规范或限制是发挥国家干预职能的基础。

负外部性问题同样存在于金融领域。金融行业属于市场经济的特定领域，以资金为交易对象，存在资金所有权与使用权的分离，交易活动通过无形市场完成，与一般实体行业相比，蕴含的风险程度更高，负外部性效应更强。正因如此，世界各国针对金融行业均采取独立的管理方式，设立特定的管理机构，制定针对性的行业管理制度，即金融监管。金融监管实质上是国家干预职能在金融领域的体现，防范金融活动的负外部性风险是金融监管的重要目标。金融监管与一般公共领域的政府干预在理论基础上是相同的，即为了防范负外部性等问题导致的市场失灵，由行政监管机构

---

① 漆多俊. 中国经济法理论之创新与应用——30 年回顾与启示 [J]. 法学评论, 2009 (4)：40.

② 张世明. 经济法学理论演变原论 [M]. 北京：中国人民大学出版社, 2019：308.

③ 陈甦. 商法机制中政府与市场的功能定位 [J]. 中国法学, 2014 (5)：42.

④ 侯利阳. 市场与政府关系的法学解构 [J]. 中国法学, 2019 (1)：187.

⑤ 薛克鹏. 国家干预的法理分析 [J]. 法学家, 2005 (2)：90.

对金融机构进行必要规范，以稳定金融市场环境，保护相关主体的利益。法律制度是金融活动的内生变量，法律手段在金融监管中发挥基础性作用。金融监管的内在逻辑是风险防范，通过各种制度安排来控制和防范金融市场中的风险，维持金融市场的良好秩序，保护所有市场主体的合法权益。① 因此，法律视角下对于金融行为负外部性风险的监管，是通过健全和完善相关金融法律制度，使金融市场运行符合秩序、公平、效率的法律价值理念。

（二）保险资金运用负外部性的监管方式

一般来说，金融监管的目标包括维护金融体系的稳定，促进金融机构审慎经营，保护金融消费者的利益以及建立高效率、富有竞争性的金融体制。② 在此种宏观监管目标的基础上，为了落实监管要求，应根据导致各类风险出现的原因，确定针对性的监管手段或方式，以保证监管活动的有效性。维护保险投资市场秩序、保护保险消费者利益是保险资金运用监管的核心目标。保险资金运用的负外部性风险表现为保险公司盲目投资、滥用资金的行为，对保险市场秩序、保险消费者权益均造成损害，实质上是将保险公司自身活动引发的风险传递给相关利益主体和整个市场，违背了保险监管的目标。在监管方式的选择上，应根据保险资金运用负外部性风险产生的实质原因，明确相适应的风险控制措施。当然，这些监管方式是以制度建设为基础的，以相关法律法规和监管制度为载体。

一方面，保险资金运用的负外部性风险来源于保险公司对于高收益的过分追逐，监管上应对保险投资的范围和方式做出适度限制。保险资金具

---

① 刘燕. 发现金融监管的制度逻辑——对孙大午案件的一个点评 [J]. 法学家，2004（3）：135.

② 白钦先. 20 世纪金融监管理论与实践的回顾与展望 [J]. 城市金融论坛，2000（5）：13.

有负债性特征，出于保险业务端的资金支出需求，保险公司往往因追逐高收益而忽视投资活动中的风险控制，将保险资金盲目投资于较大的风险敞口中，最终导致资源配置不当或陷入金融危机。对于收益率的追逐是任何投资活动的目标，但不同于资产管理行业中委托人与投资管理人相互制约的情况，保险公司在保险资金运用中既是资金"所有人"，又是管理人，保险投资活动缺乏系统的内部制衡机制。同时，从负外部性的效应看，保险投资不当所造成的损失往往大幅超过保险公司自身可以承受的限度，将给投保人、被保险人、受益人等保险消费者以及整个保险市场带来巨大的冲击，如终生寿险资金的投资不当，在导致保险公司破产的同时，将直接影响社会稳定。因此，对于保险资金运用的监管手段应相对"直接"，限制保险资金可以投资的范围，禁止将保险资金运用于高风险领域，并将投资金额限定在保险资金的一定比例内，避免盲目投资行为的发生。

当然，此种监管方式的选择是以产生负外部性效应的程度为前提的。按照保险监管的一般要求，保险公司具有较高的资本金门槛，须满足一定的偿付能力标准，自身可以承担一定程度内的盲目或不当投资损失。任何投资活动均存在风险，盲目或不当投资的界定本身也相对模糊，针对保险资金运用负外部性的监管手段应限定在"合理"的范围内，避免过分干预保险公司的投资自主权。实际上，对该"合理范围"的不同理解，正是世界各国在保险资金运用监管方式上存在差异的原因。

另一方面，保险资金运用的负外部性在一定程度上是由保险公司或其控股股东、实际控制人、管理层的道德风险造成的，监管上应对保险公司的管理能力、资金种类做出必要限制。保险资金运用关系着保险公司承担保险责任的能力，与保险消费者利益密切联系。但在法律关系上，保险合同关系与保险资金运用关系相互分离，保险消费者无法基于保险合同对保险公司的投资活动进行必要监督。同时，除投资连结保险等特定保险险种外，虽然保险资金运用的结果与保险责任的履行存在联系，但不一一对应，单个保险单的保险费收入均纳入保险公司的统一账户，并无单独核算（一些险种采用单独核算方式，如大病保险，但无法对应到投保人账户）。此种情况下，保险资金运用的决策权完全由保险公司掌握，为保险公司或其控股股东、实际控制人、管理层产生道德风险留下一定余地。此外，保险资金属于长期性、持续性资金，短期挪用并不会直接影响保险公司的正常经营。资金是一种稀缺性资源，当保险公司或其控股股东、实际控制人、管理层面临资金使用压力时，如需对关联企业增资、扩大经营范围，往往产生"挪用"保险资金的"诱惑"。管理资金是金融的重要特征，道德风险在金融企业中普遍存在，如证券行业中的"老鼠仓"行为。对于保险资金运用而言，道德风险的监管应关注保险公司做出投资决策的程序要求和审慎度，除健全的公司治理机制外，对保险公司开展投资活动设定必要的资质门槛可以增强保险公司内部的管理压力；保险公司的投资行为应以坚持保险本质属性为基础，保险投资应服务于保险业务，维持投资与负债相互匹配，对将保险资金用于控股权收购、重大资产购置等行为，应以能够取得合理预期收益为前提，避免非理性投资。

此外，保险资金在组成上具有复杂性，上述分析更多是针对保险费收入形成的保险准备金，而对于资本金等保险公司自有资金来说，其负外部性问题与一般企业并无本质差别，在相应监管方式上可以做出区分。

三、保险资金运用法律限制的作用

为了防范保险资金运用的负外部性风险，保险监管法律制度应根据负外部性问题出现的原因及特征，采取针对性的监管方式，以实现维护市场秩序、保护保险消费者权益的监管目标。如上所述，保险资金运用负外部性风险的监管方式包括约束保险公司内部管理机制、设定资金运用主体资质准入条件、区分保险资金的组成、限制保险资金的投资范围和投资比例、禁止保险公司从事非理性投资等，形式上体现为对保险资金运用主体、客体、行为的相关限制要求，可以将其统一界定为保险资金运用的法律限制。保险资金运用法律限制的核心功能是防范负外部性风险，具体作用则体现在如下方面。

（一）保护保险消费者的利益

如前所述，保险资金绝大部分来源于保险费收入形成的保险准备金，保险资金运用的效果关系着保险公司履行保险责任的能力，投保人、被保险人、受益人等保险消费者是保险资金运用的利益相关主体。由于保险消费者无法直接监督保险公司的资金运用活动，相关约束要求须通过公共权力即监管法律制度予以体现。保险资金运用法律限制最直接的作用是限制保险资金运用中的高风险投资活动，维持保险投资的稳定收益，保障保险消费者在保险合同中的期待利益不会因保险公司的盲目投资而落空。虽然保险业监管中包括保险公司须以货币形式足额出资、满足最低偿付能力标准等要求，在一定程度可以防范保险资金运用不当给保险消费者带来的影响，但是一旦保险公司的偿付能力低于标准，将限制其开展资金运用活动。事实上，投资活动具有较强的隐蔽性，投资效果往往在较长周期内才得以实际体现，保险公司的盲目投资或滥用资金行为，可能短期内并不影响偿付能力的变化，而当负外部性影响的效果呈现时，损失已经无法避免。因此，保险资金运用法律限制仍是保护保险消费者利益的必要手段，发挥着重要的监管作用。

（二）维护市场秩序的稳定

保险公司盲目开展保险投资或滥用保险资金，使保险资金运用活动背离其本质要求，不仅给保险行业的正常经营带来冲击，更将对整个金融市场造成不良影响。如对于保险资金运用的范围不做适度限制，保险公司将保险资金大量用于民间借贷，将干扰正常的银行业信贷体系；如对于保险资金投资股票不做适度限制，保险公司利用保险资金的长期性特征，将可以频繁操纵市场，影响证券市场秩序；如对于保险资金投资房地产不做适度限制，保险公司将可能成为哄抬房地产价格的重要力量，形成大量的房地产泡沫。因此，保险资金运用在维护市场秩序方面的作用，并不局限于稳定保险市场，还包括防范保险资金运用的负外部性对其他相关市场造成的冲击。

（三）避免保险行业资源的滥用

保险资金主要来源于社会大众，是一种重要的社会资源。开展保险资金运用时，在保障资金保值增值的前提下，应积极将保险资金投入社会公共事业，践行"取之于民，用之于民"的基本理念。保险公司持有大量保险资金并可以自由支配使用，一方面是资本市场上重要的机构投资者，扮演着资金供给者的角色①；另一方面应是发挥保险资金服务社会功能的实施者。但是，在负外部性的影响下，如金融监管法律制度不对保险资金运用做出适度限制，内生的逐利性与道德风险将促使保险公司更看重自身利益，忽视保险资金运用的社会责任。如在实体经济发展相对缓慢的市场环境下，保险公司更倾向于将保险资金投资于金融领域，赚取高额套利，但实体经济的衰退最终将影响整个市场。因此，保险资金运用法律限制的作用同样包括对保险公司开展投资活动的引导，通过限制或禁止保险资金投资于落后产业、领域等方式，避免保险行业资源的使用不当，使其能够更

①　REJDA G E, MCNAMARA M J. Principles of Risk Management and Insurance ［M］.13th ed. Pearson Education Inc, 2016：49.

大发挥社会价值。

（四）弥补保险公司的自身缺陷

保险资金运用在形式上是保险公司将保险资金投资于不同种类资产的活动，体现为各类资产配置行为。从投资学的角度看，投资者自身的专业能力是影响资产配置效果的重要因素。对于保险资金运用来说，负外部性问题的影响程度同样可能由于保险公司自身管理水平的差异而有所不同，如保险公司在市场判断能力、风险防控意识上存在差距，其投资活动出现损失的概率更大，负外部性风险也更大。因此，保险资金运用法律限制的作用还包括弥补保险公司的自身缺陷，增强化解负外部性风险的能力，这实质上也是对保险公司自身资产安全的保护。对于保险公司内部治理机制的要求，可以规范决策程序，提升保险公司开展投资活动的审慎度；对保险公司投资能力的准入限制，可以防止保险公司因缺乏足够的专业管理人才和管理经验而导致投资失误；对于保险投资范围和不同类别资产投资比例的限制，有利于调节保险公司的资产结构，健全财务状况，增强对经济环境变化的抵御能力。

第二节　保险资金运用法律限制的实践依据

从亚当·斯密对于"看不见的手"的论述，到凯恩斯的国家调节学说，市场经济的发展实践与理论创新相互促进。从保险资金运用的情况看，采用法律限制的监管方式是在金融监管实践发展过程中被逐步认识并不断深化的。无论在境外还是境内，一系列重大历史事件或典型案例均成为保险资金运用法律限制发展的重要推动力量。以下结合保险资金运用发展历程中的一些实践案例，对实施法律限制这种监管方式的理由进行分析。

一、影响保险资金运用法律限制发展的境外典型案例

（一）从阿姆斯特朗调查到美国 1929 年金融大危机

美国是当前世界上保险业最为发达的国家①，不仅保险市场较为成熟，保险公司数量众多，保险产品供给丰富，而且在保险业监管上，美国建立起了一套非常完善的保险监管体系，有效保障了市场运行。② 在保险资金运用的监管上，美国通过保险监督官协会制定的保险公司投资示范法案和各州保险法，对保险资金运用进行相对严格的直接限制。美国对于保险公司投资活动的法律限制起源于 20 世纪初的阿姆斯特朗调查，到 1929 年金融大危机爆发后被保险业广泛接受。

在 20 世纪初期，美国最大的金融机构均为保险公司而并非银行，一些保险公司将其资产大量投资于银行股票或其他金融机构股权，使自身规模急剧扩张。但在 1905 年，美国保险业遭受丑闻的困扰，暴露出严重的裙带关系、金融诈骗及贿赂行为，立法机构以一项政治调查对此予以回应，被称为阿姆斯特朗调查。伴随着此次调查，立法机构对相关金融监管制度做出调整，开始限制保险公司的投资活动，到 1906 年时，法律已经禁止保险公司大量拥有金融机构股票、控制银行和承销证券。③ 阿姆斯特朗调查催生了早期对保险公司投资活动的限制，而这种限制的目的是避免保险公司利用公众资金盲目扩张，防范保险公司及其控制人的道德风险。1929 年的

---

① CUMMZNS J D, VENARD B. Insurance Market Dynamics: Between Global Developments and Local Contingencies [J]. Risk Management and Insurance Review, 2008, 11 (2): 295.

② 肯尼斯・S. 亚伯拉罕. 美国保险法原理与实务 [M]. 韩长印，韩永强，楚清，等译. 北京：中国政法大学出版社，2012：6.

③ 马克・J. 洛. 强管理者 弱所有者 [M]. 郑文通，邸东辉，王雪佳，译. 上海：上海远东出版社，1999：82.

金融大危机，则进一步使美国金融监管机构认识到保险资金运用在追逐高收益方面的负外部性风险。

第一次世界大战之后，美国成为世界金融的中心，国内经济空前繁荣，资本市场高速膨胀。在整个 20 世纪 20 年代，美国资本市场一直处于快速上升周期，债券市场投资收益率节节攀升，房地产交易异常活跃，股票市场则成为整个资本市场上涨的带动力量，证券交易所指数屡创新高，股票市场取代债券市场成为各类资金的主要投资领域。① 在 20 世纪初，美国保险业发展已经初具规模，除传统的财产保险和人身意外保险外，保险公司销售分红年金保险等寿险产品的金额也相当可观。在 20 世纪 20 年代这段美国资本市场大繁荣时期，保险资金与其他渠道资金一样，也大量投入了股票市场以及房地产市场等高风险领域。经历了 20 世纪初的高速发展后，随着经济泡沫的不断累积，美国实体经济从 1927 年开始显示出下滑迹象，并很快传递到资本市场。1929 年 9 月，美国股票市场的悲观情绪开始呈现，纽约交易所股票指数连续数日下跌。到了 1929 年 10 月 29 日这一天，美国金融业发展史上的"黑色星期二"来临，随着股市悲观情绪的持续弥漫，大量投资者开始不计价格地抛售手中的股票②，抛售者不仅包括个人投资者，也包括大量的银行、保险公司等机构投资者。在 10 月 29 日这一天内，美国纽约证券交易所进入了疯狂的状态，交易量达一千六百四十一万零三十股，五十种主要股票的平均价格下跌了将近40%。到 1933 年，美国股市市值减少 740 亿美元，与 1929 年 9 月份相比，六分之五的市值被蒸发。③ 以"黑色星期二"为开端，美国进入了一场史无前例的经济

---

① 郝延伟. "美国大萧条"——史实与争论［D］. 上海：复旦大学，2011：28.
② LESTER C. America's Greatest Depression［M］. New York：Harper & Row，1970：244.
③ 郝延伟. "美国大萧条"——史实与争论［D］. 上海：复旦大学，2011：59.

危机，股市行情的持续恶化很快延伸到了银行业、保险业以及整个金融体系，并从美国波及欧洲等全球资本市场，使世界金融业进入了长达十年的经济大萧条。①

在这场金融大危机中，美国保险业遭受重大影响。保险投资端的严重亏损，造成保险公司向被保险人或受益人赔偿能力不足，很多保险公司陷入巨额亏损甚至破产境地，美国当时近三分之二的保险公司破产或者被兼并。② 整体上看，经济泡沫破灭、资本市场环境恶化是包括保险公司在内的各类投资者遭受损失的核心原因③，而从保险业自身的情况看，对保险公司的投资活动缺乏规范、监管要求过分宽松是导致保险行业遭受重创的另一重要原因④。1929 年金融大危机之前，美国金融业遵循混业经营模式，保险公司更多将精力集中于承保活动，保险资金的运用则全部委托给投资公司管理，保险公司对资金的投资方向及资产配置要求几乎完全放任，同时监管制度在此方面也未做出任何限制要求。对于担任受托人的投资公司而言，其在使用保险资金时并不考虑投资与保险业务负债之间的关系，为了追求更高收益，保险资金被大量投资到股票市场和高风险的房地产市场，最终导致在金融危机中保险资金损失惨重。

1929 年金融大危机推动了整个美国金融监管体系的变革，混业经营模

---

① 杨长虹. 历史的重现——1929 年的美国大萧条 [J]. 金融博览，2008 (12)：70 - 71.

② 熊海帆. "大资管" 时代的保险资金运用监管创新——基于外部性及企业社会责任的视角 [M]. 北京：经济科学出版社，2015：107.

③ WISMAN J D. The Financial Crisis of 1929 Reexamined：The Role of Soaring Inequality [J]. Review of Political Economy，2014，26 (3)：372 - 391.

④ GERDING E F. Law, Bubbles, and Financial Regulation [M]. Routledge Taylor & Francis Group，2014：382.

式转变为分业经营模式。① 该事件暴露出金融投资者在追逐利益时的盲目性是市场本身所无法调节的，须更多发挥金融监管的作用。具体到保险资金运用领域，保险业监管者开始认识到保险投资不同于其他资金，保险资金运用的首要目标是资金安全而不是投资收益，应从监管制度上对保险公司的投资行为做出限制，为保险市场与其他资产市场之间设定必要的防火墙。自此之后，美国金融监管法律制度开始进一步完善针对保险资金运用的限制性规定，即使在 20 世纪中后期美国金融业由分业经营模式再次转化为混业经营模式，该种保险资金运用法律限制的监管思路也并未发生改变，并一直延续至今。从美国保险监督官协会制定的《保险公司投资示范法（标准版)》《保险公司投资示范法（限制版)》，以及各州保险法的规定看，对于保险资金运用的决策要求、投资范围、比例限制等均存在较为具体的规定。

进入 21 世纪后，随着美国金融监管体系的不断健全以及金融机构自身风险防范能力的增强，保险资金运用法律限制的"程度"开始有所降低，表现为投资范围的适度拓宽与比例限制的下降。事实上，金融监管是不同监管方式相互协作的管理系统，法律限制是保险资金运用监管方式的一种，与其他监管方式共同发挥作用。随着公司治理监管、偿付能力监管等手段不断完善，能够在防范保险资金运用负外部性风险时发挥更大的功能，法律限制则可以相应做出调整。正因如此，世界各国在保险资金运用法律限制的具体规则上有所差异。

（二）英国公平人寿事件

金融监管方式是一国文化传统的体现。英国的金融监管一直遵循原则

---

① 张桂华. 美国金融经营体制演变与我国金融经济体制改革［J］. 金融科学，2001
（1）：92–93.

导向的理念，注重给予金融市场主体更大的自主权。在保险资金运用方面，英国对保险公司的投资活动并没有范围或方式上的直接限制，而是由保险公司根据业务开展情况自主决定。对保险资金运用的监管，英国监管当局主要是通过规定保险公司的偿付能力标准，来间接保证资金运用的安全性。[1] 即便如此，在英国保险资金运用相关监管制度中，一些要求虽然通过偿付能力监管的方式实施，但实质上仍体现出了较为明确的法律限制理念。如关于保险资金中可列入认可资产的范围，英国相关监管制度明确规定了投资范围，即保险公司投资于规定范围内的资产，将作为认可资产计入偿付能力核算，投资于规定范围外的资产在偿付能力核算时将计为零值；又如保险资金投资单个建筑项目时，按照监管规定，投资额超过保险公司总资产5%的部分，将不会被计入偿付能力核算范围。[2] 这样的监管要求，在理念上与直接的法律限制规定是一致的。从英国保险资金运用的发展看，此类具有法律限制理念的监管要求是随着行业经验的积累而逐步出现并完善的，英国公平人寿事件则在这种变化中发挥了促进作用。

英国公平人寿保险公司（The Equitable Life Assurance Society）成立于1762年，是英国历史最悠久的保险公司，也是全球最古老的保险公司之一。[3] 公平人寿是世界上第一家将现代精算技术运用到保险费率厘定上的人寿保险公司，是全球保险业年金保险业务的引领者。[4] 从20世纪60年代开始，公平人寿大量销售了一种含有转换权条款的高收益率年金分红保

---

① 杜墨. 英国保险资金的运用、监管及其借鉴 [J]. 保险研究，1999 (4)：44 – 45.

② 段国圣，李斯，高志强. 保险资产负债匹配管理的比较、实践与创新 [M]. 北京：中国社会科学出版社，2012：143 – 144.

③ 丁昶，商敬国. 英国公平人寿事件剖析 [J]. 中国金融，2004 (16)：52.

④ OGBORN M E. Equitable Assurances：The Story of Life Assurance in the Experience of The Equitable Life Assurance Society 1762 – 1962 [M]. Routledge，Taylor & Francis Group，1962：121 – 122.

险产品，与一般分红保险不同，该保险产品赋予被保险人转换权即提前赎
回权，当该保险产品的实际分红收益低于保险合同中载明的固定收益率
时，被保险人有权要求保险公司按照保险公司中确定的固定收益率提前赎
回保单。进入 20 世纪末后，英国的市场利率大幅下降，由于前述分红保险
产品约定的固定收益率较高，业务经营中的实际分红利率已大幅低于固定
收益率，大量被保险人开始行使转换权条款，公平人寿赔付压力陡增，巨
大的利差损使其经营亏损严重。此种情况下，公平人寿于 2000 年年底停止
了该项保险产品的销售，并于 2001 年将全部非分红保险业务转让给苏格兰
银行集团，以筹得资金应对利差损下的赔付压力。①

英国公平人寿事件在国际保险业产生了重大影响。一方面，公平人寿
在保险产品设计时，错误地估计了资本市场的收益率水平，为保险产品设
定了过高的固定收益率，没有遵循负债与投资相匹配原则，这是造成公平
人寿巨额损失的直接原因。② 正因如此，英国监管机构修改了保险精算师
管理制度，对精算师的职责做出了更为具体的规定。另一方面，由于前述
分红保险产品设定了较高的固定收益率，在市场利率出现下降的情况下，
公平人寿不得不将大量的保险资金投入股票、房地产或高风险债券领域，
而同一时期全球股指的大幅缩水及债券市场的持续走低，进一步加剧了公
平人寿的利差损危机，最终使其不得不通过出售业务的方式来应对赔付压
力。从保险资金运用监管的角度，英国当时的偿付能力监管体系过于简
单，当风险因素发生变化后缺乏应对手段，体现出对保险资金运用监管的
不足。当时的偿付能力监管制度并没有特别考虑到保险公司开展高风险投

---

① 丁昶，商敬国. 英国公平人寿事件剖析 [J]. 中国金融，2004（16）：52.
② 段国圣，李斯，高志强. 保险资产负债匹配管理的比较、实践与创新 [M]. 北京：
中国社会科学出版社，2012：9 - 11.

资后给自身及保险消费者带来的巨大风险，一旦保险公司满足法定的偿付能力标准，便可以开展任何形式的投资活动，英国公平人寿事件使这种监管制度的弊端得到充分暴露。公平人寿事件后，英国金融监管机构于21世纪初开始对保险公司的偿付能力监管体系进行完善，强化对于保险资金运用的监管成为修改的重要内容，新的监管制度中增加了诸多能够直接限制保险公司投资方式或投资范围的规定。如前所述，当保险资金投资于规定范围或比例之外的资产，该项资产将无法计入偿付能力核算范围，最终影响保险公司满足法律规定的偿付能力标准，以此实现对保险公司投资活动的限制。

（三）日本保险业危机

日本是亚洲范围内保险市场最为发达的国家，在20世纪末21世纪初拥有全球第二大保险市场。[1] 在保险资金运用的监管上，日本遵循法律限制的理念，在《保险业法》《保险业法施行规则》[2] 等法律法规中对保险公司的投资行为做出了较为全面的规范，包括限制保险资金投资的范围、限制与关联方交易的投资比例等。从日本保险业的发展情况看，对于保险资金运用的法律限制经历了逐步重视、不断探索的过程。其中，发生于20世纪末的保险业危机事件，成为日本金融监管机构认识到保险资金运用法律限制重要性的转折点。

在第二次世界大战后，经过数十年的发展，日本迎来了经济的强势复兴，保险业在这种时代背景下得到充分发展。在20世纪后半期，日本保险业的保费收入一度位列世界第一，占到全球保险市场总额的五分之一，多

---

① Swiss Re. World Insurance in 1998: Deregulation, overcapacity and financial crises curb premium growth [R]. Sigma, 1999: 45.

② Ordinance for Enforcement of the Insurance Business Act, Ordinance of the Ministry of Finance No. 5, Japan, 1996, amended in 2010.

家保险公司位居世界 500 强企业之列。1990 年，日本保险市场上共存在 20 家人寿保险公司，保险总金额高达 1740 万亿日元，占当年日本国内生产总值的 49%，人均保险金额达 1408 万日元，保险市场规模非常庞大。[1] 在保险市场高速发展的同时，为了进一步扩大保险费规模，吸引更多客户，日本保险公司开始大量销售高收益率的分红型、万能型人寿保险产品，一些保险产品约定的收益率甚至高达 8%。[2]

20 世纪 90 年代，伴随着日本社会发展和经济结构中的深层次问题逐渐爆发，经济进入长期低迷状态，保险业在这样的经济环境中，也遭遇了重大危机。[3] 股票市场、房地产市场、债券市场持续下跌，造成保险资金的投资收益率逐年下降，赔付压力骤增。尤其是日本保险公司销售了大量高预定收益率的人寿保险产品，在资本市场低迷的情况下，保险业面临着巨大的利差损压力，很多保险公司不堪重负，进入破产程序。从 1997 年到 2002 年的五年时间里，日本共有七家人寿保险公司破产，包括日产生命保险、东京生命保险、千代田生命保险等知名的大型保险公司。[4]

与英国公平人寿事件相似，保险公司大量销售高预定收益率的保险产品是导致日本众多保险公司破产的直接原因。但从深层次原因分析，此次日本保险业危机出现的重要原因则在于保险资金运用监管上的不足，突出表现为监管制度对保险公司的投资活动缺少必要的制约。一方面，日本一

---

① CUMMINS J D，VENARD B. Handbook of International Insurance：Between Global Dynamics and Local Contingencies [M]. Berlin：Springer – Verlag, 2007：162 – 175.

② 孙丽娟，费清. 经济泡沫、保险自由化与改革：日本保险业的发展历程 [J]. 现代日本经济, 2017（2）：82 – 97.

③ LUCHTENBERG K F. The 2008 Financial Crisis：Stock Market Contagion and Its Determinants [J]. Research in International Business and Finance, 2015, 3（6）：178 – 203.

④ 吉玉荣，张爱红，张维. 日本保险业危机对我国保险监管的启示 [J]. 南京审计学院学报, 2007（2）：36.

直鼓励大型金融机构在行业的垄断地位①，相比于发达国家，保险公司的数量相对较少，保险市场一直由少数大型保险集团、保险公司垄断。这种垄断经营的局面，造成了大型保险公司更多注重保险产品本身的竞争力，而忽略了高收益率产品给资金运用端带来的压力，客观上降低了保险公司在资金运用决策中的审慎度；另一方面，保险公司在资金运用中大量投资于高风险、高回报的股票和房地产领域，最终造成了危机的持续发生。从20世纪50年代到80年代，日本保险业投资有价证券的比例一直控制在40%以下，但在90年代，该比例却突破了40%，顶峰时甚至达到50%。②在这些有价证券中，股票成为最主要的投资品种，当股票市场持续走低，保险投资资产大量贬值，最终导致保险业赔付危机发生。在此过程中，监管制度中缺少对保险资金运用范围和比例的适度限制要求，为保险公司大量投资高风险资产创造了条件。值得注意的是，由于缺乏关于保险资金境外投资的限制规定，当国内经济下滑时，很多日本保险公司又盲目地将资产转向境外投资，最终在亚洲金融危机中遭受更大损失。

此次保险业危机使日本金融监管机构认识到保险资金运用法律限制的意义，通过修改《保险业法》、保险业监管相关实施制度等，不断完善对保险公司投资活动的规范。在保险资金的投资范围以及投资于股票、房地产、境外资产等情况下的比例要求等方面，均做出了相对具体的限制性规定。2010年以后，随着日本保险市场的逐步成熟和监管手段的完善，为了提升保险投资的效益，保险资金运用的法律限制要求出现适度放松，但该种理念与制度框架仍一直保持。

（四）台湾地区保险资金参与企业收购事件

我国台湾地区保险资金运用法律限制的要求较为严格，台湾地区所谓

---

① 童适平. 日本金融监管的演化 [M]. 上海：上海财经大学出版社，1998：42.
② 胡坤. 日本保险业的危机与启示 [J]. 金融研究，2000 (11)：104.

"保险法"中包括了大量保险公司开展投资活动的限制性要求。在台湾地区保险业发展历程中，台湾中信集团使用保险资金参与收购台湾"中华开发金融控股公司"（以下简称"开发金控"），是影响所谓"保险法"修改的一次重要事件。

开发金控成立于 2001 年，是依据我国台湾地区所谓"金融控股公司法"设立的金融控股公司。在很长一段时间内，开发金控均是台湾地区资产规模最大、专业化程度最高的金融机构。台湾地区中信集团成立于 2002 年，实际控制人为著名的辜氏财团。中信集团内成员包括中信金控、中信证券、台湾"中国人寿"（以下简称"台湾人寿"）等，在台湾地区金融业影响较大。在 2003 年年底到 2004 年年初，中信集团通过旗下的中信证券和台湾人寿在证券市场上大笔买入开发金控股票，在开发金控 2004 年股东大会召开之前，中信证券和台湾人寿已经合计持有开发金控近 5% 的流通股股权。2004 年 2 月 6 日，开发金控完成股东大会召开前的股东资格登记，此时台湾人寿是开发金控的第一大股东，中信证券则是第二大股东。2004 年 4 月 5 日，开发金控召开股东大会，中信集团旗下成员提名的董事全部当选，中信证券总经理辜仲莹出任开发金控总经理，中信集团取得开发金控董事会的控制权。随后，开发金控相关高级管理人员的聘用均由中信集团所主导，中信集团成功入主开发金控。① 在此次中信集团争取开发金控控制权事件中，台湾人寿成为重要的参与力量，与中信证券构成一致行动人，其使用保险资金参与企业收购的行为，在台湾地区保险业引起了较大争论，即此种保险投资行为是否违反所谓"保险法"及相关规定。赞成者认为，台湾人寿投资于开发金控的资金占其可使用保险资金总额的

---

① 李伟群，胡鹏. 保险机构股票投资行为的法律规则——以"金融与商业分离原则"为视角 [J]. 法学，2018（8）：187.

3.42%，持有开发金控的股权占比为 2.67%，完全符合台湾地区所谓"保险法"关于保险资金投资股票的比例限制要求。① 反对者认为，台湾人寿所使用的保险资金中，自有资金不到 2%，大部分源于保险业务收入的保险费，实质上是金融集团利用保险子公司的保险资金为自身夺取上市公司控制权服务，属于不当规避保险资金运用的比例限制。②

　　受到此次事件影响，台湾地区保险商业同业公会于 2004 年 10 月 5 日发布"保险业从事'保险法'第一百四十六条之一第一项第三款投资有价证券自律规范"，通过行业自律的方式对保险资金的股票投资做出限制。如规定保险公司依据所谓"保险法"第一百四十六条之一第一项第三款投资有价证券时，持有被投资公司股份不得超过该公司实收资本的 10%，保险公司及其附属公司不得指派人员担任被投资公司的董事长、副董事长或经营管理者，保险公司与其附属公司也不得与被投资公司签订经营合作性质的协议，或以其他方式获得被投资公司的经营权等。③ 在出台该行业自

---

① 当时我国台湾地区所谓"保险法"第一百四十六条之一对保险资金投资股票的比例限制规定为：保险业资金得购买经依法核准公开发行之公司股票；其购买每一公司之股票总额，不得超过该保险业资金百分之五及该发行股票之公司实收资本额百分之十。

② 梁昭铭. 保险业资金运用规范之妥当性——以中寿投资开发金衍生之争议为例［D］. 台北：台湾政治大学，2005：28.

③ 我国台湾地区"保险业从事'保险法'第一百四十六条之一第一项第三款投资有价证券自律规范"第三条规定："保险业依据'保险法'第一百四十六条之一第一项第三款投资有价证券时应依下列各款办理，但经主管机关核准者不在此限：一、保险业与其从属公司不得担任被投资公司之委托书征求人或与他人共同对外征求委托书。二、保险业不得持有被投资公司实收资本额百分之十以上之股份，且与从属公司合并持有同一被投资公司之股份亦不得超过该被投资公司实收资本额之百分之十五。三、保险业与其从属公司担任被投资公司之董事，合计不得超过被投资公司董事总席次之四分之一，且最高以二席为限，并列为长期投资。四、保险业与其从属公司不得指派人员担任被投资公司之董事长、副董事长或经理人。五、保险业与其从属公司不得与被投资公司签订经营契约，或以其他方式而拥有被投资公司经营权。六、保险业因投资有价证券所取得投票权之行使，不得损及保户之最大利益。"

律规范的基础上，2007 年 6 月，台湾地区立法机构通过修改所谓"保险法"的议案，在所谓"保险法"原第一百四十六条之一中增加第三项，将对保险股票投资的相关限制上升至法律层面。具体限制要求包括直接禁止保险公司或其代表人担任被投资公司的董事、监事，并且不得指派人员担任被投资公司的经营管理者；保险公司在出席被投资公司的股东会或股东大会前，应对行使表决权进行评估分析，在出席股东会或股东大会后将表决权行使情况以书面形式报告董事会等。2014 年 6 月，台湾地区立法机构进一步修改了所谓"保险法"相关规定，增加保险公司不得担任被投资证券化商品的信托监督人，不得以协议、授权或其他方式参与被投资公司的经营等。同时，此次立法修改明确了保险公司违反相关限制要求的法律后果，对违反所谓"保险法"规定的各种限制情形的行为，如保险公司指派人员担任被投资公司总经理、与被投资公司签署合作协议等，该类行为将归于无效。①

受到美国和日本保险法律制度的影响，我国台湾地区在保险资金运用监管方面一直遵循法律限制的理念，台湾地区所谓"保险法"中存在大量对于保险公司投资行为的限制规定。中信集团使用保险资金参与收购开发金控事件使法律制度对于保险资金运用的约束更为严格，且这种严格限制并不局限于保险资金股票投资，还包括债券投资、金融产品投资等其他领域。对于此次事件后的立法变化，台湾地区学术界多有反驳之声，如认为所谓"保险法"修改依据不充分②，限制保险公司在董事会的选举权将导

① 梁昭铭. 保险业资金运用规范之妥当性——以中寿投资开发金衍生之争议为例［D］. 台北：台湾政治大学，2005：38 - 39.
② 陈冲. 摸不着头脑［N］. 台北：中时电子报，2014 - 06 - 10.

致其他股东权利实质膨胀①，违反股东平等原则等②。从此次事件对于台湾地区保险资金运用发展的影响看，保险资金参与金融控股公司收购，使保险行业监管机构开始进一步思考保险资金本身的属性及保险公司股东在保险资金运用中的作用。保险资金具有负债性，事关保险消费者利益，大量参与高风险的公司收购行为并不妥当；当股东利用其优势地位控制保险公司投资决策时，保险资金运用的出发点将可能演化成为股东利益服务，而偏离其服务于保险业务、保障保险公司赔偿能力的初衷。即便台湾地区在此次事件后强化保险资金运用法律限制的具体做法值得探讨，但规范保险公司投资行为、保障保险资金运用本质目的的理念仍具有明确依据，也进一步巩固了保险资金运用法律限制在我国台湾地区保险业监管中的地位。

二、推动我国保险资金运用法律限制发展的重要事件

与西方发达国家保险市场具有上百年发展历史相比，我国保险市场起步较晚，且长期处于计划经济体制下，市场化运作经验相对有限，仍属于保险业发展的初级阶段。在我国四十余年的保险资金运用市场化改革实践中，法律限制的理念和方式同样经历了不断认识、逐步成熟的过程。其中，一系列在行业内产生重大影响的事件，对保险资金运用法律限制的发展产生了积极的推动作用。

（一）平安世纪理财退保风波

在 1999 年以前，我国的人身保险业务以传统寿险产品为主。根据当时

---

① 陈俊元. 保险资金投资股权与介入经营问题——两岸法制之比较［N］. 中国保险报，2015 - 10 - 23.
② 江朝国. 保险法修正评释［J］. 月旦法学，2009（1）：246 - 247.

《保险法》的规定，保险资金仅允许投资于银行存款、政府和金融债券等有限的资产品种，法律限制非常严格。① 在 1996 年 5 月到 1999 年 6 月期间，中国人民银行连续七次下调存款利率，使传统寿险业务在保险合同成立时约定的高预定收益率与逐年下降的实际投资收益率形成巨大反差，给人身保险市场造成巨额的利差损压力。② 在此种背景下，陆续有保险公司开始销售具有投资功能的投资连结保险。③ 由于当时监管制度对于投资连结保险中投资账户资金的投资范围并无明确要求，原中国保监会于 2000 年 2 月颁布的《投资连结保险管理暂行办法》仅原则规定投资连结保险的投资账户资产单独管理，投资风险由投保人承担④，这造成保险公司将投资连结保险对应的保险资金大量投资于股票市场，以获取较高收益，应对经营压力。

平安保险公司于 1999 年推出的"世纪理财"保险产品是我国首款投资连结保险，股票是其主要的投资对象。2000 年，我国证券市场呈现直线上涨态势，上证综合指数全年上涨幅度达 51.73%，深证综合指数上涨58.07%，使得"世纪理财"保险产品在收益率上连创新高，销售额度随之直线上升。从 2001 年下半年开始，我国证券市场逐渐回落，上证综合指数在半年内下跌 25.79%，"世纪理财"出现大幅缩水，给投保人造成严重亏损。2001 年 12 月，媒体上一篇标题为《平安"世纪理财"：被隐藏了的亏损真相》的报道，让投资连结保险引起社会的极大关注，大量投保人选择退保，并主张投资连结保险在销售过程中存在虚假宣传。在这场声势浩

---

① 1995 年版《保险法》第一百零四条。

② 缪建民，等. 保险资产管理的理论与实践［M］. 北京：中国经济出版社，2014：44.

③ 朱南军. 保险会计［M］. 北京：北京大学出版社，2017：91.

④ 原中国保监会《投资连结保险管理暂行办法》（保监发〔2000〕26 号）第三条。

大的退保潮中，平安保险公司声誉受到巨大影响，虽然投资连结保险约定投资风险由投保人承担，但在巨大的社会舆论下，平安保险公司不得不使用大量自有资金来弥补投保人损失，以维护其在保险行业中的形象。①

世纪理财退保风波的发生，本质上是由于我国保险业对于投资连结保险这样一种新型保险产品认识不足，经营方式过于粗放而引起的。投资连结保险中的投资账户与保险账户相互独立，投资账户内资金独立运作，投资风险由投保人自身承担，应更类似于信托关系下的资产管理，与保险账户中的保险资金存在较大差别，并且当时我国《保险法》对于保险资金的使用存在严格约束，该事件似乎与保险资金运用的法律限制并无关联。但实际上，由世纪理财退保所引发的风波，对保险资金运用监管方式的反思，直接影响了我国保险资金运用法律限制的后续发展。

一方面，保险公司大量销售投资连结保险的诱因在于传统寿险业务面临利差损压力，这使得行业监管机构开始更理性地考虑保险资金运用与法律限制之间的关系。源于计划经济体制下对保险资金投资范围严格约束的做法，大大束缚了保险资金运用的功能，法律制度上应逐步拓展保险投资的渠道和范围，增加保险经营的活力。另一方面，对于保险公司的投资行为不能过分放任，从法律制度上应对保险资金运用加以合理限制。保险不同于基金、信托等纯粹的投资工具，风险保障仍是保险的本质功能。从世纪理财退保风波来看，虽然投资连结保险中的投资风险由投保人承担，但保险公司能够大量销售此种保险产品实质上还是利用了投保人对于保险产品保障功能的认识，一定程度上存在不实销售的问题。因此，保险资金运用范围的拓展与风险防范是相辅相成的两个方面，监管上须重视保险资金

---

① 缪建民，等. 保险资产管理的理论与实践［M］. 北京：中国经济出版社，2014：45.

运用法律限制的合理性。世纪理财退保风波之后，我国保险行业监管机构开始逐步放开保险投资的范围，同时吸取本次事件的教训，保险资金运用渠道的拓展并没有一蹴而就，先后经历了较长时间的摸索过程，其中法律限制的理念成为监管制度完善的重要考虑因素。

（二）新华人寿和中融人寿违规使用保险资金事件

2006 年 9 月 23 日，根据公司股东的举报线索，原中国保监会开始对新华人寿保险公司的保险资金运作情况进行调查。通过调查发现，时任董事长的关国亮涉嫌挪用保险资金，累计挪用金额高达 130 亿元，且在案发时仍有 27 亿元未能归还。新华人寿多次在未经董事会决策的情况下，将巨额保险资金投资于多个房地产开发项目以及拆借给利益伙伴进行股权收购，关国亮不仅个人涉嫌挪用资金罪，新华人寿也违反了当时保险投资仅限于银行存款、政府债券和金融债券的规定。此次事件给新华人寿和保险业均带来了巨大损失，原中国保监会两次动用保险保障基金受让新华人寿股权，对新华人寿进行救助。①

2011 年至 2013 年，中融人寿保险公司先后以设备预付款、投资项目款等多种名义变相对外拆借资金，在超出保险资金投资范围的情况下，受让东方道迩、西凤酒、华清农业等 3 家企业股权，购买中信信诚瑞丰 1 号专项资产管理计划等金融产品，严重违反了我国《保险法》关于保险资金运用的限制规定。② 2015 年 9 月 8 日，原中国保监会对中融人寿做出行政处罚决定（保监罚〔2015〕12 号），罚款 30 万元，并限制不动产投资、股权投资、金融产品投资各 1 年。之后，北京市第二中级人民法院对中融

---

① 黄震，杨佑 . "关国亮违规运用资金案"回顾与反思——谈保险业公司治理问题及监管［J］. 中国保险，2009（5）：46.
② 中国保险监督管理委员会行政处罚决定书（保监罚〔2015〕12 号）［EB/OL］. 中国保险监督管理委员会，2015 - 09 - 03.

人寿原董事长陈远做出终审判决，陈远构成违法运用资金罪，被判处有期徒刑 1 年 6 个月，并处罚金人民币 15 万元。①

　　新华人寿和中融人寿违规使用保险资金事件，是我国保险业发展实践中影响较大的两个反面案例。除高级管理人员存在犯罪行为外，两家保险公司在保险资金运用过程中的管理不当与决策流程混乱，更引发了社会对于保险资金运用法律限制问题的关注。保险资金关系保险消费者利益，安全性是保险资金运用的基础。保险公司在使用资金开展投资活动时，应遵循谨慎性原则，履行必要的公司治理程序。在上述两个事件中，个别高级管理人员的操纵是违规行为发生的直接原因，但董事会在保险资金运用中的作用缺失，风险合规管理机制形同虚设，则折射出两家保险公司甚至当时整个保险行业在保险资金运用风险防范方面的不足。从两个事件发生的背景看，虽然当时《保险法》等法律法规对于保险公司的投资范围已做出明确限制，但这种限制仅体现为对投资行为的直接约束，在保险资金运用的主体资质、决策程序、资金组成及资产配置比例等方面，缺乏相应的配套限制规定，最终给违规行为的发生留下了空间。新华人寿和中融人寿违规使用保险资金事件，对我国保险资金运用法律限制制度的不断完善具有重要的启示作用，不仅进一步增强了行业监管机构对于法律限制理念的认识，而且为法律限制具体要求的出台提供了依据，如健全董事会决策流程、建立内部控制机制等，均体现在后续出台的相关监管制度中。

　　（三）前海人寿参与收购万科事件

　　前海人寿保险公司使用保险资金参与争夺万科公司控制权事件，即"宝万之争"，是近年来我国保险资金运用领域讨论得最为热烈的焦点案

---

① 中融人寿创始人违法运用 5 亿保险资金获刑 1 年半［EB/OL］. 澎湃新闻，2018 - 10 - 17.

例。该事件涉及公司法、证券法、保险法等诸多领域问题，从保险法的角度看，核心问题在于保险资金运用是否存在法律上的限制，以及该种限制应如何在法律法规制度中得到体现。

宝能系是指以深圳宝能投资公司为核心的资本集团，自然人姚振华为该集团的法定代表人和唯一股东。宝能系旗下包括宝能地产、前海人寿、深圳钜盛华实业等多家子公司，其中前海人寿成立于 2012 年，第一大股东为深圳钜盛华实业公司。[①] 截至 2017 年第四季度，前海人寿的资产规模已达到 2188 亿元，是我国寿险业排名前十的保险公司。[②] 万科公司是我国房地产业的龙头企业，也是国内首批公开上市的房地产企业之一。在 2015 年 7 月至 11 月，宝能系通过旗下的前海人寿和深圳钜盛华实业多次在证券市场上大幅购入万科股票，两家公司的合计持股比例达到 20%，使宝能系实质上成为万科的第一大股东。2015 年 12 月，宝能系继续增持万科股票，持股比例升至 24.26%，引发了万科管理层的强烈抵制。2017 年 12 月 17 日，时任万科董事长的王石在内部讲话中表示，宝能系"信用不够"，不欢迎其成为万科的第一大股东，宝能系的行为属于"恶意收购"。宝能系与万科在控制权争夺上博弈数月，之后万科引入深圳地铁集团作为股东，通过连续的股权受让，在 2017 年 9 月持股比例达到 29.38%，超过宝能系成为万科的第一大股东。[③] 至此，受到社会各界对于保险资金参与上市公

---

① 相关信息通过国家企业信用信息公示系统查询，参见国家企业信用信息公示系统网站［EB/OL］．

② 方子睿，于波．险资举牌背景下上市公司应对恶意收购的策略研究——以宝万之争为例［J］．中国商论，2018（9）：41 – 42.

③ 方子睿，于波．险资举牌背景下上市公司应对恶意收购的策略研究——以宝万之争为例［J］．中国商论，2018（9）：41 – 42.

司收购的质疑，宝能系开始逐步减持万科股票，"宝万之争"告一段落。①

"宝万之争"中，前海人寿是宝能系收购万科的一致行动人，前海人寿所使用的资金则主要来源于销售万能保险形成的保险资金。虽然前海人寿对于保险资金的使用在形式上并未违反当时我国保险行业相关监管规定，但从保险资金运用的目的上看，使保险资金能够保值增值是保险投资的核心要求，而大量用于收购一家上市公司并不能较好地保证投资收益，且前海人寿作为宝能系的一致行动人，可以明显判断出其投资行为的目的在于为股东服务而并非获取投资收益。正因如此，前海人寿在受到社会质疑的同时，原中国保监会也对其做出了非常严厉的处罚。2017 年 2 月 24日，原中国保监会对前海人寿做出行政处罚决定（保监罚〔2017〕13号），指出前海人寿存在大量违规运用保险资金的行为，对前海人寿罚款人民币 30 万元，撤销时任前海人寿董事长姚振华的任职资格，并禁止其进入保险业 10 年。②

"宝万之争"与前述我国台湾地区发生的中信集团使用保险资金参与收购金融控股公司事件存在诸多相似之处，均为保险公司因资金运用活动介入被投资企业经营的合理性问题。两个事件均引发了行业监管机构对于保险资金运用更为严格的限制，台湾地区为此修改所谓"保险法"，原中国保监会出台了《关于进一步加强保险资金股票投资监管有关事项的通知》。对比两个事件发生的背景可以看出，无论在大陆还是台湾地区，对于保险资金运用的法律限制均是存在的，其直接原因是保险资金不应被保险公司股东不当使用，应从制度上对投资行为有所限制。同时，两个事件

---

① 宝能系彻底退出万科，这场持续三年的宝万大战究竟谁是最后赢家？［EB/OL］. 搜狐，2018 - 09 - 30.

② 中国保险监督管理委员会行政处罚决定书（保监罚〔2017〕13 号）［EB/OL］. 中国保险监督管理委员会，2017 - 02 - 24.

的另一共同之处在于，保险公司的资金运用行为在形式上均没有违反当时的法律法规或监管制度，如前海人寿使用保险资金投资股票的金额并未超出原中国保监会关于保险资金投资权益类资产的最高比例限制①，原中国保监会在处罚决定书中载明的处罚依据为违反《保险法》第一百零六条及《保险资金运用管理暂行办法》有关规定②，似乎违规事实与处罚依据之间并不十分清晰。因此，两岸保险行业监管机构在事件发生后均着手完善相关制度，其目的在于弥补保险资金运用法律限制制度之不足。

"宝万之争"作为近年来我国保险行业实践中争议最大的案例，对保险资金运用法律限制的发展具有较大作用。一方面，随着 2010 年以后我国保险资金投资范围的不断拓宽，保险行业对于保险投资活动的规范和约束似乎有所放松，是"宝万之争"引发激烈争论的客观原因，而实际上我国对于保险资金运用的法律限制一直存在，"宝万之争"事件更加明确了此种监管理念；另一方面，随着行业实践的不断发展，保险投资的模式和方式均在创新，如何进一步完善保险资金运用法律限制相关要求，使此种理念的执行不仅仅停留在《保险法》的某个条文中，而是通过系统化的制度体系加以贯穿，使主体、客体、行为方式等不同角度的法律限制要求相互衔接，是"宝万之争"带给保险资金运用监管的挑战。

---

① 根据原中国保监会《关于加强和改进保险资金运用比例监管的通知》（保监发〔2014〕13 号）第二条，前海人寿投资万科股票时，并未违反本项限制规定。

② 中国保险监督管理委员会行政处罚决定书（保监罚〔2017〕13 号）〔EB/OL〕. 中国保险监督管理委员会，2017 - 02 - 24.

第三节　我国遵循保险资金运用法律限制的意义

采用法律限制的监管方式是针对保险资金运用负外部性风险的选择，保险公司过分追逐高收益、存在道德风险等问题引发的典型案例，为法律限制的适用提供了实践依据。在金融监管全球化尚不成熟的背景下，金融监管仍具有较强地域性特征，监管目标与监管方式需根据一国金融业发展程度确定。从我国的情况看，保险市场仍处于初级阶段，与发达国家存在较大差距，在遵循负外部性风险理论的基础上，对保险资金运用实施法律限制具有更为现实的意义。整体上，我国遵循保险资金运用法律限制的意义，主要体现在保障保险消费者利益、维护保险本质功能、弥补审慎监管手段之不足等三个方面。

一、法律限制是体现保险消费者保护理念的制度安排

相比于发达国家，保险消费者权益保护理念在我国提出的时间相对较晚，原中国保监会于 2011 年才成立保险消费者权益保护局，保险消费者的概念至今仍未写入《保险法》。2012 年以来，保险消费者权益保护成为保险业监管的核心目标，在完善相关监管法律制度中得以体现。但目前，这种理念仍主要体现为保险合同关系中的利益保护，如杜绝保险公司及其业务人员的虚假宣传、规范保险理赔程序和时效等，对保险公司在保险资金运用等活动中侵害保险消费者利益的行为规制不足。因此，保险资金运用法律限制有利于保险消费者权益保护理念与我国保险资金运用领域监管制度的融合。

（一）利益相关者理论与保险资金运用

利益相关者理论，源于美国学者弗里曼于1984年出版的《战略管理：利益相关者方法》，其中将利益相关者界定为能够对一个企业、组织的目标实现产生影响，或者在一个企业、组织实现目标的过程中受到影响的个人或群体。[①] 一直以来，公司治理机制的完善是利益相关者理论适用较多的领域。[②] 对于一家公司来说，影响公司目标实现以及被公司影响的个人或群体非常广泛，不仅包括公司股东、经营管理者、员工，还包括公司的债权人、客户和政府等。这些个人或群体与公司发生着这样那样的利益关系，统称为公司的利益相关者。[③] 从公司法层面看，在公司内部治理机制的建设中，不仅须体现股东作为出资人的权利，而且应注重保护员工、债权人、客户等相关者的利益，让部分利益相关者参与公司治理程序，如职工、银行等进入董事会或监事会，这有利于实现公司内部的利益平衡。[④] 随着社会实践的不断发展，利益相关者的概念逐渐应用于其他领域。如在某类活动中，利益相关者指不直接参与基础法律关系，但对该活动实施影响或受到影响的群体及个人，对于利益相关者的保护成为该类活动相关制度完善和机制构建的重要价值取向。[⑤] 目前，此类研究包括公司购并中的

---

① FREEMAN R E. Strategic Management：A Stakeholder Approach［M］. Pitman Publishing Inc，1984

② WILLIAMSON O E. Corporate Finance and Corporate Governance［J］. Journal of Finance，1988，18（3）：570 - 585.

③ 张维迎. 理解公司：产权、激励与治理［M］. 上海：上海人民出版社，2014：205.

④ 刘丹. 利益相关者与公司治理法律制度研究［M］. 北京：中国人民公安大学出版社，2005：143 - 153.

⑤ KLINE W，MCDERMOTT K. Evolutionary Stakeholder Theory and Public Utility Regulation［J］. Business and Society Review，2019，124（2）：283 - 298.

利益相关者均衡①、可持续发展中的利益相关者管理②、大学管理体制中的利益相关者问题等③。

在保险领域，对保险消费者利益的保护是相关制度设计的价值基础。在概念上，保险消费者的范围包括投保人、被保险人和受益人，其所享有的知情权、公平交易权、选择权、安全权、求偿权、隐私权等是保险消费者权益保护的主要内容。④ 保险经营既包括保险业务，也涉及保险资金运用，保险消费者作为保险合同当事人直接参与保险业务法律关系，但在保险资金运用中，保险消费者并非保险投资法律关系的当事人。正因如此，目前对于保险消费者权益的保护更多集中于保险业务环节，关注保险消费者与保险公司在保险合同订立、履行、解除等过程中出现的利益失衡，监管手段也主要针对保险合同领域，如要求保险公司合理制定保险条款和保险费率、规范开展保险销售活动、及时公允进行理赔、保障消费者信息安全等。⑤ 在保险资金运用领域，针对保险消费者权益保护的探讨相对较少。事实上，保险资金运用与保险消费者权益同样关系密切，运用利益相关者理论，可以对保险资金运用中的保险消费者利益保护做出更为全面的分析。

以利益相关者理论为视角，在保险资金运用活动中，保险消费者构成利益相关者主要体现在两个方面。一方面，保险消费者对保险资金运用的

---

① 张宗新，季雷. 公司购并利益相关者的利益均衡吗？——基于公司购并动因的风险溢价套利分析 [J]. 经济研究，2003 (6)：31 – 37.

② 李心合. 面向可持续发展的利益相关者管理 [J]. 当代财经，2001 (1)：66 – 70.

③ 李福华. 利益相关者理论与大学管理体制创新 [J]. 教育研究，2007 (7)：36 – 40.

④ 中国保监会保险消费者权益保护局课题组. 保险消费者权益问题的思考 [J]. 保险研究，2012 (9)：86 – 91.

⑤ 原中国保监会《关于加强保险消费者权益保护工作的意见》(保监发〔2014〕89 号)。

目标产生影响。服务保险业务活动是保险资金运用的核心目标，保险消费者作为保险公司的"客户"，在保险业务中的需求是获得保险赔偿金或给付金，既涉及保险公司应按照约定履行保险合同，也包括保险资金运用活动应谨慎稳健，实现保险资金的保值增值，投资与负债能够相互匹配。尤其在一些年金型的终身人身保险中，保险消费者的利益体现为保险合同中约定的收益回报，直接与投资环节的资产配置情况挂钩。因此，保险消费者在保险业务端的利益诉求，实际上是保险资金运用目标形成的直接来源。另一方面，保险资金运用的结果直接影响保险消费者。负债性是保险资金的基本属性，保险公司开展资金运用的情况良好，能够更大程度保障其具备履行保险责任的能力，从而有利于保险消费者利益的实现；保险资金运用存在较大风险或出现大幅亏损时，将影响保险公司履行保险责任的能力，给保险消费者利益的实现带来隐患。在信托法律关系下的投资活动中，如银行理财投资、信托投资等，投资风险完全由金融消费者（投资者）自行承担；在保险投资法律关系下，虽然投资风险形式上由保险公司承担，但并不意味着保险消费者与保险资金运用不存在利益关系，如上所述，保险投资风险最终仍将传递给保险消费者。

综上，通过援用利益相关者理论，可以对保险消费者在保险资金运用中的利益关系做出更清晰的解释，即保险消费者是保险资金运用活动重要的利益相关者，在相关法律法规制定及监管过程中，应考虑对保险消费者作为利益相关者的合理保护。

（二）法律限制是利益相关者保护的重要手段

保险消费者作为保险资金运用的利益相关者①，其权益应如何得到合

---

① VLADIMIR N, JELENA C. The Protection of Financial Services Users: The Case of Insurance Companies and Investment Funds [J]. Beograd: Marketing, 2012, 43 (4): 288 – 299.

理保护，法律限制是其中最重要的手段之一。作为一种针对保险资金运用活动的制度约束，法律限制通过规范保险公司的投资行为，维护保险公司与保险消费者之间的利益平衡。保障保险消费者权益是保险资金运用法律限制的核心价值，与利益相关者保护的理念是一致的。

在保险资金运用中，保险消费者与保险公司既存在利益上的一致性，保险投资收益越高，保险公司对保险消费者权益的保障能力越强；也存在着利益上的相互博弈，保险公司追求高投资收益以获得更多利润，而保险赔偿或给付责任是由保险合同约定的，大多数情况下并不与保险资金运用挂钩，保险消费者更追求保险投资的安全性和稳健性。这种利益关系，与公司治理中股东和利益相关者之间的博弈较为相似，在对利益相关者的保护方式上同样可以借鉴。一般来说，利益相关者的保护途径主要通过充分的市场竞争、完善的法律制度以及市场运行过程中形成的信誉机制来实现。相关者利益的保护程度一方面与所在领域的市场化程度有关；另一方面则与该领域的法律制度完善情况相关，这两个方面共同影响着信誉机制的作用。① 从保险资金运用的情况看，在市场竞争的环境下，保险公司追求投资收益的高回报，以保护保险消费者利益得以实现；同时，法律法规制度构成对市场行为的规范与制约，通过确立合理的竞争秩序，避免盲目、过激的市场行为造成保险消费者更大的损失。当一家保险公司投资收益较好，且能够严格遵守各项监管制度要求时，其也将获得较高的社会声誉。因此，在保险资金运用中，保护保险消费者利益实际上具有两个根本途径：一是市场手段，通过竞争环境激发保险公司的投资能力；二是制度手段，对保险资金运用活动做出必要约束，其中法律限制是最基础的方式，为保险资金运用划定"禁区"，以降低风险事件发生的概率，保障投

① 张维迎．理解公司：产权、激励与治理［M］．上海：上海人民出版社，2014：225.

资行为的安全性和稳健性。两种手段相辅相成，互为补充。

进一步分析，对于保险资金运用中的保险消费者利益保护，市场手段与制度手段之间应如何平衡，某种意义上更直接体现为法律限制的程度。当法律限制要求较高时，如对于投资范围、投资比例等均具有严格约束，保险资金运用的安全性较高，但会给投资收益带来一定压力；当法律限制要求较低时，保险公司只要满足主体资质条件、偿付能力达标等基本要求即可开展各类投资活动，取得高投资收益的可能性更大，相应的投资风险也更大。法律限制程度的确定，实际上取决于保险资金运用市场的成熟状态，即市场竞争越成熟，应采取的法律限制程度越低。这种市场成熟状态的衡量，并非以收益率水平为标准，而是保险公司的自身投资专业能力和风险控制能力。换句话说，只有保险公司内部的风险控制机制不断健全，才能促进法律制度中的限制性要求逐步降低。无论从境外还是国内的情况看，在保险资金运用的发展过程中，当保险公司风险管理能力不足时，盲目降低法律限制要求往往造成损害保险消费者利益的重大事件出现；当保险公司的风险管理水平稳步提升时，适度放开法律限制要求，则有助于提升保险资金运用的效果，如日本于 2010 年以后减少保险资金运用的比例限制要求、我国于 2009 年以后拓宽保险投资的渠道，均体现了这样的原理。

综上，保险资金运用的法律限制源于对保险消费者权益的保护，利益相关者理论为该种制度安排提供了更全面的解释依据。保险消费者与保险公司之间的利益博弈关系决定了应通过法律制度手段对保险公司的投资活动做出适度限制，以实现保险消费者与保险公司在资金运用中的利益平衡。从我国的实际情况看，当前保险资金运用市场尚处于发展阶段，存在诸多不成熟之处，一些不合理、不规范的保险投资行为频频发生，保险公司股东损害保险消费者利益的情况并未完全消除，遵循法律限制的理念仍具有较强的现实意义。此外，保险消费者与保险公司是保险市场上最主要的权利义务主体，实现两者之间的利益平衡，是促进市场稳定发展的基础，保险资金运用的法律限制也是维护保险市场稳定的必然要求。

二、法律限制是维护保险风险保障功能的控制措施

近年来，"保险乱象"整治是我国保险业监管的重要任务，其中资金运用乱象是加强整治的重点领域，包括坚决遏制保险公司的违规投资、激进投资行为等。[①] 将保险资金运用作为现阶段我国保险业监管的重点，一系列保险公司违规投资行为的发生，使保险资金运用背离了服务保险业务的本质，成为保险公司单纯追逐利益甚至投机的工具。因此，保险资金运用法律限制，与当前我国维护保险本质功能的监管思路更为契合。

（一）风险保障是保险的本质功能

根据我国《保险法》的规定，保险是投保人缴纳保险费后，保险公司根据保险合同约定，向被保险人履行保险事故赔偿责任或给付保险金责任的商业行为。[②] 如果从法律规定的字面理解，保险是一种合同关系或者合同行为，以投保人缴纳保险费和保险公司履行保险赔偿责任为主要权利义务。事实上，我国《保险法》对于保险的界定仅仅强调了保险合同关系的特点，并没有准确概括保险的完整含义。现代意义上的保险是一种较为复杂的经济活动，涵盖多种法律关系，并非单一的合同法律关系。保险是多种行为的集合，既包括承保、理赔等保险合同行为，也包括保险公司对于保险业务的管理和保险资金的运用，其中有法律行为，也存在事实行为。[③]

保险的内涵是随着实践发展而不断充实的。从起源上看，最初的保险

---

① 原中国保监会《关于强化保险监管 打击违法违规行为 整治市场乱象的通知》（保监发〔2017〕40 号）。

② 《保险法》第二条。

③ 叶林，郭丹. 保险本质和功能的法学分析［J］. 法学杂志，2012（8）：31 - 39.

是一种互助活动,无论财产保险领域的共同海损,还是人身保险范畴的社团救济,本质上均是通过建立一种互助机制来为参加保险的被保险人(会员)提供风险保障。随着保险行业的不断发展,经营方式和盈利模式逐渐成熟,出现了独立开展保险活动的专业性组织——保险公司,保险产品的类型更加多样化,但保险经营活动的核心仍是通过保险产品的设计和开展相匹配的资金运用活动,为被保险人提供风险保障。① 如前所述,保险资金运用是保险活动发展到一定阶段的产物,其产生的基础同样是保险公司通过各种途径实现沉淀保险资金的保值增值,以更好地服务于保险的风险保障功能。因此,风险保障是保险最本质的功能,贯穿于保险活动各个环节,这是保险区别于其他金融活动的特有功能。②

当保险业发展成为现代金融行业的组成部分,保险逐渐开始具备了储蓄、资金融通、资源配置、财富管理等其他功能,而其中很多功能是基于保险资金运用的发展而出现的。如将一些具备储蓄功能的保险产品作为理财手段,即以保险资金运用所能取得的预期收益为基础。事实上,保险不同于其他金融活动,风险保障始终是其最核心的功能,其他功能是依托于风险保障功能存在的,为风险保障功能服务的。一方面,不能脱离风险保障功能去理解保险的其他功能,如一些具有储蓄性质的人寿保险产品,其基本原理是被保险人在退休或达到一定年龄时,能够通过保险这种形式获得养老保障,应对通货膨胀、利率变化等风险,这与银行存款或理财产品所具有的储蓄功能具有本质差别;另一方面,保险的其他功能服务于风险保障这一本质功能,风险保障是保险活动的目的,而资金融通、资源配置

---

① DORFMAN M S, CATHER D A. Introduction to Risk Management and Insurance [M]. 10th ed. Pearson Education Inc, 2012: 115 – 120.

② 孙祁祥,朱南军. 保险功能论 [J]. 湖南社会科学, 2004 (2): 72.

等则是保险活动的手段，两者不能本末倒置。① 如保险公司可以通过资金运用活动参与各类重大项目建设，发挥保险投资的资金融通功能，但这种资金融通功能是建立在保险资金能够保值增值、满足负债与资产相匹配原则的基础上，是以风险保障功能的实现为前提的。

风险保障是保险最本质的功能，其核心要求体现于保险活动的各个环节。无论保险合同行为，还是保险投资行为，首先都是为发挥保险的风险保障功能而服务的。随着现代保险业的不断发展，保险的其他功能在社会经济建设中同样具有重要的作用，但应以风险保障功能的实现为前提，这是保险经营最基本的原则。实践中，保险常常被狭义理解为仅指保险合同行为，与保险资金运用相分离。如前所述，保险资金运用是保险活动的重要环节，保险本质功能的实现同样对保险资金运用具有诸多要求。我国保险行业监管机构一直强调，保险资金运用应坚持服务于保险主业的方式，贯彻"保险姓保"的发展理念②，其核心正是引导保险资金运用服务于保险的风险保障功能。

（二）法律限制是保险本质功能对资金运用的要求

发挥保险的风险保障功能，在保险活动的不同环节具有不同的要求。在保险业务中，风险保障功能的实现直接体现为对保险产品开发的要求，保险是一种风险管理与损失补偿的工具，不应将其设计为一种纯粹的投资工具，如投资连结保险具有较强的投资理财功能，其成立的前提仍是具有保险保障功能。③ 在保险资金运用中，风险保障功能的实现体现为投资端的支持与配合。保险赔偿金或保险给付金来源于保险资金，保障保险资金

---

① 魏华林. 保险的本质、发展与监管［J］. 金融监管研究，2018（8）：13.

② 陈文辉. 保险资金运用原则［J］. 中国金融，2016（18）：10－11.

③ 原中国保监会《关于规范投资连结保险投资账户有关事项的通知》（保监发〔2015〕32 号）第一条.

的稳健增值是保险本质功能得以发挥的前提，保险资金运用应遵循安全性原则；同时，财产保险的保险事故发生具有不确定性，人身保险的保险金给付则具有一定的规律性，保证保险公司可支配资金的充足率和流动性，是风险保障功能得以发挥的基础，保险资金运用应遵循资产负债相匹配原则。安全性原则与资产负债相匹配原则是保险资金运用的核心要求，实质上均源于保险的本质功能。从行业监管的角度看，要使保险资金运用能够有效服务于风险保障功能，既应健全对保险公司自身经营管理的监督，又应重视对保险资金运用活动的直接约束，避免保险投资背离保险主业，即保险资金运用的法律限制。具体来说，法律限制对于维护保险风险保障功能的实现，主要包括以下两方面作用。

一方面，保险资金运用的法律限制有助于保障资金的安全性和流动性，为风险保障功能的实现奠定基础。从安全性的角度看，如保险资金投资于高风险资产或集中于单一资产类型，当资本市场发生重大波动时，将直接影响保险公司履行风险保障义务。在法律法规或监管制度层面，对保险资金的投资范围与投资比例做出相对明确的约束，有助于降低风险发生的概率。按照当前我国保险业的监管原则，保险资金运用应以投资固定收益类等安全性较高的资产为主，以投资股票、房地产等高风险资产为辅；以追求收益的财务性投资为主，以战略性投资为辅。[①] 该监管原则的实现不应仅依托对保险公司的审慎监管，还应借助法律限制手段对具体投资行为做出监管。从资产与负债相匹配的角度看，保险公司须根据保险产品的设计和保险业务的销售情况，合理确定投资端的资产配置计划，避免盲目追求高收益的激进投资行为，造成资产与负债严重错配。近年来，我国保险市场上出现了一些"保险乱象"，其中保险资金运用方面的问题集中于

---

① 陈文辉. 保险资金运用原则［J］. 中国金融，2016（18）：10 – 11.

非理性投资、频繁炒作上市公司股票等①，这正是个别保险公司违背了资产与负债相匹配原则。保险资金运用乱象的发生，很大程度上源于保险公司对保险本质功能的认识不清，将保险经营完全依赖于资产驱动。② 此类乱象可能给整个行业造成不利影响，有必要遵循法律限制的监管思路，遏制背离保险本质功能的保险投资行为发生。

　另一方面，保险资金运用的法律限制能够约束保险产品的设计与开发，避免保险业务脱离风险保障本质。从保险资金运用的发展过程看，一些重大历史事件的发生源于保险公司大量销售高预定收益率的人身保险产品，迫使保险资金大量投资高风险领域，以实现与负债端的匹配，最终导致整个行业的重大损失。这种高预定收益率的保险产品，过分强调保险的投资功能，实质上偏离了保险风险保障功能的本质。对于保险业务的规范，既应从产品开发端入手，又应发挥投资端的反向作用，实现资产负债管理的双向制约。资产负债管理是现代保险公司的一项核心能力，要求保险经营活动须维持业务端与投资端的相互一致，保险业务形成负债水平与资金运用的风险程度相匹配。一直以来，资产负债管理更多强调负债端对资产端的制约，保险资金运用不得脱离保险业务在期限、流动性、风险程度等方面的要求。实际上，随着保险资金运用的发展，资产端同样对保险业务具有反向制约作用，通过保险投资范围、方式等方面的法律限制，可以引导保险公司在开发和销售保险产品时，合理预测在监管要求下能够实现的投资收益水平，避免负债端的过分激进或恶性竞争。保险资金运用的法律限制是行业监管制度层面对于保险投资风险的控制手段，有助于将投

---

① 参见原中国保监会《关于强化保险监管 打击违法违规行为 整治市场乱象的通知》（保监发〔2017〕40号）中列举的资金运用乱象行为。

② 魏华林. 保险的本质、发展与监管［J］. 金融监管研究，2018（8）：4.

资风险传递至保险业务端，使保险公司在开发保险产品和厘定保险费率时重视对收益率的合理判断。2018 年 2 月，原中国保监会颁布《保险资产负债管理监管规则（1—5 号）》（保监发〔2018〕27 号），在对保险公司资产负债管理能力的评估要求中，资产配置类指标大量涉及保险资金运用法律限制的执行情况①，这正体现了保险资金运用法律限制对保险业务的反向作用，客观上约束保险产品设计和销售不能脱离风险保障的本质功能。

三、法律限制是弥补审慎监管不足的行为监管手段

监管手段的完善是增强金融监管能力的重要体现。与国外发达保险市场相比，我国保险业监管一直遵循以主体审慎监管为主的方式，从保险公司的维度实施各类监管要求，直接针对具体保险活动的行为监管理念和手段相对滞后。从金融监管理论与实践的发展看，审慎监管与行为监管之间相互补充是健全监管有效性的重要途径。保险资金运用本质上是一种行为，虽然法律限制涉及保险资金运用的主体、客体、行为等不同要素，但行为监管是其中最核心的内容。因此，保险资金运用法律限制有助于增强我国保险业的行为监管能力。

（一）审慎监管与行为监管

在现代金融监管实践中，审慎监管与行为监管是实现有效监管的两大支柱。审慎监管主要以金融主体自身的风险控制为监管对象，行为监管则以金融主体所开展的经营行为为监管对象。② 两者须寻求一种平衡状态，

---

① 原中国保监会《关于印发〈保险资产负债管理监管规则（1—5 号）〉及开展试运行有关事项的通知》（保监发〔2018〕27 号）。
② 乔安妮·凯勒曼，雅各布·德汗，费姆克·德弗里斯. 21 世纪金融监管［M］. 张晓朴，译. 北京：中信出版集团，2016：219 - 237.

以最大限度发挥相互促进和相关补充的作用。① 审慎监管与行为监管源于金融业"双峰"监管理论,由英国经济学家泰勒于 1995 年率先提出。② 按照"双峰"监管理论,对于金融业主体的监管应包括审慎监管和行为监管两个方面。审慎监管以金融业主体须具备一定的资质要求,达到公司治理、财务指标、风险控制等方面的相关标准为手段,以实现维护金融机构稳健经营的目的,保障整个金融市场和金融体系的安全稳定,防范系统性风险的发生;行为监管以规范金融机构的经营行为,明确金融机构开展特定经营活动应具备的条件和行为方式为手段,以实现解决金融机构不当经营行为的目的,避免发生市场恶性竞争和不公平交易,保护金融消费者利益。由于西方国家金融业普遍采取混业经营模式,监管范围覆盖银行业、证券业、保险业等不同金融领域,因此"双峰"监管理论的提出,实际上是一种对于监管模式和监管机构设置的创新,政府通过设立不同的监管机构来分别负责审慎监管与行为监管,以发挥两种监管手段的相互制约和补充,如荷兰、澳大利亚、英国等是采取"双峰"监管模式的典型国家。③

虽然"双峰"监管理论更多是对于监管模式的探讨,但其所体现的核心理念——审慎监管与行为监管的相互结合,则对任何模式下的金融业监管均具有借鉴意义。以保险行业为例,同样存在审慎监管与行为监管之间的冲突与协调。保险业的审慎监管以维护保险公司的健康运营为核心目标,监管对象包括保险公司内部治理结构的有效性、偿付能力指标的充足率、各类风险评价情况等,要求保险公司须达到法律规定和监管要求的评

---

① 王华庆. 论行为监管与审慎监管的关系 [J]. 中国银行业,2014 (5):6.

② TAYLOR M W. Twin Peaks:A Regulatory Structure for the New Century [M]. London:Centre for the Study of Financial Innovation,1995.

③ 钟震,董小君. 双峰型监管模式的现状、思路和挑战——基于系统重要性金融机构监管视角 [J]. 宏观经济研究,2013 (2):17 – 23.

价标准；行为监管以保险消费者利益保护为核心目标，监管对象包括保险公司在承保、理赔、资金运用等保险经营环节中的行为是否合规，保险公司在从事特定业务活动时是否满足监管规定的条件，以及明确要求保险公司不得开展法律法规或监管制度禁止的行为。审慎监管与行为监管在监管目标上具有一致性，均以维护保险市场的稳定发展、不发生系统风险为核心价值。保险公司具有规范、有效的运行机制，能够保证履行保险赔偿责任是保险消费者利益得到保护的基础；对于保险公司经营行为的约束，也有利于促进保险公司提升管理水平，增强自身实力。同时，由于审慎监管与行为监管在监管角度上的差异，不可避免出现一定程度的监管冲突，如对于保险消费者利益的保护，势必在客观上增大保险公司在经营环节上的投入，给相关偿付能力指标造成压力。总体上，审慎监管、行为监管的并行使用和相互补充是当前世界各国金融业包括保险业实施监管的基本原则，在维护市场稳定发展的核心理念下，两种监管手段可以发挥相互促进、实现各方利益最大化的目的。如审慎监管手段主要以经济学和风险管理视角为基础，侧重于相关经济指标的监控；行为监管则主要以法学和行政管理视角为基础，更多运用法律规制和行政监管的手段。[1]

　　具体到保险资金运用的监管上，同样遵循审慎监管与行为监管相互结合的原则。在审慎监管上，保险资金运用是现代保险经营中重要的组成部分，直接关系到保险公司相关财务指标和风险管理水平的评价情况，如按照原中国保监会《保险公司偿付能力监管规则（1—17 号）》（保监发〔2015〕22 号），市场风险、信用风险、流动性风险等风险指标评价均与保险资金运用直接相关，评价指标异常将影响保险公司正常开展资金运用

---

[1]　贾晓雯. 双峰监管：理论起源、演进及英国监管改革实践［J］. 金融监管，2018（5）：70.

活动。① 在行为监管上，《保险法》《保险资金运用管理办法》等相关法律法规对于保险资金运用模式、保险投资范围、保险公司禁止从事的资金运用行为等均做出明确要求，如根据《关于进一步加强保险资金股票投资监管有关事项的通知》，保险公司收购上市公司的，其资金种类必须为自有资金，而不得使用准备金等保险资金，且禁止保险公司与来自非保险行业的一致行动人共同实施收购活动。②

（二）法律限制是行为监管的重要内容

保险资金运用的法律限制，本质上属于对保险公司开展资金运用活动的一种行为监管手段。如上所述，审慎监管与行为监管的相互结合包括保险资金运用在内的保险业监管的基本原则。从审慎监管的角度看，对于保险公司开展资金运用活动存在一定的"限制"，即保险公司作为资金运用的一般主体应满足相应条件，包括保险公司成立时的准入条件、具备完善的公司治理机制、偿付能力水平满足监管要求等。从行为监管的角度看，对于保险资金运用的限制更为直接，包括从法律制度层面明确保险资金运用的范围，保险公司不得投资规定范围之外的资产；保险资金投资于不同资产类型时，投资金额须不高于保险公司总资产的一定比例等。法律限制包括从保险资金运用主体、客体及行为方式等方面做出的限制要求，规则制定的基础仍是保险投资这样一种行为。如开展特定投资活动时须具备的主体资质要求，在自行投资模式下是对保险公司的限制要求，在委托投资模式下则体现为对保险资产管理机构的限制要求，以投资行为的实施者为

---

① 以流动性风险评价为例，根据《保险公司偿付能力监管规则第 12 号：流动性风险》第四十三条规定，对于流动性风险监管指标异常，以及未按照规则建立和执行流动性风险管理体系的保险公司，行业监管机构可以采取限制资金运用渠道等监管措施。

② 原中国保监会《关于进一步加强保险资金股票投资监管有关事项的通知》（保监发〔2017〕9 号）第三条。

基础。因此，保险资金运用的法律限制是保险业监管中行为监管的重要手段，与审慎监管共同发挥规范保险资金运用活动的功能。

行为监管一般针对保险业务活动，保护保险合同履行过程中保险消费者利益不受损害，而保险消费者并非保险投资法律关系的当事人，所以有必要采取法律限制这种行为监管手段。如前所述，保险公司与保险消费者在保险资金运用中同样存在利益博弈，且保险公司可能损害保险消费者利益的行为更加隐蔽。因此，仅从审慎监管角度对保险资金运用风险加以防范，并不足以有效维护保险消费者和整个保险市场的利益。具体来说，我国在保险资金运用中遵循法律限制这种直接的行为监管措施，具有以下价值。

一方面，法律限制是对于保险资金运用相关风险的预先防范，有助于弥补审慎监管之不足。审慎监管以监管机构对保险公司偿付能力指标的测试和风险状况的评估为主要手段，一定程度上具有"事后性"。如保险公司出现偿付能力不足，往往是在开展一系列不当行为之后，导致相关数据指标异常，此时监管机构采取必要限制手段，以避免保险公司经营恶化，更多体现为一种"补救"措施。保险资金运用均为大额资金的运作活动，对保险公司影响较大，对相关指标的实时监测和定期监管具有重要意义，但须与事先的直接监管手段相结合，以避免重大风险事件发生后，给保险公司甚至整个行业造成难以弥补的损失。如在历史上发生的保险公司大量投资高风险资产的事件，事后限制保险公司的投资范围，已经无法避免给保险消费者带来的风险和隐患，应从法律制度上予以预先规范，加强对此类行为本身风险的控制。

另一方面，法律限制是保护保险消费者利益的直接手段，有助于遏制保险公司的套利行为。从保险消费者的角度看，安全性是保险资金运用的首要目标，保险公司履行赔偿责任或保险金给付责任的标准是在保险合同成立时已经确定，并不与保险投资收益挂钩；从保险公司的角度看，保险投资是其获取更高经营利润的途径，在保证具备履行保险责任能力的基础上，投资收益越高，其可以获得的利润越多，对于高收益的追逐是保险公司在资金运用中的内生需求。在此种情况下，有必要在监管层面对保险公司的资金运用行为做出限制，包括对保险公司的专业能力的要求、投资形式和范围的限制、高风险投资行为的规范等，以平衡保险公司与保险消费者之间的利益博弈关系。如仅从偿付能力等角度对保险资金运用实施审慎监管，当保险公司在形式上满足相关监管要求时，对其在保险投资时应遵循的谨慎义务将无法触及。

同时，随着我国保险行业的发展，保险资金规模不断增长，保险公司及其股东具有利用保险投资为其自身利益服务的冲动，即在保险资金运用中的套利行为。以前海人寿使用保险资金参与收购万科股票事件为例，保险资金在收购过程中发挥了重要作用，但对于万科公司的控制权更多体现了前海人寿股东的利益，转化为投资收益还涉及股票市场波动、退出风险等问题，存在较大不确定性。此种利用保险投资套利的行为具有较强的隐蔽性，并不必然导致偿付能力等指标发生异常，审慎监管手段在规制时具有局限性。因此，针对保险资金运用中可能出现的保险公司套利行为，应从行为监管的角度，运用法律限制的手段加以规范，如从监管制度上明确保险公司收购上市公司的要求和禁止出现的情形，以实现保护保险消费者和保险市场利益的目的。

第三章

我国保险资金运用法律限制的发展与境外经验借鉴

如何对保险资金运用进行法律限制，是本书研究的目的。形式上，法律限制体现为保险资金运用相关法律法规和监管制度中的限制性规则，通过针对保险资金运用主体、客体、行为等不同组成要素的限制要求，实现规范保险投资活动、维护市场稳定的目的。本质上，保险资金运用的法律限制是一种理念，是贯穿于相关制度建设和监管实践中的价值导向之一，具有相对完整的原则基础和制度体系，进而体现为不同层级法律制度中的具体限制规则。从我国保险资金运用法律限制的情况看，限制规则散落于《保险法》《保险资金运用管理办法》等法律法规及监管制度中，尚没有形成统一的理念和健全的体系；从境外情况看，保险资金运用法律限制为多数国家或地区所普遍采用，且呈现出各自不同的特点，对我国制度完善具有重要借鉴价值。

第一节 我国保险资金运用法律限制的制度演变

形式上，保险资金运用的法律限制表现为保险资金运用相关法律法规及监管制度中，对保险公司应具备的资质条件、保险资金的组成及使用要求、保险投资的范围及方式等保险资金运用各要素的限制性规定，是保险业监管制度体系的组成部分。伴随着保险业的发展，法律限制在保险资金运用制度中的出现与革新同样经历了长期的演化过程。在制度发展的不同时期，法律限制在理念上、规则制定上均具有不同的特点。

一、制度空白阶段

（一）计划体制向市场体制转变

本阶段的时间周期为1980年至1995年。1979年11月19日，全国保险工作会议在北京召开，这是我国国内保险业停办20年之后第一次重新召开全国保险工作会议，时任国务院副总理薄一波出席并做重要讲话，标志着我国保险业务重新恢复。[①] 在我国保险业务恢复发展的近十年时间里，保险业经营仍遵循传统的计划经济体制模式，当时的中国人民保险公司是保险市场上唯一的经营主体，直接接受中国人民银行的管理，具有较强的行政色彩。保险资金统一纳入国家信贷规划，直接划入银行充当信贷资金，中国人民保险公司无权自主运用保险资金。在制度规定上，国务院于1985年颁布的《保险企业管理暂行条例》是针对保险业管理唯一的一部政策法规，但并未涉及任何保险资金运用相关的要求。1984年11月，国务院批复同意中国人民保险公司上报的《关于发展中国保险事业的报告》，对扣除赔款、准备金和相关费用开支后的保险费收入，中国人民保险公司可自主开展资金运用，[②] 但实际上这部分资金金额很少。

20世纪80年代末到90年代初，随着我国经济由计划体制向市场体制转变，保险市场逐渐活跃，保险经营主体逐步增多，如中国平安保险公

---

① 中国保险学会. 中国保险史［M］. 北京：中国金融出版社，1998：430－432.
② 保险公司投资资产委托管理模式研究编委会. 保险公司投资资产委托管理模式研究［M］. 北京：首都经济贸易大学出版社，2007：1－2.

司、中国太平洋保险公司先后成立，市场化意义上的保险资金运用出现并得到快速发展。20 世纪 90 年代初，中国人民银行出台了一系列与保险资金运用存在关联的政策性文件，包括《关于中国人民保险公司存款利率的规定》《关于保险公司保险金存款问题的通知》《关于保险企业资金收支计划与资金运用计划管理有关问题的通知》等，构成我国保险资金运用发展初期的制度依据。由于缺乏基本理念和顶层法律设计，所以面对放开的保险资金运用市场，各保险公司对于上述政策制度的掌握尺度不一，加之特定历史时期我国利率水平高速上升，出现一定程度的经济过热发展，造成保险资金运用出现盲目扩张的趋势。在这一时期，保险公司的资金运用活动几乎没有任何限制，保险资金被广泛投资于房地产、股票、债券、信托以及资金借贷等各个领域。面对国内经济过热发展涌现出的各种问题，中国人民银行于 1993 年 2 月颁布《关于进一步加强宏观金融调控的通知》，开始对包括保险行业在内的金融市场进行大力整顿，保险公司使用保险资金的无序投资现象得到遏制，保险资金运用进入严格限制阶段。

（二）法律限制理念的萌芽

在制度空白阶段，我国保险业发展的主基调是从计划体制向市场经济体制转变，整个保险领域的法律法规制度处于极度缺乏状态，更无与保险资金运用相关的规定。前述中国人民银行出台的一些政策性文件，更多是对于实践活动的指导，尚无法构成法律意义上的保险资金运用制度。在这种制度依据极度缺乏的背景下，我国的保险资金运用实践经历了由完全约束、到盲目扩张、再到严格限制的发展过程，正是这种带有时代烙印的实践探索，为法律限制理念融入保险资金运用中奠定了基础。一方面，计划经济体制下对于保险资金的完全约束并不是法律限制，保险公司缺乏资金运用的自主权，资金统一划归中国人民银行，此时并不存在保险资金运用活动，更无法律限制的基础；另一方面，当我国保险资金运用市场放开时，与国外的历史经验相似，保险行业出现了保险资金大量投资于高风险领域的现象，这既体现了保险资金投资收益在现代保险业经营中的重要地位，也证明了对保险公司投资行为的限制是规范保险资金运用活动必不可少的监管手段。对于高收益的追逐是保险投资的内生需求，完全依赖保险公司内部风险控制而缺乏必要的外部约束，将可能引发市场无序经营，保险公司盲目追求高收益，最终影响行业稳定。经历了这样的发展阶段，我国保险行业监管机构开始意识到法律制度上的限制是保障保险资金运用稳定发展的条件，并成为后续保险资金运用相关法律法规制定的重要考虑因素。

二、积极探索阶段

（一）严格限制到逐步放开

本阶段的时间周期为 1995 年至 2009 年。1995 年 10 月 1 日，我国首部《保险法》正式生效实施，成为保险行业发展的基础法律依据。受到前期保险公司盲目开展投资活动的影响，1995 年版《保险法》对保险资金运用做出了非常严格的限制，规定保险资金仅限于投资银行存款、金融债券和政府债券，且不得用于设立证券经营机构、不得用于向企业投资。虽然《保险法》中载明，保险资金可以投资于国务院规定的其他资金运用形式，但在一定时间内，国务院并未出台相关配套制度，保险公司的资金运用范围一直仅限于前述三种形式。

1998 年，原中国保监会正式成立，成为我国保险行业的专门性监管机构，为保险行业的市场化探索提供了有利条件。从 2001 年起，随着我国加入世界贸易组织和保险行业市场化程度的加深，保险公司要求拓宽保险资金运用范围、提升保险投资收益的呼声日趋强烈，保险资金运用相关法律制度陆续开始制定或完善。一方面，《保险法》于 2002 年完成修正，鉴于行业监管机构对于保险资金运用仍持谨慎态度，加之平安保险"世纪理财"退保风波的影响，《保险法》中对于保险资金运用的规定相比修正前并无实质性突破，但将保险资金不得用于投资企业的限制修改为不得投资于保险行业之外的企业，实际上还是对保险资金运用做出了较大"松绑"；同时，《保险法》进一步授权保险行业监管机构可以对保险资金运用的其他形式做出规定。[①] 另一方面，原中国保监会依据《保险法》开始大量出台拓宽保险资金运用范围的行业监管制度，包括《关于保险公司投资银行次级定期债务有关事项的通知》《关于保险公司投资可转换公司债券有关事项的通知》《保险外汇资金境外运用管理暂行办法》《保险机构投资者股票投资管理暂行办法》《保险资金间接投资基础设施项目试点管理办法》《关于保险机构投资商业银行股权的通知》等，在拓宽保险资金可投资范围的同时，对各种保险投资形式的限制要求也做出了规范。

伴随着原中国保监会相关监管制度的陆续颁布，我国的保险资金运用市场发生了实质性变化。保险公司开始高度重视保险资金运用的作用，这使保险投资的专业化程度得到显著提升，一批专业性的保险资产管理机构得以成立，保险资金运用的模式由保险公司单一自行投资发展为自行投资、委托投资相结合；原中国保监会设立资金运用监管部作为独立的内设司局，对保险资金运用监管的研究更加深入，整个行业对保险资金运用的认识发生重大改变，保险投资中的风险控制被保险公司广泛关注。经历了这样一个制度建设从无到有、逐步丰富的过程后，我国保险资金运用的制度基础初步形成，保险公司在开展各类法律法规允许的资金运用活动时具备了相应的制度依据。

[①]　2002 年版《保险法》第一百零五条。

（二）法律限制理念初步形成

积极探索阶段是法律限制理念在我国保险资金运用制度中形成并逐步合理化的重要发展时期。受到传统计划经济体制的影响，加之为了避免20世纪90年代初期金融市场过热的情况再次出现，我国金融监管机构在保险行业市场化起步之初，以《保险法》为制度基础，对保险资金运用做出了非常严格的限制。不同于西方国家一直遵循自由化的发展理念，我国的市场经济体制改革经历了循序渐进、逐步放开的过程，在起步阶段，金融监管机构往往遵循谨慎、稳健的态度。在《保险法》制定时，基于行业发展背景，严格防范保险资金运用中的风险成为条文起草的主要出发点。采取严格限制是由当时我国保险市场的发展程度和稳定金融市场的客观要求所决定的。

随着保险行业的市场化程度加深，保险资金运用相关制度须不断完善，以适应行业实践需要。这样一种制度完善的过程，虽然在形式上表现为对保险资金运用限制要求的突破，实质上则是法律限制理念在我国的形成与发展。保险资金运用法律限制是与市场化相适应的，其目标在于对保险资金运用做出合理、科学的限制，以更好地促进市场发展，而并非盲目限制。从积极探索阶段我国保险资金运用相关制度的建设情况，保持拓展保险投资渠道与规范保险投资活动之间的平衡始终是行业监管机构遵循的核心原则，如前述拓宽保险投资范围的监管制度中，均涵盖了大量保险公司开展此类投资活动须遵守的限制要求。此阶段，我国在建立保险资金运用制度基础的同时，形成了市场化意义上的保险资金运用法律限制理念。基于我国保险行业的发展特点，行业监管机构认同应从法律制度层面对保险资金运用做出合理限制，而应如何限制，则是制度建设中不断探索的方向。

三、逐步成熟阶段

（一）新一轮保险资金运用体制改革

本阶段的时间周期为自 2009 年至今。2008 年以后，我国保险资金运用市场的快速发展，使法律制度与实践需求之间已经难以有效匹配，修改《保险法》成为行业发展的重要任务。2009 年 10 月 1 日，第二次修订后的《保险法》正式颁布，其中保险资金运用相关规定的变化成为关注热点。在 2009 年版《保险法》中，保险资金运用的形式被大幅拓宽，从之前仅允许投资于银行存款、政府债券和金融债券，放宽为可投资于银行存款、各类有价证券、不动产，以及国务院规定的其他资金运用形式。禁止将保险资金用于设立证券经营机构和投资保险业以外企业的限制被删除。此外，《保险法》进一步明确授权行业监管机构负责制定保险资金运用的具体管理办法，为后续监管制度的大量出台奠定了基础。从内容上看，2009 年对于《保险法》中保险资金运用相关规定的修改是我国保险投资市场与国际接轨的重大变化，允许保险资金投资于各类有价证券、不动产，以及原中国保监会于 2010 年放开保险资金投资未上市企业股权，这使我国保险资金的投资范围在大类资产上基本能够覆盖资本市场上的主要投资品种。

依据修订后的《保险法》，原中国保监会于 2010 年颁布《保险资金运用管理暂行办法》（保监会令〔2010〕9 号），这是我国第一部以保险资金运用为规范对象的部门规章，对保险资金的组成、保险资金运用的范围和模式、保险投资的决策流程和风险控制机制等均做出规定，成为保险资金运用监管制度体系的基础。在《保险资金运用管理暂行办法》颁布之后，原中国保监会在 2010 年还陆续出台了《关于调整保险资金投资政策有关问题的通知》《保险资金投资股权暂行办法》《保险资金投资不动产暂行办法》等监管制度。一方面，在《保险法》及《保险资金运用管理暂行办法》的基础上，对保险资金投资不动产和未上市企业股权做出进一步规范，明确了保险公司开展此类投资活动的操作要求；另一方面，监管制度对于保险资金运用的限制更加规范化，保险资金投资股票、① 投资境外资产②时的比例限制要求开始出现。

进入 2012 年后，为了适应我国金融行业全面发展的需求，保险业新一轮的保险资金运用体制改革启动。本轮保险资金运用体制改革的目标是进一步拓宽保险资金的投向范围，赋予保险公司更大的资金自主权，全面增强我国保险资金运用的风险防范能力。③ 从 2012 年下半年开始，我国保险资金运用相关监管制度大量颁布，包括《保险资产配置管理暂行办法》《关于保险资金投资股权和不动产有关问题的通知》《保险资金委托投资管理暂行办法》《保险资金投资债券暂行办法》《保险资金境外投资管理暂行办法实施细则》《基础设施债权投资计划管理暂行规定》《关于保险资金投资有关金融产品的通知》《关于加强和改进保险资金运用比例监管的通知》，相对完善的保险资金运用制度体系初步形成。2014 年 8 月，国务院颁布《关于加快发展现代保险服务业的若干意见》（国发〔2014〕29 号），为我国保险业发展提供了更好的政策环境，推动保险资金运用体制改革更加深入，相关制度的修订、完善逐步展开。2017 年 1 月，原中国保监会出台《关于进一步加强保险资金股票投资监管有关事项的通知》，针对行业实践最新发展需求，对保险资金运用中最核心的股票投资做出进一步规范；2018 年 1 月，《保险资金运用管理办法》（保监会令〔2018〕1 号）颁

---

① 原中国保监会《关于调整保险资金投资政策有关问题的通知》第三条。
② 原中国保监会《关于调整保险资金投资政策有关问题的通知》第四条。
③ 陈文辉，等. 新常态下中国保险资金运用研究［M］. 北京：中国金融出版社，2016：24.

布,《保险资金运用管理暂行办法》随之废止,保险资金运用基础监管规章得到全面升级;2019 年 6 月,中国银保监会印发《关于保险资金投资集合资金信托有关事项的通知》,标志着各类具体保险投资活动的监管制度进一步优化。

（二）法律限制的健全与优化

以 2009 年《保险法》修订为起点,我国保险资金运用市场的发展趋势是拓宽保险投资范围、激发保险投资市场活力,使保险资金在社会经济建设中发挥更大的作用。在此种背景下,法律限制在保险资金运用制度建设过程中的作用并非被弱化,而是成为制度建设的基础,在方式上不断健全和优化。一方面,行业监管机构对于法律限制的理解更加全面,法律限制的意义并不是单纯限制保险资金投资的范围,而是在激发保险资金运用活力的基础上对投资行为做出更好的规范,如 2010 年之后原中国保监会颁布了一系列针对具体保险投资活动的监管制度,其中涉及大量规范投资行为的限制要求;另一方面,法律限制在保险资金运用制度中的价值在于应如何合理地限制,针对 2015 年以后我国保险市场上发生的一些保险公司不当使用保险资金的行为,近年来颁布的监管制度在限制方式上做出了积极探索,包括从保险公司开展资金运用活动的资质条件限制、资金种类限制、行为方式限制等不同角度,这些探索使法律限制要求更加科学、合理。如 2015 年之后颁布的《关于设立保险私募基金有关事项的通知》《关于进一步加强保险资金股票投资监管有关事项的通知》《关于保险资金设立股权投资计划有关事项的通知》《关于保险资金投资集合资金信托有关事项的通知》等规范性监管文件,在投资主体资质、发行主体条件、投资行为限制等方面均做出了较为明确的规定。

第二节 我国保险资金运用法律限制的现状与不足

如前所述，我国保险资金运用法律限制制度经历了制度空白、积极探索、逐步成熟等不同发展阶段，法律限制理念在制度演化过程中逐渐形成并在实践中不断完善。目前，保险资金运用相关制度中存在大量体现法律限制要求的规定，但相比于行业发展需求，仍存在较大不足。

一、我国保险资金运用法律限制的现状

我国保险资金运用法律限制相关要求，主要体现在《保险法》、行业监管机构颁布的部门规章和其他规范性监管文件三个层面。

（一）《保险法》中保险资金运用相关规定

《保险法》是我国保险行业的基础法律，保险资金运用法律限制首先体现于《保险法》相关规定中。根据《保险法》第一百零六条，法律限制要求包括两个方面：一是明确保险资金运用的原则，须遵循稳健性、安全性原则；二是对保险资金运用的形式做出限制，保险资金仅可以投资于银行存款、股票或债券等有价证券、不动产，以及国务院规定的其他形式。①

自 2009 年修订以来，我国《保险法》虽然在 2014 年和 2015 年做出两次修正，但保险资金运用相关规定并未发生任何变化。为了适应行业实践的快速发展，《保险法》的进一步修订成为保险业的重要任务。2015 年 10

---

① 《保险法》第一百零六条。

月，原国务院法制办①于 2015 年 10 月向社会公布了《关于修改〈中华人民共和国保险法〉的决定（征求意见稿）》，对现行《保险法》中保险资金运用相关规定做出重大修改。其中，涉及保险资金运用法律限制主要包括三个方面：一是充实了主体限制规定，在保险资金运用应遵循稳健性、安全性原则的基础上，对主体资质做出进一步要求，保险公司开展资金运用应具备行业监管机构认可的投资管理能力；二是完善了保险资金运用形式的限制，在允许保险资金投资银行存款、有价证券、不动产、国务院规定的其他资金运用形式之外，增加了未上市企业股权、保险资产管理产品、以风险管理为目的金融衍生品等三种投资方式；三是明确了特殊投资行为的限制要求，规定保险公司如开展重大股权投资，或拓宽保险资金运用形式，须由行业监管机构批准。②

（二）原中国保监会及中国银保监会颁布的相关部门规章

在行政法规层面，国务院并未制定任何保险资金运用相关制度。《关于加快发展现代保险服务业的若干意见》（国发〔2014〕29 号，即"保险业新国十条"）是近年来国务院推动保险行业发展最重要的政策性文件，其中规定保险投资应为我国股票市场和债券市场的长期稳定提供支持，③可以视作保险资金运用法律限制的一项政策依据。保险公司开展保险资金运用应以财务性投资为主，注重长期、稳健投资，发挥稳定股票市场和债券市场的作用，避免出现干扰资本市场秩序的行为。

在部门规章层面，原中国保监会《保险资金运用管理办法》是当前我

---

① 根据2018 年2 月28 日《中共中央关于深化党和国家机构改革的决定》，深化国务院机构改革，将司法部和国务院法制办公室的职责整合，重新组建司法部，作为国务院组成部门，不再保留国务院法制办公室。

② 原国务院法制办《关于修改〈中华人民共和国保险法〉的决定（征求意见稿)》（2015 年 10 月）第一百零九条。

③ 国务院《关于加快发展现代保险服务业的若干意见》第六条第（十四）项。

国保险资金运用领域最核心的专项性部门规章。基于该项部门规章，我国保险资金运用的法律限制要求主要体现在以下三个方面：一是对于保险资金运用形式的限制。在《保险法》相关规定的基础上，《保险资金运用管理办法》对保险资金运用的形式做出进一步规范，明确保险资金可投资于银行存款、股票和债券等有价证券、不动产、未上市企业股权以及国务院规定的其他资金运用形式。同时，对于各类具体投资形式，《保险资金运用管理办法》进一步规范了投资时应遵循的相关限制要求，如保险资金投资于不动产时，不得直接从事房地产开发。① 二是对于保险资金运用模式的限制。保险资金运用可以采取直接投资或委托投资模式，选择直接投资模式时，保险公司应满足相应的资质条件和运作要求，如由总部统一管理；选择委托投资模式时，第三方受托机构及资金托管机构应符合监管要求的条件，不得存在混合管理不同委托资金、挪用资金等行为。② 三是对于决策运行机制的限制。保险公司的董事会应承担保险资金运用的最终责任，包括制订资产配置计划、选择委托投资机构、决定重大投资事项等，均须由董事会审议通过。保险公司开展重大股权投资，须事先经行业监管机构核准。

除《保险资金运用管理办法》外，与保险资金运用相关的部门规章还包括原中国保监会《保险资金间接投资基础设施项目管理办法》《保险资金境外投资管理暂行办法》《保险机构投资者股票投资管理暂行办法》《保险资产管理公司管理暂行规定》等。此类部门规章主要是在《保险资金运用管理办法》的基础上，对具体保险投资形式的规范，其中同样涵盖了大

---

① 原中国保监会《保险资金运用管理办法》第十八条。
② 原中国保监会《保险资金运用管理办法》第二十九条。

量法律限制要求。简要说明如表1：①

表1 部门规章中的法律限制规定

部门规章名称	颁布时间	主要限制规定说明
保险资产管理产品管理暂行办法（银保监会令〔2020〕5号）	2020.3	对保险资产管理产品业务做出更加清晰的界定，明确了产品发行、经营管理与终止的相关限制要求，包括保险资产管理产品的投资范围、大类资产投资比例限制以及披露要求等
保险资金间接投资基础设施项目管理办法（保监会令〔2016〕2号）	2016.6	保险资金间接投资基础设施项目遵循安全性、收益性、流动性和资产负债相匹配原则；明确保险投资基础设施项目应具备的条件及禁止投资的情形；对相关主体包括委托人、受托人、受益人、托管人、独立监督人应具备的条件做出规定
保险资金境外投资管理暂行办法（保监会、中国人民银行、国家外汇管理局令〔2007〕2号）	2007.6	对保险资金开展境外投资时相关主体应具备的资格条件做出规定；明确保险资金境外投资须向行业监管机构提出申请，并对具体申请要求做出规定；对保险资金境外投资的投资形式和投资品种做出规定，并明确具体投资比例由行业监管机构批准

① 相关信息均来自中国银保监会网站。

部门规章名称	颁布时间	主要限制规定说明
保险机构投资者股票投资管理暂行办法（保监会、证监会第12号令）	2004.10	对保险公司直接从事股票投资或委托第三方开展股票投资须具备的条件做出规定；对保险资金股票投资的范围和比例限制做出规定；明确保险公司在股票投资中的禁止行为；明确保险公司建立股票投资风险控制机制的具体要求
保险资产管理公司管理暂行规定（保监会令〔2004〕2号）	2004.4	对保险资产管理公司受托管理保险资金的相关限制要求做出规定，如保险资产管理公司对其自有资金与受托管理保险资金的分别记账、核算要求等

（三）原中国保监会及中国银保监会出台的相关规范性文件

在我国保险资金运用相关监管制度中，采用部门规章形式的制度相对有限，大量监管要求是以行业监管机构规范性文件的形式做出。此种现象的出现，一方面源于我国保险资金运用市场尚处于起步阶段，针对监管实践中大量暴露出的问题，以规范性文件的方式"先行试点"，待成熟后再考虑制定部门规章；另一方面反映了近年来我国保险行业高速发展，保险资金运用中的问题迫切需要得到监管指导，由于部门规章制定程序相对繁琐，因此印发规范性文件效率更高。目前，我国保险资金运用领域存在大量规范性文件，法律限制相关要求分散于不同制度中。总体上，可以将各类规范性文件中的保险资金运用法律限制要求归纳为以下三个方面。

一是对各类保险投资形式的具体规范。虽然《保险法》《保险资金运用管理办法》对保险资金运用的形式做出规定，但要求相对原则，保险公司在具体投资规定范围内的资产时，仍须进一步符合监管机构制定的相关限制要求。如《保险资金投资股权暂行办法》《保险资金投资不动产暂行办法》针对保险资金投资未上市企业股权、不动产时，保险公司及相关服务中介机构应具备的条件、被投资资产应满足的条件、投资方式及资金种类的限制、特殊投资行为的审批要求等，[①] 均做出规定。此类规范性文件还包括《保险资金投资债券暂行办法》《保险资金参与金融衍生产品交易暂行办法》《保险资金投资集合资金信托有关事项的通知》等。

二是保险资金运用的比例限制规范。对于保险资金开展特定形式投资活动时，投资金额占保险资金总额的最高比例做出限制，是世界各国保险资金运用法律限制中大量采用的做法。此前，我国保险资金运用的比例限制要求体现于上述针对各类具体投资形式的规范性文件中，原中国保监会于 2014 年颁布《关于加强和改进保险资金运用比例监管的通知》，并出台《保险资产风险五级分类指引》等配套规范性文件，确立了我国保险资金运用比例限制的统一要求。一方面，我国将保险资金可投资资产划分为五大类，即流动性资产、固定收益类资产、权益类资产、不动产类资产和其他金融资产；另一方面，针对保险资金投资主要大类资产的情况，对投资金额占保险公司总资产的最高比例做出限制，包括权益类资产的投资金额不高于保险公司上季末总资产的 30%，不动产类资产的投资金额不高于保险公司上季末总资产的 30%，其他金融资产的投资金额不高于保险公司上季末总资产的 25% 等。此外，针对保险资金投资单一资产和单一交易对手时的比例限制，监管规定同样做出要求。

三是针对具体限制要求的补充规定。在行业监管机构颁布的保险资金运用相关规范性文件中，相当比例是针对已经生效的部门规章、规范性文件中的具体限制要求，做出调整或补充。该类规范性文件多以"通知"形

---

① 原中国保监会《保险资金投资股权暂行办法》第三十条。

式印发，与部门规章或较为完整的规范性文件制度相比，缺少基本的制度结构，仅仅是针对具体法律限制要求的直接增加或改变。如原中国保监会于2012年制定《关于保险资金投资股权和不动产有关问题的通知》，对2010年颁布的《保险资金投资股权暂行办法》《保险资金投资不动产暂行办法》中相关限制要求做出调整，包括在保险资金可以直接投资到未上市企业股权范围中，增加了能源类企业、资源型企业、与保险相关的现代农业企业等。又如原中国保监会于2017年制定《关于进一步加强保险资金股票投资监管有关事项的通知》，在《保险机构投资者股票投资管理暂行办法》的基础上，进一步补充了保险资金股票投资相关限制的要求，包括保险公司收购上市公司时应使用自有资金，事先经行业监管机构批准，保险公司不得与非保险一致行动人共同收购上市公司等。①

我国保险资金运用相关规范性文件数量众多，以上仅是对主要规范内容的概括，鉴于篇幅有限，这里不再具体介绍。对主要规范性文件的名称及颁布时间归纳如表2:②

表2　主要规范性文件列表

规范性文件名称	颁布时间
保险资金投资股权暂行办法（保监发〔2010〕79号）	2010.7
保险资金投资不动产暂行办法（保监发〔2010〕80号）	2010.7
关于保险资金运用监管有关事项的通知（保监发〔2012〕44号）	2012.5
保险资金投资债券暂行办法（保监发〔2012〕58号）	2012.7

---

① 原中国保监会《关于进一步加强保险资金股票投资监管有关事项的通知》第三条。
② 相关信息均来自中国银保监会网站［EB/OL］。

续表

规范性文件名称	颁布时间
关于保险资金投资股权和不动产有关问题的通知（保监发〔2012〕59 号）	2012.7
保险资金委托投资管理暂行办法（保监发〔2012〕60 号）	2012.7
保险资产配置管理暂行办法（保监发〔2012〕61 号）	2012.7
关于保险资金投资有关金融产品的通知（保监发〔2012〕91 号）	2012.10
基础设施债权投资计划管理暂行规定（保监发〔2012〕92 号）	2012.10
保险资金境外投资管理暂行办法实施细则（保监发〔2012〕93 号）	2012.10
保险资金参与金融衍生产品交易暂行办法（保监发〔2012〕94 号）	2012.10
保险资金参与股指期货交易规定（保监发〔2012〕95 号）	2012.10
关于加强和改进保险资金运用比例监管的通知（保监发〔2014〕13 号）	2014.2
关于保险资金投资集合资金信托计划有关事项的通知（保监发〔2014〕38 号）	2014.5
关于试行《保险资产风险五级分类指引》的通知（保监发〔2014〕82 号）	2014.10
关于保险资金投资创业投资基金有关事项的通知（保监发〔2014〕101 号）	2014.12
关于设立保险私募基金有关事项的通知（保监发〔2015〕89 号）	2015.9
关于进一步加强保险资金股票投资监管有关事项的通知（保监发〔2017〕9 号）	2017.1
关于保险资金设立股权投资计划有关事项的通知（保监资金〔2017〕282 号）	2017.12

规范性文件名称	颁布时间
关于加强保险资金运用管理 支持防范化解地方政府债务风险的指导意见（保监发〔2018〕6 号）	2018.1
关于保险资产管理公司设立专项产品有关事项的通知（银保监发〔2018〕65 号）	2018.10
关于保险资金参与信用风险缓释工具和信用保护工具业务的通知（银保监办发〔2019〕121 号）	2019.5
关于保险资金投资集合资金信托有关事项的通知（银保监办发〔2019〕144 号）	2019.6

二、我国保险资金运用法律限制存在的不足

整体上看，我国保险资金运用法律限制的不足之处主要体现在以下三个方面。

（一）法律限制理念尚不成熟

从形式上看，我国保险资金运用法律限制存在两个"脱节"：一是立法层级的脱节，《保险法》中关于保险资金运用的规定仅一个条文，且内容相对原则，行业部门规章数量有限，大量法律限制要求体现于效力层级较低的规范性文件中，呈现"纵向脱节"。二是限制要求的脱节，对于同类保险资金运用事项，不同部门规章或规范性文件中的限制要求存在差异，这种差异有些是直接的冲突，如后颁布文件对已生效制度做出改变，但已生效制度并未废止；有些是源于限制视角不同的冲突，如不同制度做出不同的限制要求，具体实践中难以相互衔接，呈现"横向脱节"。出现这种"脱节"现象，直接原因是相关制度的完善性和规范性不足，实质上则折射出我国保险资金运用法律限制的理念尚不成熟。

一方面，对于保险资金运用法律限制的目标和价值缺乏统一认识。收益性和安全性是保险资金运用不可分割的两个方面，实现两者之间的平衡、保障市场稳定发展是实施法律限制的目标。获得利润是保险公司经营的基础，保险公司对于投资收益的追求往往高于风险防范，从而产生与保险消费者之间的利益博弈，法律限制的重要价值在于保护保险消费者利益，避免保险公司过分追逐收益的高风险投资行为发生。促进保险资金运用收益性与安全性之间的平衡，合理保护保险消费者的利益，是法律限制的核心理念。从我国保险市场的发展历程看，保险资金运用相关法律法规及监管制度时严时松，缺乏相对成熟、统一的法律限制理念，造成保险公司在消极炒作与积极介入的两重角色中徘徊。① 如 2012 年以后，为推动保险资金运用体制市场化改革，行业监管机构给予保险投资更大的空间，一系列拓宽保险投资范围的监管制度陆续颁布，使保险资金大规模进入股票市场，最终造成"宝万之争"等负面事件出现。② 当社会舆论给予保险资金运用监管较大压力时，法律限制又开始趋向严格，2017 年之后出台的《关于进一步加强保险资金股票投资监管有关事项的通知》等规定，对保险投资活动做出相较之前更为严格的限制。此种法律限制规则的变化，一方面基于行业实践发展需求，另一方面也体现出我国保险资金运用法律限制的理念尚不成熟。

另一方面，关于保险资金运用法律限制相关原则的规定不足。在现代金融活动日益复杂、瞬息万变的背景下，金融监管模式呈现出由规则主导模式向原则主导模式的转变，以法律原则作为监管基础，能够更好地实现

---

① 李伟群，胡鹏. 保险机构股票投资行为的法律规则——以"金融与商业分离原则"为视角［J］. 法学，2018（8）：187.

② 李伟群，胡鹏. 保险机构股票投资行为的法律规则——以"金融与商业分离原则"为视角［J］. 法学，2018（8）：187－188.

社会公共目标与金融商业价值的融合，增强法律规则运用的灵活性。① 保险资金运用与整个金融市场的发展紧密相连，始终处于不断变化的过程中，对于此类投资活动的监管，不仅依托于具体的法律限制规则，更应通过制定相对完善的法律限制原则，将核心理念贯穿于整个制度体系中，以增强法律限制规则制定时的统一性和适用时的灵活性。从我国的情况看，法律法规层面缺乏对于保险资金运用法律限制相关原则的规定，如《保险法》《保险资金运用管理办法》中，对保险资金运用法律限制的主要原则涉及较少。法律原则的缺失，使保险资金运用法律限制的理念无法充分体现在相关制度建设和监管实践中，造成各类规范性文件缺乏统一标准，往往是针对具体问题，"头痛医头、脚痛医脚"，不断通过出台新的规范性文件"打补丁"。

（二）法律限制体系尚不健全

保险资金运用的法律限制体现为相关法律法规和监管制度中的限制性规则。从整体上看，我国关于保险资金运用法律限制的规定，呈现出制度结构不完整、高效力层级规定不足、低效力层级规定繁杂且不统一等问题，尚未建立起相对健全的法律限制体系。

在法律层面，我国《保险法》关于保险资金运用的规定仅第一百零六条一个条文，其中法律限制相关内容较为原则，已经无法适应当前行业实践发展需要。按照《保险法》第一百零六条规定，保险资金可投资于银行存款、股票或债券等有价证券、不动产以及国务院规定的其他形式。自2010 年以后，我国保险资金运用的形式大幅拓宽，实践中保险资金已经可以投资于未上市企业股权、私募基金、金融衍生品、信托计划等其他形

---

① 刘轶. 金融监管模式的新发展及其启示——从规则到原则 [J]. 法商研究, 2009 (2): 152 - 159.

式,《保险法》相关规定实际上形同虚设。

在行政法规层面,作为保险经营活动的重要组成部分,保险资金运用领域具备出台专项行政法规的实践基础,并且按照《保险法》,保险资金运用的其他形式由国务院规定,出台保险资金运用专项行政法规具有上位法依据。但是,与《机动车交通事故责任强制保险条例》《农业保险条例》等保险领域已颁布的行政法规相比,国务院在保险资金运用方面一直未制定任何法规制度,造成立法结构不完整。

在部门规章层面,虽然行业监管机构出台了大量关于保险资金运用的监管制度,但大多采用规范性文件的形式,部门规章相对较少。现行有效的部门规章仅有五个,除《保险资金运用管理办法》和《保险资金间接投资基础设施项目管理办法》外,其他部门规章均已颁布时间较长,在当前实践中适用较少。保险资金运用的法律限制涉及诸多内容,既包括主体资质、资金组成等方面的要求,也包括投资方式、投资比例等角度的限制,须有针对性地出台相关部门规章,增强制度规范的权威性,以此来满足行业发展需求。

在规范性文件层面,保险资金运用相关规范性文件不仅数量众多,较为繁杂,且层次不一,存在"暂行办法""暂行规定""通知"等多种类型,有的发挥基础制度作用,有的则仅仅是针对具体监管事项的要求。实践中,不同规范性文件之间应如何衔接,尚缺乏明确统一的规则,保险公司更多是根据规范性文件颁布时间的先后顺序来判断如何适用相关规则。此种情况下,一些发挥基础制度作用的规范性文件,如"暂行办法""暂行规定"等,往往被"通知"所改变或取代,造成监管制度的稳定性较差。原中国保监会于2012年颁布《关于保险资金投资股权和不动产有关问题的通知》,成为保险资金投资未上市企业股权和不动产的重要依据,作为基础制度的《保险资金投资股权暂行办法》和《保险资金投资不动产暂行办法》，大量规则随之无法适用，而这三项规范性文件并行有效，给具体实践活动带来诸多不便。

（三）法律限制方式有待完善

随着保险市场的不断发展，我国自 1995 年首部《保险法》对保险资金运用做出规定以来，一直在积极推进保险资金运用相关制度建设。以《保险资金运用管理办法》为核心，保险行业监管机构颁布了一系列针对保险资金运用的监管制度，其中包括大量法律限制要求，基本上覆盖了保险资金运用活动的各个环节。但是，由于我国法律限制的理念不成熟、制度体系不健全以及保险资金运用市场尚处于起步阶段，因此造成法律限制的具体方式仍存在很多不足，有待进一步完善。如一些存在风险隐患的重要环节缺乏有效的法律限制手段；已经制定的法律限制规则适用性不强、与行业实践存在脱节等问题。

如保险资金组成的界定。《保险资金运用管理办法》将保险资金划分为保险公司的资本金、公积金、未分配利润、各项准备金以及其他资金，但对各种类型保险资金的属性特征和指向范围，则缺少进一步规范。理论上，资本金、公积金、未分配利润等属于保险公司的自有资金，在保险资金运用法律限制中应做出相应要求，但监管制度对于自有资金的概念和范围缺少规范，造成了保险公司运用自有资金的法律限制实质上缺乏基础依据。如《关于保险资金投资股权和不动产有关问题的通知》中规定，保险公司重大股权投资和购置自用性不动产须使用自有资金，[①] 但除资本金、公积金、未分配利润外，是否还存在其他形式的自有资金，并无依据。

又如重大股权投资的法律限制。2010 年以后，我国允许保险资金投资于未上市企业股权，当投资行为构成重大股权投资时，须事先经保险行业

---

① 原中国保监会《关于保险资金投资股权和不动产有关问题的通知》。

监管机构核准且使用保险公司的自有资金。执行该项法律限制要求的前提是准确界定何为"重大股权投资",从相关监管制度看,《保险资金运用管理办法》(2018年1月之前为《保险资金运用管理暂行办法》)、《保险资金投资股权暂行办法》《关于保险资金运用监管有关事项的通知》等规定均涉及重大股权投资,但具体表述则存在一定差异,造成了"重大股权投资"实际上缺乏统一认定标准。实践中,不仅保险公司难以准确把握,行业监管机构也没有形成明确的衡量尺度,往往是针对具体情形"一事一议",弱化了法律限制方式本身的作用。

再如保险资金股票投资的法律限制。原中国保监会于2017年颁布《关于进一步加强保险资金股票投资监管有关事项的通知》,将保险资金股票投资划分为一般股票投资、重大股票投资和上市公司收购三种情形,针对不同投资情形做出比例限制要求。① 但是,对于同样属于权益类投资、与股票投资性质较为类似的未上市企业股权投资,相关法律限制要求并没有同步更新,仍适用2012年以前颁布的监管制度,造成两种性质相似的保险资金运用活动——股票投资和股权投资,在法律限制上遵循不同要求。

第三节 保险资金运用法律限制的境外经验借鉴

对保险资金运用做出适度法律限制是世界各国保险业监管中普遍采取的做法,相关保险制度中均包括大量法律限制要求。境外国家或地区在保险资金运用法律限制方面的经验,对我国具有重要的借鉴价值。

---

① 原中国保监会《关于进一步加强保险资金股票投资监管有关事项的通知》第一条。

一、美国的保险资金运用法律限制

（一）美国保险资金运用法律限制的模式

美国的保险行业监管体系以州为主体，每个州都制定了相对独立的保险监管法律制度和执行标准。① 同时，作为联邦层面的监管机构，美国保险监督官协会出台一些具有示范价值的法律法规，为各州保险立法提供引导。整体上，美国的保险资金运用法律限制分为两个层次：一是在联邦层面，美国并没有严格意义上的统一保险法，美国保险监督官协会制定了两套示范法规——《保险公司投资示范法（标准版)》② 和《保险公司投资示范法（限制版)》③，为各州制定保险资金运用相关制度提供指引，其中涉及大量法律限制相关内容；二是在各州层面，州立法机构享有制定和修改保险法律制度的最终权力，各州制定的保险法中包括了大量保险资金运用法律限制的具体要求。④

从美国各州保险法的情况看，虽然保险资金运用相关规定均以两部《保险公司投资示范法》作为基础，但在法律限制的方式和具体要求上则存在差异。如对于保险资金投资范围的限制方式，有的仅仅规定保险资金可以投资的范围；有的不仅列举出保险资金可以投资的范围，而且对保险资金禁止投资的资产也做出规定；有的则仅规定禁止保险资金投资的范围。又如对于保险资金股票投资的限制，路易安那州保险法规定，保险公

---

① 王姝. 主要发达国家保险监管制度比较研究 ［D］. 长春：吉林大学，2013：53.

② Investments of Insurers Model Act – Defined Standards Version, National Association of Insurance Commissioners，(2001）.

③ Investments of Insurers Model Act – Defined Limits Version, National Association of Insurance Commissioners，(1996）.

④ 熊海帆.“大资管”时代的保险资金运用监管创新——基于外部性及企业社会责任的视角 ［M］. 北京：经济科学出版社，2015：109 – 110.

司投资股票时必须按照美国《证券交易法》规定进行登记注册，所投资股票的发行公司在保险公司投资前五年中的任何三年里，每年其股票所分配的股息不得少于股票面额的 20%；纽约州保险法则规定，保险公司投资股票时，除必须按照美国《证券交易法》的规定进行登记注册外，所投资股票的发行公司在保险公司投资该股票的前十年里，盈余净利润必须足以对其全部股票按年分配一定的股息，只有在符合该条件的基础上保险公司才能投资。[①]

（二）美国保险公司投资示范法

美国保险监督官协会制定的两部《保险公司投资示范法》是各州保险法中保险资金运用相关规定的基础。以下通过对《保险公司投资示范法（标准版）》和《保险公司投资示范法（限制版）》相关内容的比较，对其中法律限制要求进行分析。

一是法律限制的主要原则。一方面，在基本原则上，两部《保险公司投资示范法》做出相同规定，保险资金运用应充分考虑到保险行业和投资市场的复杂性、不确定性、竞争性和不断变化性，体现了不同保险公司的差异，平衡了风险、回报与资金流动性的关系。[②] 另一方面，两部《保险公司投资示范法》通过对主要原则的规定，区分了"限制版"和"标准版"在法律限制程度上的差异。《保险公司投资示范法（限制版）》规定，本法制定的目的是通过加强保险公司的偿付能力和财政能力，实现对于被保险人的保护。法律采用一定的限制标准，包括对保险公司持有本金的要求、投资类型和信贷质量多样性的要求、保险公司遵循审慎投资原则的要

---

① 魏巧琴. 保险投资风险管理的国际比较与中国实践［M］. 上海：同济大学出版社，2005：133.

② Investments of Insurers Model Act – Defined Standards Version, National Association of Insurance Commissioners, Statement of Principles,（2001）.

求等，以此来实现前述目的。① 《保险公司投资示范法（标准版）》则规定，本法的宗旨是在尽可能减少对保险公司主动干预的前提下，通过法律限制的方式为保险公司的投资计划提供谨慎的标准，以实现对于被保险人、债权人和公众利益的保护。②

二是法律限制的方式。《保险公司投资示范法（限制版）》针对人身保险公司和财产保险公司，分别制定法律限制规则，该种方式被称为"鸽笼式"规范。③《保险公司投资示范法（限制版）》的第二章专门针对人寿和健康保险公司，从保险公司的投资能力、比例限制、保险投资池以及保险公司开展借贷投资、抵押投资、不动产投资、有价证券投资、境外投资、衍生品交易、保单贷款等投资形式的限制要求做出规定;④ 第三章则针对财产、意外和保证保险公司，从保险公司的投资能力，准备金的提取、比例限制、保险投资池以及保险公司开展借贷投资、抵押投资、不动产投资、有价证券投资、境外投资、衍生品交易等投资形式的限制要求做出规定。⑤《保险公司投资示范法（标准版）》并没有对人身保险公司和财产保险公司的法律限制做出区分，而是更多地通过原则监管的理念，给予保险公司更大的自主权和更高的谨慎义务，该种方式被称为"谨慎式"规范。⑥在具体内容上，《保险公司投资示范法（标准版）》从保险公司开展保险投

---

① Investments of Insurers Model Act – Defined Limits Version, National Association of Insurance Commissioners, Section1, Purpose and Scope, (1996).

② Investments of Insurers Model Act – Defined Standards Version, National Association of Insurance Commissioners, Section1, Purpose and Scope, (2001).

③ 孟昭亿. 保险资金运用国际比较 [M]. 北京: 中国金融出版社, 2005: 150.

④ Investments of Insurers Model Act – Defined Limits Version, National Association of Insurance Commissioners, Article Ⅱ. Life and Health Insurers, Section9 – Section20, (1996).

⑤ Investments of Insurers Model Act – Defined Limits Version, National Association of Insurance Commissioners, Article Ⅲ. Property and Casualty, Financial Guaranty and Mortgage Guaranty Insurers, Section21 – Section32, (1996).

⑥ 孟昭亿. 保险资金运用国际比较 [M]. 北京: 中国金融出版社, 2005: 150.

资的目的和范围、最低财务安全标准、投资行为的授权、谨慎投资评估标准、保险公司的投资政策、保险资金可以投资的资产范围、投资上限的一般规定、禁止保险公司开展的投资、投资限制的作用等角度做出规范。①

三是保险公司董事会在保险资金运用中的责任。两部《保险公司投资示范法》均强调董事会在保险投资中的决策作用和责任承担，可以看作是对于保险资金运用主体的一种限制要求，即保险投资活动必须由高层级的机构负责，以增强投资的审慎度。《保险公司投资示范法（限制版）》规定，保险公司的董事会须根据公司业务的战略投资、资本流动性需求、资金与盈余需求等，制定保险资金运用计划，该计划须与保险投资的质量、成熟度、多样性相匹配。②《保险公司投资示范法（标准版）》也规定，保险公司的董事会应当贯彻投资决策，选择理智谨慎的投资人员开展工作，保证收益性和资金的安全性，从事长期的资金管理，而不是进行投机买卖。③

---

① Investments of Insurers Model Act – Defined Standards Version, National Association of Insurance Commissioners, Section1 – Section19, (2001).

② "An insurer's board of directors shall adopt a written plan for acquiring and holding investments and for engaging investment practices that specifies guidelines as to the quality, maturity and diversification of investments and other specifications including investment strategies intended to assure that the investment and investment practices are appropriate for the business conducted by the insurer, its liquidity needs and its capital and surplus." Investments of Insurers Model Act – Defined Limits Version, National Association of Insurance Commissioners, Section4, Authorization of Investments by the Board of Directors, (1996).

③ "With respect to all of the insurer's investments, the board of directors of an insurer shall exercise the judgment and care, under the circumstances then prevailing, that persons of reasonable prudence, discretion and intelligence exercise in the management of a like enterprise, not in regard to speculating but in regard to the permanent disposition of their funds, considering the probable income as well as the probable safety of their capital." Investments of Insurers Model Act – Defined Standards Version, National Association of Insurance Commissioners, Section4, Authorized Investments, (2001).

　　四是具体保险投资行为的限制。两部《保险公司投资示范法》对于保险投资活动的具体限制要求存在较多差异。如前所述，《保险公司投资示范法（限制版）》在第二章和第三章中分别针对人身保险公司和财产保险公司做出不同法律限制要求，如对保险资金投资于单一主体的比例限制的要求，人身保险公司的投资比例上限为3%，① 财产保险公司的投资比例上限为5%；② 对于投资中下等信用评级资产、集合投资工具、股权等，人身保险公司和财产保险公司的投资比例限制同样有所区别。《保险公司投资示范法（标准版）》是在明确保险公司投资政策制定方式的基础上，③ 将各种投资对象划分为现金、债券、借贷、股票、不动产、其他投资等十二种不同类型，针对不同的投资情形做出限制规定，如保险资金可以投资的不动产必须为便于保险公司业务交易的必备不动产。④ 同时，《保险公司投资示范法（标准版）》采用级别限制的方式，对不同投资级别和不同类型资产的投资比例做出限制，如前述不动产的投资额不得超过保险公司认可资产总额的10%。⑤

　　五是禁止保险投资的范围。按照《保险公司投资示范法（限制版）》，

---

① "An insurer shall not acquire……hold more than three percent (3%) of its admitted assets in investments of all kinds issued." Investments of Insurers Model Act – Defined Limits Version, National Association of Insurance Commissioners, Section10, (1996).

② "An insurer shall not acquire……hold more than three percent (5%) of its admitted assets in investments of all kinds issued." Investments of Insurers Model Act – Defined Limits Version, National Association of Insurance Commissioners, Section23, (1996).

③ Investments of Insurers Model Act – Defined Standards Version, National Association of Insurance Commissioners, Section6, (2001).

④ "E. Real property necessary for the convenient transaction of the insurer's business." Investments of Insurers Model Act – Defined Standards Version, National Association of Insurance Commissioners, Section8, (2001).

⑤ "(4) Investments authorized by Section 7E, ten percent (10%) of admitted assets." Investments of Insurers Model Act – Defined Standards Version, National Association of Insurance Commissioners, Section7, (2001).

保险公司不得直接或间接投资的情形共包括五种：出于保险公司高级管理人员、董事利益考虑或为其提供担保的交易；与保险公司高级管理人员、董事持股10%以上公司之间的交易；通过一家或一家以上附属公司开展的规避本法限制的交易；作为一般合伙人投资于某合伙企业；投资或出借资金给自身持有股份的证券机构。①《保险公司投资示范法（标准版）》并没有具体列举保险投资禁止投资的范围，而是建议由各州根据地区实际来判断具体的限制情形，② 但除了用于套期保值或增加现金流之外的衍生品交易则被明确禁止。③

（三）美国纽约州保险法

纽约州保险法在美国各州保险立法中具有较强的代表性，其以《保险公司投资示范法（限制版）》为基础，对保险资金运用的法律限制做出较为全面的规定。具体来说，保险资金运用法律限制相关要求主要体现在《纽约州统一法律》（New York Consolidated Laws）第29章"保险法"（Insurance Law）第14条"投资"（Article 14. Investments）中，主要包括如下内容。

一是保险公司开展资金运用活动的主体限制要求。按照纽约州保险法1402条（a）款的规定，保险公司开展各种类型的资金运用活动前，应当进行法律规定的投资并且维持该投资资产高于法律规定的最低限额，或者

---

① Investments of Insurers Model Act – Defined Limits Version, National Association of Insurance Commissioners, Section5, Prohibited Investments, (1996).

② "A. (1) An insurer shall not invest in investments that are prohibited for an insurer by statutes or regulations of this state." Investments of Insurers Model Act – Defined Standards Version, National Association of Insurance Commissioners, Section10, (2001).

③ "A. (2) The use of a derivative instrument for replication, or for any purpose other than hedging or income generation, is prohibited." Investments of Insurers Model Act – Defined Standards Version, National Association of Insurance Commissioners, Section10, (2001).

高于在向经授权的国内股份公司交易同种类保险产品时，法律规定应保障保单持有人的最低盈余金额。该种投资限于规定的范围，且不得违背法律的基本原则、损害被保险人的利益。① 按照 1402 条（b）款，前述法律规定的投资主要包括符合第 1404 条规定条件下的美国政府债务、纽约州或各郡的直接债务、美国其他州的直接债务等。② 从内容上看，该项规定的实质要求是保险公司在开展保险资金运用活动时应具备足够的履行保险责任的能力，因此将保险公司投资特定范围的低风险政府债券作为基础条件。

二是保险资金运用的范围。纽约州保险法分别针对非寿险公司和寿险公司的保险投资范围做出规定。对于非寿险公司来说，保险资金可以投资的范围包括由政府、州或其他政府单位发行或提供担保的政府债务（Government obligations）；符合法律规定条件的美国机构债务（Obligations of American institutions）；美国机构的优先或担保股权（Preferred or guaranteed shares of American institutions）；以不动产为抵押的贷款（Loans secured by

① " (a) Before investing its funds in any other investments, every domestic insurer shall invest and maintain an amount equal to the greater of the minimum capital required by law or the minimum surplus to policyholders required to be maintained by law for a domestic stock corporation authorized to transact the same kinds of insurance, only in investments of the types specified in this section which are not in default as to principal or interest. " New York Consolidated Laws, Insurance Law – ISC § 1402. Minimum capital or minimum surplus to policyholder investments, (2015).

② " (b) Not less than sixty percent of the amount of the required minimum capital or surplus to policyholder investments shall consist of the types specified in paragraphs one and two hereof: (1) Obligations of the United States or of any agency thereof provided such agency obligations are guaranteed as to principal and interest by the United States. (2) Direct obligations of this state or of any county, district or municipality thereof. (3) Direct obligations of any state of the United States. (4) Obligations secured by first mortgage loans which meet the standards specified in paragraph four of subsection (a) of section one thousand four hundred four of this article on property located in this state. " New York Consolidated Laws, Insurance Law – ISC § 1402. Minimum capital or minimum surplus to policyholder investments, (2015).

real property）；不动产及其孳息（Real property or interests therein）；符合条件的境外资产（Foreign investments）；国际复兴开发银行、美洲开发银行、亚洲开发银行、非洲开发银行或国际金融公司发行或提供担保的债务（Development bank obligations）；股东权益（Equity interests）；附属公司的投资（Investments made by subsidiaries）；投资公司的有价证券（Investment companies）。纽约保险法第 1404 条在列举每一类可投资资产时，均对该类资产的具体条件和限制要求做出规定。① 对于寿险公司来说，保险资金可以投资的范围包括政府、州、哥伦比亚特区或其他政府单位发行或提供担保的政府债务（Government obligations）；美国机构的债务和优先股（Obligations and preferred shares of American institutions）；由不动产或其孳息担保的债务（Obligations secured by real property or interests therein）；不动产或其利息（Real property or interests therein）；私人财产或其利息（Personal property or interests therein）；股东权益（Equity interests）；符合条件的境外资产（Foreign investments）；其他投资（Other investments）。同样，纽约保险法第 1405 条在列举每一类可投资资产时，均对该类资产的具体条件和限制要求做出规定，包括投资比例方面的限制。②

三是禁止保险投资的范围。按照纽约州保险法 1407 条，财产保险公司、意外保险公司和其他特定保险公司的非准备金可以在符合 1402 条相关条件的基础上，投资于 1404 条所规定的范围，但禁止投资于如下资产：投资时发行机构已无力偿还的债务、股份或者其他有价证券（Obligations, shares or other securities of any institution which is insolvent at the time of the in-

---

① New York Consolidated Laws, Insurance Law – ISC § 1404. Types of reserve investments permitted for non – life insurers,（2015）.

② New York Consolidated Laws, Insurance Law – ISC § 1405. Investments of life insurers,（2015）.

vestment）；超出投资限制的由不动产或者不动产孳息提供担保的债务（Obligations secured by real property or real property or interest therein）；投资保险公司自身的股份（Shares of stock of the investing insurer）；保险公司的母公司、子公司、因直接或间接收购而即将成为保险公司子公司的公司发行的债务、股份或者其他有价证券；① 存在可能突破限制条款的投资；② 开展投资的保险公司可以直接或间接控制的公司发行的债务、股份或其他有价证券；③ 符合限制条件的境外资产（Foreign investments）；风险自留组织中的直接或间接所有者权益（A direct or indirect ownership interest in a risk retention group）；合伙投资中的利益（Interest in an investment through a partnership）；违反公共政策或者本法禁止性规定的任何投资（Any investment found by the superintendent to be against public policy or designed to evade any prohibition of this chapter）。

---

① "Obligations, shares or other securities (including certificates of deposit) issued by a parent corporation or a corporation which is an affiliate or will be an affiliate after direct or indirect acquisition by the insurer." New York Consolidated Laws, Insurance Law – ISC § 1407. Non – reserve and prohibited investments for property/casualty and certain other insurers, (2015).

② "Investments made under the leeway provision, as set forth in subsection (b) of section one thousand four hundred four of this article, if the aggregate amount of such investments exceed twelve percent of the insurer's invested assets as shown by its last statement on file with the superintendent; or if the aggregate amount of investments that are neither interest – bearing nor income – paying exceed three percent of the insurer's invested assets as shown by its last statement on file with the superintendent." New York Consolidated Laws, Insurance Law – ISC § 1407. Non – reserve and prohibited investments for property/casualty and certain other insurers, (2015).

③ "Obligations, shares or other securities issued by a corporation, if a majority of the shares having voting powers of such issuing corporation is owned directly or indirectly by or for the benefit of one or more officers or directors of the insurer." New York Consolidated Laws, Insurance Law – ISC § 1407. Non – reserve and prohibited investments for property/casualty and certain other insurers, (2015).

四是其他法律限制要求。按照纽约州保险法 1409 条，保险公司对于单一机构有价证券的投资或贷款不得超过该保险公司认可资产的 10%；① 按照纽约州保险法 1411 条，保险公司不得在证券发行前参与其购买或销售②。

二、英国的保险资金运用法律限制

（一）英国保险资金运用法律限制的模式

英国一直奉行原则至上的金融监管理念，对金融企业采取较为宽松的监管模式。在保险资金运用的监管方面，英国采取了与美国不同的做法，保险行业相关法律法规并没有针对保险资金运用做出直接限制要求，如在投资范围、投资比例等方面并无限制，而是通过法律原则引导和偿付能力监管的方式，间接实现对保险资金运用的法律限制。一方面，在英国保险行业法律法规中，对保险公司开展资金运用时应坚持谨慎投资、实现资产与负债相互匹配、保护被保险人利益等原则规定较多，通过法律原则的引导来增强保险投资活动的自律性，这与英国保险行业高度自律、保险公司自身风险意识较强的状况相一致。另一方面，英国没有对于保险资金运用

---

① "Except as more specifically provided in this chapter, no domestic insurer shall have more than ten percent of its admitted assets as shown by its last statement on file with the superintendent invested in, or loaned upon, the securities (including for this purpose certificates of deposit, partnership interests and other equity interests) of any one institution." New York Consolidated Laws, Insurance Law – ISC § 1409. Limitation of investments, (2015).

② "(b) No such insurer shall participate in any underwriting of the purchase or sale of securities in advance of their issuance. Any such insurer may enter into any agreement to sell or withhold from sale any of its property as long as the insurer is not participating in an underwriting. The disposition of its property shall be the responsibility of its board of directors, in accordance with its charter and by – laws." New York Consolidated Laws, Insurance Law – ISC 1411. Authorization of, and restrictions on, investments, (2015).

的主体资质、投资范围、投资比例等做出强制性的限制要求，① 在满足偿付能力标准的前提下，保险公司可以根据自身收益率需要和投资能力状况，选择各类投资资产来构建保险资金的投资组合。但如前所述，英国通过对认可资产的约束来实现保险资金运用的间接法律限制，在计算保险公司偿付能力时，对于计入认可资产的范围、特定类型资产计入认可资产的最高比例等，具有较为明确的限制要求。

（二）英国保险公司条例和保险业法规汇编

由于英国保险制度中并没有关于保险资金运用法律限制的系统性规定，法律限制相关要求分散于各个行业监管制度中，典型规定包括《保险公司条例》（*The Insurance Companies Regulations*）、《过渡期保险业法规汇编》（*Interim Prudential Sourcebook for Insurers*）、《保险业法规汇编》（*Prudential Sourcebook for Insurers*）② 等，以下对其中主要内容做出简要介绍。

一是保险资金运用法律限制的原则。在英国保险业监管制度中，对很多保险业务尤其是长期寿险业务经营的原则规定中，体现了保险资金运用法律限制的理念，如要求保险公司的认可资产维持稳健增长与业务负债实现匹配等。英国《保险公司条例》第五部分规定了保险投资时的货币匹配原则，即资产与负债相匹配原则在货币资产上的体现。按照该条例第二十七条规定，当保险公司在任何特定种类货币上的负债超过其总负债的 5% 时，该保险公司必须投资或持有足够的同种类货币资产，能够至少承担该

---

① 徐高林. 英美寿险资金投资原理研究 ［D］. 北京：对外经济贸易大学，2004：63.
② 2001 年颁布的《过渡期保险业法规汇编》（*Interim Prudential Sourcebook for Insurers*）在 2006 年颁布《保险业法规汇编》（*Prudential Sourcebook for Insurers*）时做出部分修改，目前两部法规制度均处于生效状态。

种类货币支付流通中80%的负债①。2001年颁布的《过渡期保险业法规汇编》在长期保险业务的经营原则中规定，经营长期保险业务的保险公司不得在认可资产的价值低于保险负债时，做出任何股息分配行为，实质上体现了保险资金运用的谨慎性要求②。

二是认可资产确认时的限制要求。英国偿付能力监管制度中包括大量对认可资产的计入限制，保险公司可以投资于各类资产，但只有在符合特定资产范围和投资比例的情况下，才能被全额计入认可资产，成为偿付能力评估的基础。如《过渡期保险业法规汇编》对认可资产的风险暴露限制做出规定，保险公司投资允许计入认可资产范围的资产时，超过限制比例之上的部分将被界定为风险暴露资产，不被计入认可资产③。之后，随着英国金融监管体制的改革，前述限制要求被部分编入2006年颁布的《保险业法规汇编》④。在《保险业法规汇编》中，监管制度引入了与保险投资资产相关的资本金限制要求，即"与投资资产相关的资本金提取系数"。在偿付能力评估中，衡量一家保险公司是否达到资产与负债相匹配，不仅

---

① "27. (1) Where in the case of an insurance company to which Part II of the Act applies the company's liabilities in any particular currency exceed 5 percent of its total liabilities, the company shall hold sufficient assets in that currency to cover at least 80 percent of the company's liabilities in that currency." The Insurance Companies Regulations, UK Statutory Instruments, No. 1516, 27. Matching: general requirement, (1994).

② "3.2 (6) A long - term insurer must not declare a dividend at any time when the value of the long - term insurance assets, as determined in accordance with GENPRU 1.3 and INSP-RU 2.1 is less than the amount of the long - term insurance business technical provisions and any other liabilities connected with the long - term insurance business." The Interim Prudential Sourcebook for Insurers, UK, Financial Service Authority, Chapter3: Long - Term Insurance Business, Part I: Identification and Application of Assets and Liabilities, (2001).

③ 徐高林. 英美寿险资金投资原理研究 [D]. 北京：对外经济贸易大学，2004：63.

④ The Prudential Sourcebook for Insurers, UK, Financial Service Authority, Chapter4: Assets estimate, Appendix: Assets to be taken into account only to a specified extent, (2006).

要求计算该保险公司的认可资产，认可资产的构成不能超过各种限制，而且根据保险投资资产类型的不同，对保险公司的资本金充足率做出不同要求，体现为资本金提取系数标准的差异。如投资普通股票、基金、私募投资时，资本金提取系数比例高达16%；而投资货币市场基金、在合格信贷机构的存款时，资本金提取系数则为零。① 这样的限制要求，实质上将保险投资活动与保险公司的资本金情况联系在一起，形成对保险资金运用的一种间接限制。

三、德国的保险资金运用法律限制

（一）德国保险资金运用法律限制的模式

作为大陆法系国家，德国金融业监管以构建严格、完备的监管法律制度体系为特点。2002 年，德国通过《联邦金融监管局法》，将当时的证券监督局、银行监督局和保险监督局合并，成立联邦金融监管局（BaFin），下设证券、银行、保险三个专业部门和负责处理交叉领域问题的三个业务部门，对证券业、银行业、保险业实施统一监管。② 具体到保险行业，在联邦金融监管局的统一领导下，监管体系分为联邦和州两个层次：联邦金融监管局负责监管跨州经营的私营保险公司和竞争性国有保险公司；州一级金融监管局负责监管在特定州经营的私营保险公司和竞争性国有保险公司。③ 与监管体系一致，德国的保险监管制度同样分为联邦和州两个层级。在联邦层面，德国《保险业监督法》是规范保险资金运用最基础的法律依

---

① 徐高林编著. 保险资金投资管理教程［M］. 北京：北京大学出版社，2008：277.
② 中国保险资产管理业协会编著. 国内外保险机构大类资产配置研究［M］. 北京：中国金融出版社，2017：103.
③ 郭冬梅，郭三化编著. 保险投资学［M］. 北京：经济科学出版社，2017：396.

据,① 同时联邦政府及联邦金融监管局还制定了一系列与保险资金运用相关的实施规则,相关制度中均涉及较多体现法律限制要求的规定;在州层面,德国各州金融监管局以《保险业监督法》等法律法规为基础,制定了适用于所监管区域内的实施规则,与联邦层面相关法律法规并行遵守。

（二）德国保险业监督法

整体上,德国《保险业监督法》第 54 节及保险业法实施规则中的相关规定,构成了保险资金运用法律限制的核心内容。对其中主要的法律限制要求说明如下。

一是保险资金的界定和保险资金运用法律限制的主要原则。根据《保险业监督法》第 54 节,保险资金是指依据该法第 66 节确定的保险公司持有的保证金和其他限制资产。保险资金运用法律限制的原则,包括保险公司开展投资活动须与保险公司的业务类型和组织结构相一致,应最大程度坚持收益性与安全性相统一的原则,保持资金的流动性,投资范围应相对分散和多样化。②

二是保险资金运用的范围。《保险业监督法》规定,保险资金运用的范围仅限于应收贷款、债券或债权（包括相关参与权）、股权（包括相关参与权）、不动产及同类型资产、与风险分散化原则相匹配的有价证券投资、现金和存放于信贷机构的存款,以及其他资产（人寿保险公司和非人

---

① 王姝.主要发达国家保险监管制度比较研究［D］.长春:吉林大学,2013:66.

② "（1）The guarantee assets（section 66）and the other restricted assets within the meaning of subsection（5）（restricted assets）of an insurance undertaking shall, taking into account the type of insurance business carried on and the structure of the undertaking, be invested in a way that ensures maximum security and profitability, while maintaining the insurance undertaking's liquidity at all times, maintaining an adequate diversification and spread." Act on the Supervision of Insurance Undertakings, Germany, Federal Financial Supervisory Authority, Section54. Investment rules relating to restricted assets,（1992, amended in 2007）.

寿保险公司有所不同）。如保险公司在特殊情况下投资上述范围之外的资产，须事先经保险行业监督管理机构批准。①

三是保险投资的比例限制。在德国保险业法实施规则中，对前述各类投资资产的比例上限做出规定，除股票、不动产、贷款等大类资产外，对共同基金和债券投资也做出相应的比例限制要求。具体包括：投资上市公司股份的金额不高于保险公司限制资产的30%；投资非上市公司股份的金额不高于保险公司限制资产的10%；投资不动产类资产的金额不高于保险公司限制资产的25%；投资贷款的总金额不高于保险公司限制资产的50%；投资共同基金的总金额不高于保险公司限制资产的30%；投资债券的总金额不高于保险公司限制资产的50%；投资于单个不动产项目的最高比例上限为10%；投资于同一借款人股票的最高比例上限为5%；投资于同一借款人贷款的最高比例上限为5%。此外，其他限制资产用于海外投

---

① " (2) The restricted assets may be invested only in

1. loan receivables, bonds and participation rights,

2. debt register claims,

3. shares,

4. participating interests,

5. real property and equivalent rights,

6. shares or units in undertakings for collective investment in securities and for other investments made in accordance with the principle of risk diversification, if the undertakings are subject to effective public supervision for the protection of the shareholders or unitholders; cash and deposits at credit institutions,

7. cash and deposits at credit institutions,

8. any other assets, provided they are permissible under Articles 21 or 22 of the Third Non – Life Insurance Directive, or Articles 23 or 24 of the Third Life Insurance Directive. "

Act on the Supervision of Insurance Undertakings, Germany, Federal Financial Supervisory Authority, Section54. Investment rules relating to restricted assets, (1992, amended in 2007).

资时，投资金额不得高于保险公司限制资产的20%。①

四是保险监管机构的审批限制。《保险业监督法》规定，在保险公司投资具有表决性质的权益类资产时，所投资的权益类资产超过被投资主体名义资产的10%时（保险集团旗下多家公司的投资须合并计算），该投资行为须经保险监督管理机构审批通过；同时，当保险公司对其附属公司进行投资时，也须经保险监督管理机构同意。②

五是其他限制规定。《保险业监督法》授权联邦政府制定保险资金运用的具体实施规则，对保险投资的范围和比例进行规范，相关规则可以针对人身保险公司和非人身保险公司有所差异。③ 除前述审批限制要求外，保险公司须定期向保险监督管理机构报告保险投资情况，包括报告周期内

---

① 段国圣，李斯，高志强. 保险资产负债匹配管理的比较、实践与创新［M］. 北京：中国社会科学出版社，2012：146.

② "（4）Without prejudice to section 54d, the following shall be communicated to the Supervisory Authority：

1. The acquisition of participating interests; however, if these participating interests consist of shares and other participating interests, only if the interests exceed 10 percent of the nominal capital of the other undertaking; for the purpose of this provision, the interests of several insurance undertakings belonging to a group within the meaning of section 18 of the Stock Corporation Act and of the controlling entity in another undertaking are consolidated,

2. Investments by an insurance undertaking in an affiliated company within the meaning of section 15 of the Stock Corporation Act." Act on the Supervision of Insurance Undertakings, Germany, Federal Financial Supervisory Authority, Section54. Investment rules relating to restricted assets, （1992, amended in 2007）.

③ "（3）The Federal Government is authorised to issue, by regulation subject to the approval of the Bundesrat, more detailed provisions in accordance with subsection （1）and subsection （2）sentence 1, taking into account the relevant principles and restrictions of Articles 21 and 22 of the Third Non‑Life Insurance Directive or Articles 23 and 24 of the Third Life Insurance Directive, in particular quantitative and qualitative requirements regarding the investment of the restricted assets." Act on the Supervision of Insurance Undertakings, Germany, Federal Financial Supervisory Authority, Section54. Investment rules relating to restricted assets, （1992, amended in 2007）.

新投资的项目和已经投资的存续项目进展。① 此外，如上所述，在行业监管机构同意的前提下，德国并不禁止保险公司将保险资金投资于附属企业和关联企业，这成为德国保险资金运用中的一个重要特点，尤其是德国的人寿保险公司，对附属企业和关联企业的投资一直维持较高比例，投资类型主要为股权投资和贷款。②

四、日本的保险资金运用法律限制

（一）日本保险资金运用法律限制的模式

在金融领域监管上，日本实行混业经营、统一管理的监管模式。按照日本《保险业法》，金融事务由内阁府外设的金融厅统一管辖，具体负责制定行业监管政策、实施行业规制行为、开展业务检查、以及承担金融机构破产清算、向金融机构注资等工作，金融厅的负责人即金融大臣由日本首相直接委任。金融厅共设有四个部门，包括审判官、总务企划局、检查局和监管局，其中监管局专门负责对金融机构的监管，监管局内设的保险课具体负责对保险行业的监管，监督管理保险公司开展保险资金运用活动，实施法律限制相关要求。③

在法律法规及监管制度方面，日本保险资金运用制度由法律、行政规定和金融厅出台的行政指导文件组成。④ 其中，与法律限制关系最为密切

---

① "The insurance undertakings shall report all investments, broken down into new and existing investments, in the forms and within the periods required by the Supervisory Authority." Act on the Supervision of Insurance Undertakings, Germany, Federal Financial Supervisory Authority, Section54d. Reports to the Supervisory Authority, (1992, amended in 2007).

② 段国圣，李斯，高志强．保险资产负债匹配管理的比较、实践与创新［M］．北京：中国社会科学出版社，2012：165.

③ 熊海帆．"大资管"时代的保险资金运用监管创新——基于外部性及企业社会责任的视角［M］．北京：经济科学出版社，2015：121.

④ 曾耀锋．日本人寿保险业资金运用之监理规范：以不动产投资为论述核心［J］．台北：中科大学报，2014（1）：5.

的制度依据是日本《保险业法》，其中对于保险资金运用的范围和关联方交易比例限制等做出较多规定。同时，金融厅等行政机构（设置金融厅之前，相关职责由大藏省承担）出台的相关实施规则、通知或公示等，如《保险业法施行规则》等，也是保险资金运用法律限制的重要规则，对《保险业法》相关规定做出进一步说明和解释。

（二）日本保险业法和保险业法施行规则

日本保险资金运用法律限制的相关要求，主要集中于《保险业法》《保险业法施行规则》中，以下对其中核心内容进行说明。

一是保险资金的范围。日本《保险业法》第九十七条规定，保险公司将以保险费名义收取的金钱或其他资产进行运用时，应依有价证券的取得或其他内阁府令规定之方式办理。[①] 按照该条规定，保险资金在范围上包括以保险费名义收取的金钱和其他资产，保险资金运用的方式应严格按照行业监管机构的要求执行，如遵循证券投资相关规定。

二是保险资金的投资范围。日本《保险业法》第九十七条之二规定，保险公司须根据内阁府令的规定开展各类资金运用活动，投资金额不得超过依据内阁府令规定所计算出的额度，[②] 成为保险资金运用法律限制的基础依据。在保险投资的具体范围限制上，日本《保险业法施行规则》第四十七条对《保险业法》做出进一步补充，保险公司可以开展的投资活动包括：根据证券业相关法律法规确定的有价证券投资，不动产的取得，金钱债权及短期债券的取得，黄金资产投资，资金信贷，有价证券信贷，与合

---

① "（2）An Insurance Company must invest assets such as money received as insurance premiums by any of the methods specified by Cabinet Office Order, such as acquisition of securities." Insurance Business Act, No. 105, Japan, Article 97, (1995, amended in 2018).

② "（1）An Insurance Company must not invest assets specified by Cabinet Office Order, in excess of the amount calculated pursuant to the provisions of Cabinet Office Order." Insurance Business Act, No. 105, Japan, Article 97 – 2, (1995, amended in 2018).

伙协议有关的出资，存款或储蓄，金钱债权或有价证券等信托投资，有价证券关联金融衍生工具的交易要本着《金融商品交易法》所规定金融衍生工具的交易，《保险业法》所规定的金融衍生工具交易，期货外汇交易，以及其他适用前述列举方法的交易对象等。①

　　三是保险投资大类资产的比例限制。2010 年以前，日本《保险业法施

---

① "The methods to be specified by Cabinet Office Ordinance, as provided in Article 97, paragraph (2) of the Act shall be as follows:

(i) acquisition of Securities (meaning Securities provided in Article 2, paragraph (1) of the Financial Instruments and Exchange Act and those deemed to be Securities pursuant to the provisions of paragraph (2) of that Article) (excluding acquisition which falls under items (iii), (iii) -2, (vi) -2, (viii), and (ix));

(ii) acquisition of real property;

(iii) acquisition of monetary claims;

(iii) -2 acquisition of Short - Term Bonds, etc. (meaning Short - Term Bonds, etc. provided in Article 98, paragraph (6) of the Act; the same shall apply hereinafter);

(iv) acquisition of gold bullion;

(v) loan of money (including call loans);

(vi) loan of Securities;

(vi) -2 capital contributions pertaining to a partnership agreement provided in Article 667, paragraph (1) (Partnership Agreement) of the Civil Code or a silent partnership agreement provided in Article 535 (Silent Partnership Agreement) of the Commercial Code;

(vii) deposits or savings;

(viii) trusts of money, monetary claims, Securities, or real property, etc. ;

(ix) transactions of Securities - Related Derivatives (meaning Transactions of Securities - Related Derivatives provided in Article 28, paragraph (8), item (vi) (Definitions) of the Financial Instruments and Exchange Act; the same shall apply hereinafter);

(x) derivative Transactions provided in Article 2, paragraph (20) (Definitions) of the Financial Instruments and Exchange Act (excluding those falling under transactions listed in the preceding item);

(xi) financial Derivative Transactions provided in Article 98, paragraph (1), item (viii) of the Act;

(xii) futures foreign exchange transactions; and

(xiii) methods equivalent to those listed in the precedingitems. "

Ordinance for Enforcement of the Insurance Business Act, Ordinance of the Ministry of Finance No. 5, Japan, Article 47, (1996, amended in 2010).

行规则》曾对保险资金运用范围内各类资产的投资比例做出限制，具体包括：投资国内股票，以保险公司总资产乘以 30% 后所计算出的额度为限；投资不动产，以保险公司总资产乘以 20% 后所计算出的额度为限；投资外币计价资产，以保险公司总资产乘以 30% 后所计算出的额度为限；投资债券、信贷和信贷型有价证券等特定运用资产，以保险公司总资产乘以 10% 后所计算出的额度为限；投资前款规定之外的其他任意运用资产，以保险公司总资产乘以 3% 后所计算出的额度为限。① 按照《保险业法》规定，保险投资如突破前述比例限制，须事先经内阁总理大臣审批同意。② 2010 年，日本金融厅认为，《保险业法》《保险业法实施规则》中关于保险资金运用的大类资产比例限制束缚了保险公司的手脚，应进行修改。2010 年 7 月，日本金融厅对外发布一项为保险资金投资松绑的动议，即取消保险资金投资大类资产的最高比例限制，保险资金投资由保险公司自主决定投资金额。该项动议在 2012 年获得立法通过并予以正式实施，自此前述日本《保险业实施规则》对于国内股票、外汇资产、房地产、有价证券等投资资产的最高比例限制被取消。③

四是保险公司与其关联方交易的比例限制。虽然日本取消了对于保险资金投资大类资产的比例限制，但针对保险公司与其股东、子公司等关联方进行资金运用交易的情形，《保险业法》及《保险业法施行规则》仍做出了较为全面的比例限制要求。如资金运用交易对象为保险公司的特定关联方或与该关联方具有特殊关系的主体时，资金运用的比例上限最高为

---

① 曾耀锋. 日本人寿保险业资金运用之监理规范：以不动产投资为论述核心 [J]. 台北：中科大学报，2014（1）：13.

② 廖淑惠译述. 新日本保险业法 [M]. 台北：保险事业发展中心，2003：85 - 86.

③ 熊海帆. "大资管"时代的保险资金运用监管创新——基于外部性及企业社会责任的视角 [M]. 北京：经济科学出版社，2015：121 - 122.

10%，在借贷交易下该比例上限为3%；资金运用对象为享有保险公司股东（大）会基准表决权之上的股东时，资金运用的比例上限最高为6%，在借贷交易下该比例上限为2%。只有在内阁总理大臣审批同意的情况下，保险公司才能突破该比例限制要求。①

五、境外经验对我国的借鉴

（一）境外典型经验与我国现状之比较

在前文分析的基础上，表3对美国、日本、我国及我国台湾地区保险资金运用法律限制的主要情况做出比较：

表3　保险资金运用法律限制情况之比较

	美国	日本	我国大陆	我国台湾地区
法律限制规则的立法层级和规定方式	联邦制定两部投资示范法，由各州参照投资示范法在本州保险法中做出规定	在《保险业法》《保险业法施行规则》中做出规定	《保险法》中做出原则规定，主要在行业监管机构颁布的各类规范性文件中规定	主要在"保险法"中规定

---

① Insurance Business Act, No. 105, Japan, Article 97 – 2, (1995, amended in 2018).
Ordinance for Enforcement of the Insurance Business Act, Ordinance of the Ministry of Finance No. 5, Japan, Article 47, (1996, amended in 2010).

	美国	日本	我国大陆	我国台湾地区
法律限制遵循的主要原则	综合投资市场和保险业务的复杂性、不确定性、市场竞争状况及变化频率，体现不同保险公司的差异，实现保险投资在收益、风险与流动性之间的平衡	保险资金运用活动须按照内阁府令规定的方式开展	保险公司的资金运用必须稳健，遵循安全性原则	保险资金运用中不得有股权交换或利益输送行为
保险公司开展资金运用的限制条件	仅限定为美国本土保险公司及国外保险公司在美国的分支机构，须具备法律规定的限制条件	对于保险公司的限制条件主要体现为偿付能力相关管理要求	在行业监管机构颁布的规范性文件中，对保险公司投资不同资产类型须具备的条件做出规定	仅规定保险公司使用保险资金投资公共及社会福利事业须具备的条件由行业主管机构另行规定
对寿险和非寿险保险公司做出区别规定	区分人身保险公司和财产保险公司，做出不同的法律限制规定	未对寿险和非寿险保险公司做出区别限制规定	未对寿险和非寿险保险公司做出区别限制规定	未对寿险和非寿险保险公司做出区别限制规定

续表

	美国	日本	我国大陆	我国台湾地区
保险资金运用的范围	各州具体情况不同,有的规定可投资的范围,有的规定禁止投资的范围,有的均对两者做出规定	《保险业法》和《保险业法施行规则》中对保险资金运用的范围做出明确规定	《保险法》和《保险资金运用管理办法》中做出相对原则的规定	"保险法"中对保险资金可投资的资产种类及每类资产包括的具体类型做出较为明确的规定
保险资金可投资资产的比例限制	各州保险法中做出较为具体的规定,以比例限制的方式为主,有的采用金额限制	《保险业法施行规则》中对各类投资资产做出比例限制,于2012年以后删除	将保险资金可投资资产划分为五大类,分别规定不同的比例限制要求	"保险法"对于各类保险资金可投资资产的比例限制要求做出具体规定
不动产投资的特殊限制	在比例限制要求中区分以收益为目的的房地产投资和用于办公的房地产投资	删除各类资产的投资比例限制要求后,对不动产投资已无特殊限制	将购置自用性不动产作为例外情形,在不动产投资的比例限制中予以豁免	不动产投资须即时可用并具有收益,自用性不动产投资以业主权益金额为限

续表

	美国	日本	我国大陆	我国台湾地区
权益类资产投资的特殊限制	针对普通股、合伙企业股份等，从投资总额和单一对象投资金额占保险资金的比例上做出限制	删除保险资金运用的范围限制要求后，对权益类资产投资已无特殊限制	对权益类投资做出比例限制的基础上，规定重大股权投资金额不得高于保险公司上季末净资产，且须行业监管机构批准	除单独规定股票投资的比例限制外，对投资股票和公司债的合计金额做出比例限制；对保险投资介入被投资企业经营做出严格限制

（二）境外经验对我国的借鉴价值

通过上述比较并结合前文分析，境外经验对我国保险资金运用法律限制的借鉴价值主要体现在两个方面。

一是法律限制理念与原则的借鉴。保险资金不同于证券、信托等其他金融行业资金，具有自身特殊性。一方面，保险资金主要来源于保险费形成的保险准备金，与保险业务关系密切，体现出较强的负债性；另一方面，保险资金涉及被保险人等不同主体利益，更加注重收益性和安全性的平衡。在此种情况下，世界各国均将保险资金运用的法律限制作为规范保险投资活动的一项重要手段，在保险业立法中加以明确规定。如美国，在联邦层面的保险资金运用法律制度中，对法律限制的目的和原则做出系统性地阐述，包括资产与负债相匹配、董事会责任、寿险与非寿险业务的区分等，为法律限制相关要求的具体实施奠定扎实基础。日本、我国台湾地区对于保险资金运用法律限制的要求，也均主要通过最高效力层级的保险业基础法律做出规定。

从我国的情况看，保险资金运用法律限制的理念应贯穿于保险业监管中，通过相关法律法规予以体现。目前，《保险法》仅原则规定保险公司的资金运用必须稳健，遵循安全性原则，并未充分体现出保险投资的独特限制要求，仍存在进一步完善的空间。

二是法律限制具体方式的借鉴。保险资金运用法律限制的理念被世界各国所广泛采纳，具体通过在保险立法中做出规定的方式体现。无论英美法系国家，还是大陆法系国家，保险资金运用法律限制相关规定均集中于立法机关或政府颁布的高效力层级法律法规中，如保险业法、保险业法实施细则等。行业监管机构颁布的制度更多是对法律法规的解释和细化，而诸如保险资金运用的范围、各类投资资产的比例限制等核心规则，一般在法律法规中明确。具体来说，美国保险市场以各州保险法为执行依据，联邦层面在出台两部保险投资示范法案的基础上，各州保险法均涵盖了较多保险资金运用法律限制的规则；德国《保险业监督法》、日本《保险业法》均为其保险行业最高层级的基本法律，日本《保险业法施行规则》也是仅低于《保险业法》的高层级法规。我国台湾地区关于保险资金运用法律限制的主要规定均包含在《保险法》中，其他配套制度更多是对于《保险法》的补充。

我国《保险法》对于保险资金运用的规定较为笼统，已经无法适应保险资金运用实践的需求。目前，保险投资活动大量依托于行业监管机构颁布的规范性文件，不仅制度依据效力层级较低，而且制度之间难以相互有效衔接。对于保险资金运用范围，投资比例，以及股权、不动产等特殊投资形式做出限制是境外国家或地区的普遍做法，我国现行保险资金运用制度中已存在一些相关规定，但仍存在诸多不足，在具体规则的完善中应积极吸取境外相关先进经验。

第四章

我国保险资金运用法律限制的完善

我国保险资金运用法律限制的完善，是指应如何对保险资金运用活动实施法律限制，是本书研究的落脚点。一方面，法律限制是对于防范保险资金运用负外部性风险相关理念、原则的贯彻与执行，当前我国保险资金运用相关法律法规在立法理念、基本原则、具体规则等方面均存在不足，建立系统性的法律限制制度体系，是规范保险投资活动的基础；另一方面，法律限制是对于保险投资实践的规范和指导，包括保险资金运用主体、客体、行为的相关限制规则，须基于我国保险行业的实际情况，建立健全针对性的实施规则。基于保险资金运用的基础法律关系，下文从保险资金运用法律限制制度体系、保险资金运用的主体、客体、行为等方面，对实施法律限制的具体建议进行探讨。

第一节　保险资金运用法律限制制度体系的完善

构建我国保险资金运用法律限制的体系，在总体思路上应包括三个方面：一是确立保险资金运用法律限制的核心理念，制定相关法律原则，通过法律原则将此种理念固化于制度体系中，发挥统领作用；二是厘清促进保险资金运用市场发展与规范保险投资活动之间的关系，解决保险资金运用法律限制的边界问题，即哪些属于法律限制的范围，哪些属于保险公司自主决定的内容，从根源上避免"矫枉过正"；三是设计我国保险资金运用法律限制的制度结构，包括在何种效力层级的制度中做出规定，不同效力层级制度应规定的内容等，从立法结构上规划保险资金运用法律限制体系的顶层设计。

一、保险资金运用法律限制的原则

法律原则是为法律规则的制定提供基础和根源，具有综合性、指导性的价值准则或规则，① 体现着法的本质和根本价值，是法律活动的指导思想和出发点，决定着法的统一性和稳定性②。对于我国的保险资金运用法律限制而言，缺少统一的立法理念，制度规则之间无法有效衔接是较为突出的问题。从整体上解决该问题，可以通过明确规定相关法律原则的方式，树立法律限制理念在保险资金运用中的地位，为具体规则的制定奠定基础。从保险资金的属性和保险资金运用活动的特点出发，保险资金运用法律限制的原则应主要体现在以下五个方面。

（一）审慎投资原则

审慎投资是一切投资活动均应遵守的原则，但不同的投资行为，审慎程度是存在差异的。对于委托关系下的投资行为，受托人的审慎投资要求是在操作上严格遵守委托人的指令；对于信托关系下的投资行为，管理人的审慎投资要求则是执行委托人同意的投资政策，在确定的投资范围和投资组合策略下开展资金管理。不同于委托投资或信托投资模式下，资金来

---

① 舒国滢. 法律原则适用的困境——方法论视角的四个追问 [J]. 苏州大学学报（哲学社会科学版），2005（1）：27.
② 张文显. 法学基本范畴研究 [M]. 北京：中国政法大学出版社，1993：57.

源方对资金使用方具有明确的"契约限制"，保险资金运用的自主权完全归保险公司享有，除一些特殊的投资型保险外，投保人或被保险人对于保险公司开展资金运用并无任何指令，谨慎投资的标准由保险公司独立确定。但如前所述，基于保险资金的负债性和保险资金运用的价值，资金的安全性是保险业务经营的基础，这就要求保险资金运用中的审慎投资不应仅停留在保险公司的"自我约束"上，还应具有明确的"外部约束"，以体现对利益相关者的保护。因此，审慎投资应作为一项核心原则载于保险资金运用相关法律中，这是国家立法对于保险公司开展资金运用的要求，当保险公司违背此项原则时，将受到相应处罚，从而规避保险公司可能出现的"自我松懈"。

在法理学上，规范作为法律规范而存在构成了其实效的事实前提，如果相关规范尚不属于法秩序，那么公民就可能既没有理由出于对法的接受而取向于规范，也没有理由出于对制裁的担忧而取向于规范，正是因为规范已然是法秩序的组成部分，才拥有了实效的理由。① 将审慎投资作为保险资金运用法律限制的重要原则，正是发挥法秩序下的强制力和威慑力，明确保险公司在开展资金运用活动时应遵循的最基础要求。

（二）收益性原则

第二次世界大战以后，随着保险业务本身的盈利能力下降，通过各类投资活动来实现保险资金的保值增值，成为保险经营的重要途径，即保险经营由"一个轮子"（保险业务）向"两个轮子"（保险业务与保险投资并重）转变。保值增值即收益性原则，是保险公司开展保险投资活动的目的，保险资金运用只有取得收益，才能满足保险公司履行保险责任并实现

---

① 诺伯特·霍斯特. 法是什么？法哲学的基本问题［M］. 雷磊，译. 北京：中国政法大学出版社，2017：115.

盈利的经营目的。①

保险资金运用法律限制视角下的收益性原则，是对于保险公司消极投资或利用保险投资进行利益输送的限制。保险投资的周期性较长，尤其是寿险资金，投资期限往往在数十年以上。随着保险资金的不断积累，当保险公司持有的大量资金可用于长期限投资时，收益性原则将存在被忽视的可能，甚至在特殊情况下，保险资金被保险公司的实际控制人所利用，违背收益性原则。如投资未上市企业股权具有较多不确定性，保险公司开展此类投资时，有时会更多考虑对被投资企业的影响或合作，从而在一定程度上忽略收益性因素。当保险公司的实际控制人可以操纵董事会时，保险投资更可能成为很多企业收购活动中的"一致行动人"。正因如此，收益性原则应作为保险资金运用法律限制的一项基本要求，如很多国家保险立法中均严格限制保险资金股权投资的比例，我国台湾地区"保险法"更是明确禁止保险公司因保险投资介入被投资企业的经营。此外，收益性原则不同于审慎投资原则，对于保险投资盲目追逐高收益而带来高风险的限制，属于审慎投资原则约束的范围。

（三）资产与负债相匹配原则

资产负债管理是保险经营活动中的一项核心能力，保持良好的资产负债管理水平是保险公司可持续经营的基础，也是防范系统性风险、维护保险行业稳定发展的保障。② 从保险资金运用法律限制的角度看，资产与负债相匹配原则是指保险公司应遵循保险投资活动与保险资金性质、保险业

---

① ZWEIFEL P, AUCKENTHALER C. On the Feasibility of Insurers' Investment Policies [J]. Journal of Risk and Insurance, 75 (1), 2008: 193 –206.

② 参见中国银保监会《保险资产负债管理监管暂行办法》（银保监发〔2019〕32号）及原中国保监会《关于印发＜保险资产负债管理监管规则（1－5号）＞及开展试运行有关事项的通知》（保监发〔2018〕27号）。

务经营要求相匹配，在资产负债管理的限制下开展保险资金运用，包括资产与负债之间的期限结构匹配、成本收益匹配、现金流匹配等。简言之，资产与负债相匹配，是要求保险投资活动应以服务于保险业务为目的，保险公司不得超越保险业务本身而随意开展投资活动。资产与负债相匹配原则既是保险经营活动的基本原则，也是保险资金运用法律限制的核心要求，[1] 体现了维护保险资金安全、避免不当投资行为发生的限制理念。在该原则下，保险公司的投资活动应基于保险业务对收益的要求及现金流测算开展，背离保险业务端的高风险投资、不合理的期限错配投资等，均不符合资产与负债相匹配原则，属于法律所限制的行为。[2] 近年来，在我国利率环境相对复杂、保险市场竞争加剧的背景下，保险公司资产负债管理的压力不断增大，一些保险公司在资金运用中出现了激进投资的情况，"长钱短配""短钱长配""快进快出"等现象频繁发生。[3] 在行业监管机构加强保险公司资产负债专项管理的同时，更应将资产负债相匹配原则作为一项制度理念，成为规范保险资金运用活动的基础要求。

此外，资产与负债相匹配原则本身也是偿付能力管理下对保险资金运用的一种间接法律限制。如国际保险监督官协会（International Association of Insurance Supervisors，IAIS）制定的《保险监管核心原则》中规定，保险公司资产组合的质量与特色、资产与负债之间的关联性和依赖性等，是评

---

① FISCHER K，SCHLUTTER S. Optimal Investment Strategies for Insurance Companies when Capital Requirements are Imposed by a Standard Formula [J]. The Geneva Risk and Insurance Review，40（3），2015：15 – 40.

② 中国银保监会《保险资产负债管理监管暂行办法》第十九条、第二十条、第二十一条

③ 保监会发布资产负债管理监管规则新闻发布会 [EB/OL]. 中国保险监督管理委员会，2018 – 03 – 01.

估保险公司偿付能力的核心要素。① 如前所述，偿付能力管理是英国保险资金运用法律限制的主要手段，而资产与负债相匹配则是其中重要的评估因素之一。

（四）寿险与非寿险业务相区分原则

对于寿险业务和非寿险业务所对应的保险资金运用，在法律限制要求上有所区分，是很多保险业发达国家在保险资金运用法律限制中遵循的重要原则。② 在具体做法上，各国存在差异，有的从公司角度，区分人身保险公司和财产保险公司；有的从业务角度，区分寿险业务和非寿险业务。如美国《保险公司投资示范法（限制版）》采取了区分公司类型的方式，规定人身保险公司和财产保险公司在投资同类资产时，执行不同的比例限制要求。寿险与非寿险业务相区分原则的基础，仍在于业务所对应保险资金的属性差异，寿险资金沉淀周期更长，对于资金安全性和稳定收益的要求更高，非寿险资金则受制于保险业务周期，对于资金流动性的考虑更多，且资金稳定性容易受到市场影响。③

将寿险与非寿险业务相区分作为保险资金运用法律限制的一项重要原则，可以更好地体现来源于不同保险业务的保险资金在属性上的差异，提升保险投资的效率，限制期限错配等不当投资行为，促进保险资金运用活

① 熊海帆．"大资管"时代的保险资金运用监管创新——基于外部性及企业社会责任的视角［M］．北京：经济科学出版社，2015：84.

② HUANG E J，LU E P，KAO G W. Investment Regulation，Portfolio Allocation，and Investment Yield in the U. S. and China Insurance Industry［J］．The Chinese Economy，49（1），2016：32 – 44.

③ 寿险业务以"利差""费差""死差"等三差损益作为经营基础，其中"利差"直接受到保险资金运用的影响，并且寿险保险合同期限较长，资金可大量运用于长期投资；非寿险业务则以大数法则作为经营基础，保险事故发生的概率决定了保险经营的绩效，保险投资是提升保险公司利润的额外手段，并且非寿险保险合同的期限多在一年以内，资金运用以短期投资为主。

法律限制的理念；二是规定保险资金的组成，厘清基本概念，为下位法制定奠定基础；三是规定保险公司开展资金运用的一般限制条件，对于股权投资、不动产投资等特殊投资行为，《保险法》应授权行业监管机构另行规定；四是规定保险资金运用的范围，明确保险资金运用法律限制的行为方式；五是对其他涉及保险资金运用法律限制的核心要求做出规定，如我国台湾地区"保险法"中就对"保险公司不得因资金运用介入被投资企业经营"做出明确限制。

（二）专项行政法规层面

行政法规是国务院根据宪法和法律规定，为加强特定领域行政管理而制定的专项性法规制度。① 从我国保险行业的情况看，国务院出台的专项行政法规主要包括两类：一是针对政策性保险业务颁布的专项性规定，如《机动车交通事故责任强制保险条例》《农业保险条例》等，用于规范政策性保险业务经营中的特殊事项；二是在基础法律颁布之前，用于发挥基础规范作用的替代性法规，如已失效的《财产保险合同条例》《保险企业管理暂行条例》等。

作为保险经营活动的必要组成部分，保险资金运用在保险行业中占据着越来越重要的地位，社会对于保险投资的关注度也越来越高。此种情况下，可以参照交强险、农业保险等政策性保险的经验，制定针对保险资金运用的专项行政法规，将保险资金运用法律限制的原则、保险资金的组成、保险投资的范围等限制要求进一步细化，作为《保险法》的实施规则。结合我国当前实际，《保险资金运用管理办法》是保险资金运用领域最基础的部门规章制度，可以在其基础上制定专项行政法规，提升法律限制规定的权威性和效力层级。此外，对于一些与保险资金运用法律限制相

---

① 参见《立法法》第六十五条。

动更加精细化。早在 2000 年左右，我国学者就建议保险业法律法规对寿险和非寿险的保险投资做出区别性规定。① 从我国保险行业的发展情况看，在保险资金运用法律限制要求中区分寿险与非寿险业务，是一项长期性的工作，既涉及法律原则的确定，又包括具体规则的制定。当前的任务，首先应是将其作为一项法律限制原则规定于保险资金运用相关法律法规中，填补理念上的空缺。在此基础上，根据行业发展实践，在各类监管制度中逐步做出细化，如分别制定寿险业务和非寿险业务的不同比例限制要求等。

（五）保护保险消费者利益原则

保护投保人、被保险人、受益人利益，即保护保险消费者利益，是整个保险法的核心原则，同样是保险资金运用活动中遵循的基本理念。如前文所述，可以将保险消费者界定为保险资金运用中的利益相关者，法律限制是保护其利益的重要手段。一方面，保险资金主要用于保险赔偿或保险金给付，如保险公司因资金运用不当，造成财务结构失衡进而丧失偿付能力，将直接影响保险公司向保险消费者履行责任；另一方面，保险资金运用出现明显亏损，将大大降低保险消费者对于保险公司的信任，导致退保等行为大量发生，使保险公司经营陷入恶性循环，最终也将损害保险消费者利益。② 在投资连结保险、万能保险等投资型保险中，保险资金运用情况则直接与保险消费者利益挂钩。保险消费者是保险资金来源的起点和投资收益的最终享有者，保护保险消费者是保险资金运用法律限制的理念渊源，也是前述各项法律限制原则的基础。

---

① 费安玲，王绪谨．保险投资监管法律问题的思考［J］．北京商学院学报，2000（1）：38.

② 梁昭铭．保险业资金运用规范之妥当性——以中寿投资开发金衍生之争议为例［D］．台北：国立政治大学，2005：49.

综上，保险消费者利益的保护是保险资金运用法律限制的重要价值，是对保险资金运用活动实施法律限制的重要理由，应将其作为保险资金运用法律限制中的一项核心原则，规定于相关法律法规中。

二、保险资金运用法律限制的边界

拓展保险投资的渠道，赋予保险公司更大的决策选择权与风险识别权，是保险资金运用市场发展的趋势。[1] 如日本在 2012 年取消了保险资金投资大类资产的最高比例限制，给予保险投资更大的空间；[2] 在我国于 2012 年启动的保险资金运用市场化体制改革中，核心举措便是进一步拓宽保险资金的投资方式。[3] 仅从形式上看，增强保险资金运用的市场化程度，应降低甚至取消法律限制。那么，应如何理解市场化发展与法律限制之间的关系？实际上，法律限制是促进保险资金运用市场化发展的手段。一方面，法律限制是一种适度、合理的限制，在于保障保险资金运用的市场秩序，而并非过分干预；另一方面，风险意识和危机意识始终是保险行业发展遵循的要求，[4] 监管机构应正确把握监管与发展之间的关系[5]。因此，明确法律限制与保险公司自主投资之间的界限，即厘清法律限制的边界问题，是构建保险资金运用法律限制体系的重要内容。

（一）法律限制与自主经营之间并不矛盾

法律限制是对于保险公司开展资金运用活动的约束，这种约束主要体

---

① 陈文辉等. 新常态下中国保险资金运用研究［M］. 北京：中国金融出版社，2016：1.

② 中国保险资产管理业协会编著. 国内外保险机构大类资产配置研究［M］. 北京：中国金融出版社，2017：126.

③ 中国保险业发展"十二五"规划纲要［EB/OL］. 中国保险监督管理委员会，2011 – 08 – 18.

④ 陈文辉等. 新常态下中国保险资金运用研究［M］. 北京：中国金融出版社，2016：5.

⑤ 任春生. 我国保险资金运用改革发展 40 年：回顾与展望［J］. 保险研究，2018（12）：32.

现为法律法规层面的规范,而并非强化行政监管和行政审批,降低保险公司的经营自主权。行业监管是金融领域的重要特征,保险资金运用的法律限制主要是通过确立核心理念、完善具体规则,实现制度设计的科学化和合理化,营造良性的监管环境。完善保险资金运用的法律限制,正是为了更好地发挥法律制度的规范性、稳定性功能,科学引导市场发展,减少监管机构的行政干预,发挥保险公司的主动性。因此,保险资金运用法律限制体系的构建,是明确保险公司经营自主权的过程,是对于保险资金运用监管界限的认定,与保险公司自主开展资金运用活动并无冲突。

(二)法律限制是自主经营的最低标准

保险资金运用的法律限制反映了一个国家或地区保险行业的历史传统和发展状况,是法律法规对于保险公司自主经营"程度"的确认。如英国的保险市场相对成熟,在保险资金运用的法律限制上更多体现为对市场主体的审慎监管,而较少限制具体行为;美国保险市场虽然较为发达,但基于历史传统和法律体系原因,保留了较多在投资范围、投资比例等方面的直接限制要求。从我国保险行业的发展情况看,资金运用市场尚处于起步阶段,整个行业还缺乏对于法律限制理念的充分认识,保险公司自我约束意识有限,不规范的投资行为常常发生,保险资金运用的法律限制不应局限于审慎监管层面,更应注重对于投资行为的监管。

在实施行为监管时,法律限制是保险资金运用活动的最低标准,即"安全线"。法律法规层面对于保险资金运用活动的各类限制,是在结合国内发展现状、借鉴境外先进经验的基础上制定,目的在于约束不合理、不正当的保险投资行为,禁止保险公司突破"边界",而对于法律限制标准内的资金运用活动,则给予保险公司充分的决策自由。如我国相关监管制度规定,保险资金投资其他金融资产的账面余额,合计不得高于该保险公司上季末总资产的25%，① 而出于风险管理等因素，很多保险公司通过内部控制制度将此项限制比例降低为15%，以保障保险资金运用整体的安全性。保险资金运用是一种专业的金融市场行为，须具备相应的行业规范要求，过分干预保险公司经营自主权，将对整个行业和被保险人利益带来风险隐患。因此，法律限制是保险资金运用活动的最低实施标准，是保险公司开展投资行为时不得突破的边界。

（三）法律限制有助于减少行政审批

法律限制是规范保险资金运用市场稳定健康发展的重要手段，之所以强调应从法律法规层面做出限制，而并非从行政管理角度加强行业监管力度、丰富监管手段，目的在于为保险资金运用提供更为稳定的制度环境，使保险公司能够在制度标准范围内充分发挥自主性，维护市场的基础性作用。② 保险资金运用的法律限制，在规范保险公司投资行为的同时，也是从法律法规层面对于行业监管机构的约束，要求行业监管机构严格依据法律规则开展监管活动，避免设置过多行政审批事项。③

2010年以后，我国的保险资金运用市场得到了空前发展，资金规模迅猛增长，投资渠道不断拓展，保险资金在金融市场中的地位更加显著。但如前所述，相关法律法规和行业监管规定并不能完全适应当前市场快速发展的趋势，以及面临着相关法律法规和行业监管制度体系不完善、相关规则无法有效衔接等问题，使保险资金运用领域仍保留了大量行政审批事项，如保险公司开展境外投资、重大股权投资时，均须向监管机构"一事

---

① 原中国保监会《关于加强和改进保险资金运用比例监管的通知》（保监发〔2014〕13号）第二条。

② 久保英也. 保险的独立性及其与资本市场的融合——以日本为例［M］. 王美，译. 北京：科学出版社，2016：128.

③ 许凌艳. 金融监管法制比较研究——全球金融法制变革与中国的选择［M］. 北京：法律出版社，2016：193 – 194.

一报",实务操作中的很多问题也须由行业监管机构"窗口指导"。此种状况的出现,正是源于保险资金运用法律限制体系不健全,造成法律限制的边界不清,行政干预与自主经营之间存在模糊地带。因此,构建保险资金运用法律限制体系,本身即是厘清法律限制的边界,通过发挥法律法规和监管制度的规范作用,同时约束保险公司的投资行为和行业监管机构的行政审批行为,促进行业健康发展。

三、保险资金运用法律限制的制度结构

保险资金运用法律限制表现为相关法律法规和监管制度中的限制性规定。明确保险资金运用法律限制的制度结构,即通过哪些效力层级的制度对法律限制做出规定,不同效力层级的制度应规定哪些具体法律限制要求,是构建保险资金运用法律限制体系的核心内容。结合我国的立法体系和保险行业实际,以下分别从基础法律、专项行政法规、部门规章和规范性文件四个层面做出探讨。

(一)基础法律层面

我国保险行业的基础法律是《保险法》,既包括保险合同法相关规定,又涵盖保险业监督管理要求,保险资金运用是保险业法的重要内容。如前所述,我国《保险法》关于保险资金运用的规定相对原则,已无法适应实践需求。从境外保险立法经验看,与保险资金运用法律限制相关的核心要求,一般均在最高层级的保险法律制度中做出规定。从发挥基础法律权威性、稳定性的角度看,我国《保险法》应进一步充实关于保险资金运用法律限制的相关规定,发挥行业基础法律对市场活动的引领作用。

具体来说,《保险法》中关于保险资金运用法律限制的规定应主要包括:一是规定保险资金运用法律限制的主要原则,从最高层次立法上明确

关的特殊事项，有必要制定行政法规的，如保险资金境外投资中涉及"一带一路"战略的实施与规范，可以考虑采用先由国务院颁布政策性文件，再逐步转化为专项行政法规。

（三）部门规章层面

作为保险行业监管机构，中国银保监会应根据市场发展需求，制定保险资金运用相关部门规章，落实法律限制各项具体要求。但如前文所述，目前我国保险资金运用领域的部门规章相对较少，除《保险资金运用管理办法》外，其他均颁布时间较长，实践中适用不多。立足于我国保险资金运用的现状，有必要加强相关部门规章的制定，为法律限制具体规则提供载体，成为保险资金运用法律限制体系的基础组成部分。

完善保险资金运用法律限制相关部门规章，主要包括两个方面：一是进一步修订《保险资金运用管理办法》，在《保险法》的基础上，对保险资金运用法律限制的原则、保险资金的组成、保险投资的模式和范围等要求做出完善，适时将其上升为行政法规；另一方面，应切实发挥部门规章作为法律限制规则载体的功能，使保险资金运用领域的主要法律限制规则，能通过部门规章的方式呈现，如对于规范保险资金股票投资、不动产投资、股权投资、境外投资、比例限制等方面的基础性制度，应尽快加以完善并作为部门规章颁布，而不再以规范性文件的方式使用。

（四）规范性文件层面

如前文所述，我国保险资金运用法律限制的很多重要规定均以规范性文件形式出台，但此种规范性文件并非《立法法》所规定的法规规章，应界定为解决行业监管实践问题的行政指导文件，权威性和法律效力相对较低，并不利于行业统一执行。当前我国保险资金运用法律限制体系以规范性文件为主、法律法规和部门规章为辅的状态，不仅造成制度结构不合理、效力层次较低，而且大量规范性文件缺乏上位法依据，相互之间无法衔接，给行业监管实践带来困难。

对我国保险行业监管机构颁布的各类规范性文件进行梳理、完善，是构建保险资金运用法律限制体系的重要手段。一方面，应根据《保险法》及保险资金运用相关部门规章，对已颁布的各类规范性文件进行归纳，将其中具有确定规范对象和限制要求、对行业实践影响较大的制度，如股权投资、不动产投资、金融产品投资、衍生品投资等方面的管理办法，及时上升为部门规章；另一方面，应对现行有效的各类规范性文件进行集中清理，废止其中不符合实践情况、重复或相互冲突的规定，同时应加强规范性文件颁布的审慎度，使其发挥部门规章颁布前的"试行"作用，而避免以规范性文件大量代替法律法规或部门规章。

第二节　保险资金运用主体法律限制的完善

保险资金运用的主体为保险公司。这里的保险公司应作广义理解，还包括保险集团公司、保险控股公司以及其他保险经营组织。如前文所述，保险公司作为资金运用活动的主体，应具备行业准入、公司治理、偿付能力评价等三方面基础条件，这些条件要求在一定程度上体现出保险资金运用法律限制的理念。如保险公司的董事会应在保险投资活动中发挥核心决策作用并承担最终责任，美国保险监督官协会制定的两部《保险公司投资示范法》对保险公司董事会在保险投资中的职责做出了非常详尽的规定；偿付能力管理本身是对于保险资金运用的一种间接法律限制手段，保险公司在满足偿付能力相关指标的前提下才能开展各类投资活动，英国的保险资金运用法律限制主要是通过偿付能力管理实现的。但是，上述条件并不是保险公司开展资金运用活动所应具备的独特要求，而是保险市场主体的一般资质条件中涉及保险资金运用的内容。保险资金运用主体的法律限制，更强调法律法规及监管制度对于保险公司开展资金运用活动时的特定资质要求，这种要求是与保险投资行为相联系的，即保险公司在实施某类投资活动时应满足的相关主体条件，是一种对于行为主体的法律限制。

实践中，保险资金运用包括自行投资和委托投资两种模式。在自行投资模式下，保险资金运用主体的法律限制即上述对于保险公司开展保险投资活动时应具备的特定主体条件要求。在委托投资模式下，保险资金运用的主体除保险公司外，还包括保险资产管理机构和符合行业监管要求的证券公司、证券资产管理公司、证券投资基金管理公司等，即委托投资关系中的受托机构。对于受托机构应具备的主体条件，保险资金运用相关法律法规和监管制度做出较多规定，这种特定要求同样构成保险资金运用主体法律限制的内容。

一、对于保险公司的法律限制

这里所讨论的对于保险公司的法律限制，是指基于各类保险资金运用形式的不同特征，相关监管制度对保险公司在不同投资活动中应具备的特定资质条件做出不同要求。具体来说，当保险资金用于投资银行存款时，由于投资风险极低，除应具备的一般条件外，监管制度并未对保险公司的主体条件做出额外限制要求；对于债券投资、股票投资、不动产投资等大多数投资形式来说，除公司治理、偿付能力等一般限制条件外，监管制度针对各种投资形式均规定了不同的主体限制要求，保险公司在具备对应条件的前提下才可以开展投资活动。

（一）保险公司法律限制的规范思路

目前，我国对于保险公司开展资金运用的特定资质要求，体现在规范各类具体保险投资形式的相关规范性文件中，详见表4：

表4　不同保险投资形式的主体条件

投资形式	保险公司应具备的主体条件	主要制度依据
债券投资	公司治理、决策流程和内控机制完善；具备债券投资管理制度、风险控制制度和信用评级体系；建立防火墙机制；配备相应的专业人员，如信用评估人员不少于2人；建立债券投资管理信息系统	《保险资金投资债券暂行办法》
股票投资	偿付能力符合监管要求；具备内部管理制度和风险控制制度；设有专业的投资部门；设有独立的交易部门；建立股票托管机制；高级管理人员符合规定条件；近3年无违法违规投资记录等	《保险机构投资者股票投资管理暂行办法》
股权投资	公司治理、管理制度、决策流程和内控机制完善；发展战略和市场定位清晰；建立资产托管机制；不少于5名具备3年以上股权投资经验的专业人员；上季度末偿付能力充足率不低于120%；上一会计年度净资产不低于1亿元；近3年无违法违规行为等	《保险资金投资股权暂行办法》
不动产投资	公司治理、管理制度、决策流程和内控机制完善；具备资产托管机制；配备具有不动产投资经验的专业人员；上季度末偿付能力充足率不低于120%；上一会计年度净资产不低于1亿元；具有与所投资不动产及相关金融产品匹配的资金，且来源稳定充足；近3年无违法违规行为等	《保险资金投资不动产暂行办法》

续表

投资形式	保险公司应具备的主体条件	主要制度依据
间接投资基础设施项目	董事会或者董事会授权机构批准投资；投资决策、风险控制机制、业务操作流程、内部管理和责任追究制度完善；建立投资计划财产托管机制；配备相关专业投资人员；近3年无重大投资违法违规记录；偿付能力满足监管要求等	《保险资金间接投资基础设施项目管理办法》
投资集合资金信托	决策程序和授权机制完善；配备独立的信托投资专业责任人；具有信托公司选择标准并完善持续评价机制	《关于保险资金投资集合资金信托有关事项的通知》
金融衍生产品交易	建立衍生品交易业务操作、内部控制和风险管理制度；建立相关信息系统；配备衍生品交易专业人员等	《保险资金参与金融衍生产品交易暂行办法》
境外投资	法人治理结构和资产管理体制健全；具备较强的投资管理能力、风险评估能力和投资绩效考核能力；具有明确的资产配置政策；配备至少2名境外投资风险责任人；上季度末偿付能力充足率不低于120%；偿付能力充足率和风险监控指标符合监管规定；近3年没有重大违法违规记录；具有经营外汇保险业务的资格等	《保险资金境外投资管理暂行办法》

随着我国保险业的不断成熟，以大类资产配置为基础的保险资金运用

监管理念更符合市场发展的趋势。① 由上可见，不同投资形式下对于保险公司法律限制的要求实际上较为接近，差别更多体现在具体条件标准上，从大类资产配置的视角对保险公司的法律限制做出统一规范，具有实践基础。原中国保监会于2013年颁布《关于加强和改进保险机构投资管理能力建设有关事项的通知》，对保险公司开展不同投资活动时应具备的投资管理能力进行统一规范，正属于在保险资金运用主体法律限制方面的探索，但相关规定尚不够健全。按照该通知，保险公司的投资管理能力分为股票投资能力、无担保债券投资能力、股权投资能力、不动产投资能力、基础设施投资计划产品创新能力、不动产投资计划产品创新能力和衍生品运用能力等七类，其中股票投资能力、无担保债券投资能力、股权投资能力、不动产投资能力、衍生品运用能力均可以视为保险公司主体法律限制的统一规范要求。② 因此，以统一的投资管理能力监管为基础，是完善保险公司法律限制的有效规范路径。

（二）保险公司法律限制的完善方式

完善对于保险公司的法律限制，一方面应加强审慎监管与行为监管之间的衔接，从公司治理、偿付能力等角度对于保险公司作为保险资金运用主体的一般条件限制，属于审慎监管的范畴，应在完善此类审慎监管制度时对保险资金运用相关要素进行细化，而不在具体保险投资形式的监管制度中重复规定此类条件；另一方面应基于大类资产配置的原理，对各类保险投资活动中保险公司应具备的不同资质条件限制做出梳理和整合，统一进行规范，确定保险公司法律限制的直接依据，减少行政审批的介入。

---

① 王军辉. 保险资金大类资产配置的战略思考与实践［J］. 清华金融评论, 2019（2）: 34.

② 原中国保监会《关于加强和改进保险机构投资管理能力建设有关事项的通知》（保监发〔2013〕10号）第一条。

从当前我国保险资金运用市场的监管实践出发，建议以保险投资管理能力建设为基础，构建统一的保险公司法律限制标准。具体来说，一是对投资管理能力的种类做出重新划分。在现行的七类投资管理能力中，基础设施投资计划产品创新能力、不动产投资计划产品创新能力属于保险资产管理机构开发非标准化资产管理产品时须具备的条件，与保险公司无关。从保险公司开展投资活动的角度看，建议在股票投资能力、无担保债券投资能力、股权投资能力、不动产投资能力、衍生品运用能力等五种投资管理能力的基础上，增加非标准化资产管理产品投资能力和境外投资能力。二是建立投资管理能力和保险资金运用形式之间的联系。根据不同投资资产的特点，将具有同类属性的投资资产归入同一类投资管理能力，如股票投资、以股票为主的基金投资等，可归入股票投资能力；各类债券投资归入债券投资能力；信托计划投资、基础设施债权计划投资、专项资产管理计划投资等"非标"资产投资归入非标准化资产管理产品投资能力。三是明确保险公司申请各类投资管理能力的具体条件。针对各类投资管理能力对应资产的属性特征，对保险公司开展此类投资活动时应具备的特殊条件做出统一规定，如股票投资管理能力要求保险公司设立独立的交易部门和资金托管机制，衍生品投资管理能力要求保险公司具备衍生品交易系统等。四是保险投资管理能力统一实行备案制。保险公司根据规定向行业监管机构申请备案后，即可开展投资管理能力范围内的相关投资活动，主体资质条件不再通过各类保险投资形式的专项制度做出规范，行业监管机构负责对保险公司是否满足各类投资管理能力要求的条件进行监督和检查。①

---

① 原国务院法制办公室于 2015 年 10 月公布的《关于修改 < 中华人民共和国保险法 > 的决定（征求意见稿）》中，对于保险资金运用相关规定便增加了"保险公司应当具备相应的投资管理能力"，上述完善方式建议，更符合《保险法》的修改思路。

五是对保险公司的保险投资管理能力开展持续监督管理，使保险公司从"牌照意识"转化为"能力意识"。由行业监管机构每年对各保险公司的投资管理能力水平进行评估，如相关投资团队人员、资质等不能持续满足监管要求，将撤销该保险公司的投资管理能力。

此外，对于一些创新型的投资形式，如永续债、债转股、特殊的境外资产等，在允许保险资金投资的初始阶段，可以通过由行业监管机构颁布规范性文件的方式先行试点，对保险公司开展此类投资应具备的特殊条件做出专门规定，待试点运行成熟后，再归入保险投资管理能力建设体系。

二、对于受托机构的法律限制

随着保险行业的不断发展，保险资金运用活动逐步专业化，保险公司相继成立旗下的专业保险资产管理公司。① 目前，委托投资模式在保险资金运用实践中更为普遍，保险公司一般选择将保险资金委托给保险资产管理公司或符合行业监管要求的专业投资机构进行管理。在委托投资模式下，保险公司并不直接从事投资活动，除须满足作为保险资金运用主体的一般限制条件外，对前述各类保险投资形式下特定的主体条件限制，保险公司并无实质要求，监管制度更多是对直接实施投资活动的受托机构做出资质条件上的限制。② 因此，在委托投资模式下，保险资金运用主体的法律限制更多体现为对受托机构的限制要求，如保险公司委托保险资产管理公司开展股票投资、股权投资时，该保险资产管理公司应具备相关监管制

---

① 保险公司投资资产委托管理模式研究编委会. 保险公司投资资产委托管理模式研究 [M]. 北京：首都经济贸易大学出版社，2007：9.

② 在一些特定投资形式的监管制度中，除对受托机构的资质条件做出规定外，也对委托人即保险公司应满足的条件做出规定。但是，此类主体限制要求更多是针对保险公司应具备的基础条件，法律限制程度较低。

度中规定的主体资质条件。

（一）受托机构的一般法律限制

一般情况下，保险资金运用的受托机构应具备以下两个方面的主体限制要求：一是市场准入条件。与保险公司不同，保险资产管理公司及其他专业受托投资机构的主要业务范围即为开展资产管理，具备相应的投资资质、专业能力及人才储备是其进入投资行业的准入条件。如《保险资产管理公司管理暂行规定》对设立保险资产管理公司应具备的条件、保险资产管理公司高级管理人员应符合的条件等，均有较为明确的规定。① 保险行业监管制度对其他行业投资机构担任保险资产管理受托人应满足的条件，也做出相应要求。二是自行投资模式下保险公司应具备的特定资质条件。委托投资模式下，保险资金运用活动由受托机构直接实施，如在股票投资中，投资策略的确定和投资指令的做出均由受托机构负责，前述关于保险公司在各类投资形式下的资质要求，应转由受托投资机构承受。如《保险机构投资者股票投资管理暂行办法》对保险资产管理公司接受委托从事股票投资应具备的条件、②《保险资金投资不动产暂行办法》对提供保险资金投资不动产管理服务的投资机构应具备的条件、③《保险资金境外投资管理暂行办法》对受托人从事保险资金境外投资受托管理业务应具备的条件④等均做出较为具体的规定。

与保险公司法律限制中存在的问题一致，在受托机构的一般法律限制中，同样存在着资质条件要求分散于不同监管制度中、缺乏统一标准且不

---

① 原中国保监会《保险资产管理公司管理暂行规定》（保监会令〔2004〕2号）第八条、第二十三条。
② 原中国保监会《保险机构投资者股票投资管理暂行办法》第五条。
③ 原中国保监会《保险资金投资不动产暂行办法》第九条。
④ 原中国保监会、中国人民银行、国家外汇管理局《保险资金境外投资管理暂行办法》第十条、第十一条。

利于监管执行的问题。前述关于保险投资管理能力监管体系建设的建议，也适用于受托机构的法律限制。保险资产管理机构可以根据保险投资能力管理相关规定，向行业监管机构申请不同类型的投资管理能力备案，从而满足对应资金运用活动的主体条件要求。在我国保险市场上大型保险集团公司逐渐增多的背景下，由保险集团内从事资产管理业务的保险资产管理公司申请投资管理能力备案，采用委托投资模式开展保险资金运用活动，更有利于保险集团内资源的统一配置。①

（二）受托机构的特殊法律限制

除前述受托机构的一般法律限制外，在委托投资模式下，相关监管制度对于受托机构还存在一些特殊的主体法律限制要求，主要体现在以下两个方面。

一方面，受托机构应保持经营管理上的独立性。委托投资模式的发展，源于保险公司下设的全资或控股保险资产管理公司大量出现；同时，在允许保险资金投资金融企业股权的背景下，很多可以担任保险资金运用受托机构的证券公司、基金公司，由保险公司直接或间接控制。在此种背景下，在一些保险公司与受托机构之间，既成立资产委托管理关系，又存在股权上的控制关系，两种关系的混同将可能造成委托投资目的的偏离，甚至在一些情况下，受托机构成为保险公司大股东、实际控制人挪用、滥用保险资金的"通道"。保险资金的委托管理在本质上是一种信托法律关系，② 受托机构对于投资风险并不承担责任。实践中，一家保险资产管理

---

① ALMEIDA H, KIM C S, KIM H B. Internal Capital Markets in Business Groups：Evidence from the Asian Financial Crisis ［J］. The Journal of Finance, 70（6）, 2015：2539 - 2586.

② 保险公司投资资产委托管理模式研究编委会. 保险公司投资资产委托管理模式研究［M］. 北京：首都经济贸易大学出版社，2007：32 - 36.

公司往往担任多家保险公司的受托投资机构，一旦其主体上缺乏独立性，受到控股股东的约束，将很可能出现配合控股股东不当使用保险资金，损害其他委托人利益的情况。① 因此，保持受托投资机构在主体上的独立性，包括明确内部治理体系、决策程序设计、资金账户隔离机制等方面限制要求，是受托机构特殊法律限制的重要内容。如德国安联旗下的太平洋投资管理公司，除管理母公司的保险资金外，还面向各类市场投资者开展资金管理业务，监管上对其公司治理要求非常严格，以确保在日常运营中的独立性。②

另一方面，受托机构的法律限制应与其作为资产管理产品发行方的主体限制相区分。投资资产管理产品是保险资金运用的重要形式，同时保险资产管理公司等受托机构又是相关资产管理产品的发行方。如对一家保险资产管理公司来说，在委托投资模式下，其可能既担任保险资金的受托投资机构，又担任所投资保险基础设施债权管理计划的发行人，即"买方"和"卖方"身份混同。在此种情况下，为了保证保险投资活动的审慎度，除加强保险公司对保险资产管理公司的监督外，应通过法律限制的方式，明确资产管理产品发行方应具备的主体资质条件，将其与保险资金运用主体的法律限制做出区分。从保险行业的情况看，保险资产管理公司可以发行的保险类资产管理产品主要包括保险基础设施债权投资计划、保险股权投资计划等，在原中国保监会《保险资金间接投资基础设施项目管理办法》《基础设施债权投资计划管理暂行规定》《关于保险资金设立股权投资计划有关事项的通知》等制度中，对此类资产管理产品发行人的主体条件

---

① ROTMAN L I. Fiduciary Doctrine: A Concept in Need of Understanding [J]. Alberta Law Review, 34 (4), 1996: 837-839.

② 陈文辉，等. 新常态下中国保险资金运用研究 [M]. 北京：中国金融出版社，2016: 237.

做出了较为严格的限制，相关要求应随着保险资产管理行业的发展进一步完善。

此外，对于保险资产管理产品，中国银保监会于 2020 年 3 月颁布《保险资产管理产品管理暂行办法》（银保监会令〔2020〕5 号），明确规定了产品当事人应具备的条件，保险资金投资保险资产管理产品时，须遵循相关法律限制规则；对于非保险类资产管理产品，如银行理财、基金、信托计划、信贷资产支持证券等，发行人的资质条件限制并非保险行业监管的范畴，须遵循资产管理产品所属行业的制度要求，中国人民银行、中国银保监会、中国证券监督管理委员会、国家外汇管理局共同颁布的《关于规范金融机构资产管理业务的指导意见》（银发〔2018〕106 号，简称"《资管新规》"）及相关实施细则，体现了我国金融行业加强此领域监管的趋势。但是，此类主体法律限制要求均源于产品端，并非保险资金运用特有的法律限制，如保险资产管理产品，不仅保险资金可以投资，其他金融机构甚至自然人也可投资。因此，源于资产管理产品端的相关规定，包括主体资质条件、产品发行程序、投资行为规范等，并非本书所研究的保险资金运用法律限制的范畴，本书不再深入探讨。①

三、具体规则的立法建议

目前，《保险法》的修改是我国加强保险法律制度建设的核心任务，其中保险资金运用相关规则的完善是《保险法》修改的重要内容。法律限

---

① 保险资金运用的法律限制是对于保险投资活动的研究，资产管理产品仅是保险投资活动中涉及的投资标的之一。《资管新规》是对于资产管理产品这种投资标的本身的规范，包括产品设计、销售等各环节的合规性要求。从保险资金运用法律限制的角度，保险资金须投资符合法律法规的资产管理产品，但资产管理产品如何满足法律法规要求，并非保险投资活动的研究范围。

制是保险资金运用监管的重要方式，相关规则应在《保险法》关于保险资金运用的规定中加以体现。同时，如前所述，我国在保险资金运用领域的部门规章建设仍相对滞后，法律限制相关规则的完善建议同样适用于行业监管机构颁布的保险资金运用管理办法等基础监管制度。综上，本书在保险资金运用主体、客体、行为法律限制的完善分析中，均会针对《保险法》及保险资金运用相关基础制度的修订，提出明确立法建议，为立法完善提供参考。

针对保险资金运用主体的法律限制，建议在《保险法》或保险资金运用相关基础制度中增加如下规定。

（一）明确保险公司董事会的责任和偿付能力标准条件

具体建议为：保险公司开展保险资金运用，应具备完善的治理结构，由董事会承担最终责任。保险公司开展保险资金运用，应符合相应的偿付能力管理要求。

（二）明确保险资金运用主体须具备相应的投资管理能力

具体建议为：保险公司投资具有明确规定的资金运用形式时，应取得相应的投资管理能力。投资管理能力的具体管理办法，由国务院保险监督管理机构制定。

第三节　保险资金运用客体法律限制的完善

保险资金是保险资金运用的客体。保险资金在组成上具有多样性，除保险费收入转化形成的保险准备金占据绝大比例外，根据《保险资金运用管理办法》，保险资金还包括保险公司的自有资金和其他资金。资金属性是保险资金运用法律限制的基础，不同的保险资金在属性上存在差异，相应的法律限制方式应有所区别。一般来说，来源于保险费收入的保险准备金具有较强的负债性，在法律限制上应比自有资金和其他资金更为严格。因此，保险资金运用客体的法律限制，是指对于不同种类保险资金在法律限制方式上的区分。完善保险资金运用客体的法律限制，主要包括两个方面：一是优化保险资金的划分方式，按照我国保险资金运用相关制度，自有资金和其他资金的指向并不明确，当前对于保险资金的划分是否合理，应做进一步探究；另一方面，保险公司自有资金、其他资金与保险准备金在属性上存在显著差异，如何在法律限制规则上做出适度区分，是研究保险资金运用客体法律限制的重要内容。

一、保险资金的划分方式

在保险资金的划分上，对保险费收入形成的准备金与保险公司的资本金、公积金等自有资金做出区分是较为统一的认识，但不同国家或地区的具体做法差异较大。英美法系国家在界定保险资金运用的客体时，较多援用偿付能力管理中"认可资产"的概念，对计入认可资产的不同类型资金做出不同的使用限制要求。大陆法系国家在保险资金的划分上并不统一，德国《保险业监督法》中使用了"限制资产"的概念①，与英美法系国家的做法较为类似；日本《保险业法》的规定则较为笼统，将保险资金区分为"以保险费名义收取的金钱或其他资产"②。此外，我国台湾地区"保险法"将保险资金划分为业主权益和各种准备金，其中业主权益指保险公

---

① Act on the Supervision of Insurance Undertakings, Germany, Federal Financial Supervisory Authority, Section54. Investment rules relating to restricted assets, (1992, amended in 2007).

② Insurance Business Act, No. 105, Japan, Article 97, (1995, amended in 2018).

司财务报表中的权益类资产，各种准备金指保险费收入形成的保险准备金①。

从我国的情况看，原中国保监会《保险资金运用管理办法》第三条是我国划分保险资金的主要制度依据，但该条文仅笼统规定，保险资金包括保险公司的资本金、公积金、未分配利润、各项准备金及其他资金，缺乏明确指向。我国保险业偿付能力监管体系尚在建设中，相关监管制度仍在不断完善，在保险资金运用法律限制中引入认可资产的概念，并不具备充分的制度基础。建议基于现行监管制度中保险资金的划分方式，参考日本、我国台湾地区的做法，针对存在的不足，做出适度调整和完善。

（一）厘清各项准备金的具体内容

按照《保险资金运用管理办法》，保险资金包括各项准备金，从立法意图上判断，这里的"各项准备金"指来源于保险费收入的各项保险准备金。但是，从财务统计的角度分析，保险公司的准备金不仅包括会计报表负债部分中的保险准备金（保险负债），还应涵盖所有者权益部分中的一般风险准备金。一般风险准备金与保险业务之间并无直接对应关系，不具有保险准备金的负债性特征，在属性上更接近于保险公司的自有资金。

建议以"保险准备金"取代当前制度规定中的"各项准备金"，使保险准备金的指向更加明确。使用保险准备金的表述，可以明确其指向为保险费收入中按照保险精算原理提取、主要用于履行保险责任的各项准备金，体现出保险资金与其他行业资金的本质差别。同时，所有者权益中的一般风险准备金，与保险责任履行之间并无直接关联，建议纳入保险公司自有资金的范围。

---

① 台湾地区"保险法"第一百四十六条。

（二）明确界定自有资金的范围

在我国保险资金运用领域，自有资金的概念已被广泛使用，并大量出现于相关制度中。如原中国保监会《关于加强和改进保险资金运用比例监管的通知》中规定，保险公司使用其自有资金投资保险类企业的股权时，该投资活动可以不遵守保险资金权益类投资的比例限制要求。① 但是，作为保险资金运用领域的基础性部门规章，《保险资金运用管理办法》仅笼统列举了保险资金包括资本金、公积金和未分配利润，并没有对自有资金的范围做出界定。自有资金本身并非法律概念，在缺少制度依据的情况下，实践中更多依据原中国保监会《关于保险资金投资股权和不动产有关问题的通知》，② 推导出保险公司的自有资金包括资本金、公积金、未分配利润等，但除此之外是否存在其他类型的自有资金，自有资金的总金额如何确定，缺少明确的制度依据。

建议在划分保险资金时，将自有资金作为保险资金运用领域的特定概念，使其具有明确的法律法规依据。在范围上，自有资金应包括保险公司所持有的各类权益性质资金，如资本金、公积金、未分配利润等，其具体指向可以通过保险公司财务会计报表中"所有者权益"部分确定。实际上，从财务角度，我国台湾地区"保险法"所规定的"业主权益"与会计报表中的所有者权益更为接近，能够较好地体现出资金属性，③ 但鉴于自有资金的概念在当前保险业已被普遍接受，沿用习惯表述更有利于实践操作。

---

① 原中国保监会《关于加强和改进保险资金运用比例监管的通知》第二条第（一）项。
② 原中国保监会《关于保险资金投资股权和不动产有关问题的通知》第七条。
③ 乔石. 两岸保险资金股票投资规范比较研究［J］. 台北：保险经营学报，2018（6）：188.

（三）发挥"其他资金"的兜底作用

按照《保险资金运用管理办法》，除了各项准备金和自有资金外，保险资金还包括"其他资金"。但是，对于其他资金的具体指向和限制要求，相关法律法规和监管制度并未做出进一步规定。从立法技术上分析，《保险资金运用管理办法》中规定的其他资金，更多是在界定保险资金种类时发挥兜底条款的作用，但该兜底性规定是否合理值得探究。如我国台湾地区"保险法"将保险资金划分为各类准备金和业主权益，并没有单独规定"其他资金"。理论上，保险公司的保留盈余、短期负债应属于保险资金中的其他资金，[1] 但其他资金在范围上是否仅限于此，并不明确。如投资连结保险中的投资账户资金、[2] 养老保障管理业务中的资金[3]，均属于保险公司可使用的资金，此类资金的账户独立，并且保险公司并不承担资金投资风险，与保险准备金存在本质差别。此类资金是否应界定为保险资金中的其他资金，并无相关制度依据。

建议保留其他资金作为保险资金的组成之一，对其指向做出进一步明确。在金融行业不断发展的背景下，保险公司持有的资金将更加多样化，将自有资金、保险准备金之外的资金纳入其他资金的范围，可以使保险资

---

[1] 李亚敏. 我国保险资金运用问题研究——基于资本市场的收益与风险分析 [D]. 上海：复旦大学，2007：10.

[2] 原中国保监会《关于规范投资连结保险投资账户有关事项的通知》（保监发〔2015〕32 号）规定，"投资连结保险是指包含保险保障功能并至少在一个投资账户拥有一定资产价值的人身保险产品。""投资账户产生的全部投资净损益归投保人所有，投资风险完全由投保人承担。""投资账户资产实行单独管理，独立核算。"

[3] 原中国保监会《养老保障管理业务管理办法》（保监发〔2015〕73 号）第二十一条规定："养老保险公司开展养老保障管理业务，应当对每个养老保障管理产品建立独立的养老保障管理基金。对养老保障管理基金的管理应当遵循专户管理、账户隔离和独立核算的原则，确保养老保障管理基金独立于任何为基金管理提供服务的自然人、法人或其他组织的固有财产及其管理的其他财产。"

金的界定更加周延，增强法律制度的弹性。同时，除保险公司的保留盈余、短期负债外，如前所述，投资连结保险中的投资账户资金和养老保障管理业务中的资金不同于一般保险准备金，实质上体现为一种信托关系下保险公司的受托管理资金，建议将其纳入保险资金中的其他资金。对于其他资金在法律限制上的特殊要求，后文将做进一步分析。

二、对于不同种类保险资金的法律限制

保险准备金在保险资金中占据绝大比例，保险资金所具有的负债性、长期性、稳定性等属性，更多体现了保险准备金的特征。保险资金运用的法律限制，核心是对于保险准备金在使用中的约束和规范。从保险资金运用客体的角度，法律限制要求主要是对于寿险资金与非寿险资金在使用上的区分。保险公司的自有资金、其他资金不同于一般企业的权益类资金或其他资金，应根据其属性特征，确定针对性的法律限制要求。

（一）使用寿险和非寿险准备金的不同法律限制

如前所述，区分寿险与非寿险业务资金是保险资金运用法律限制的一项重要原则。从境外情况看，有些国家采用原则监管的方式，在保险资金运用相关立法中做出原则性规定，为保险监管机构的监督检查提供依据；有些国家则直接转化为具体限制规则，对寿险和非寿险资金投资设定不同的比例限制要求。在此方面，我国保险监管制度一直存在空白，实质上反映了当前保险业监管中面临的诸多挑战。一方面，保险分类的争议由来已久，我国将保险分为人身保险与财产保险，但人身保险中的医疗费用补偿保险具有较强的"财产属性"，财产保险公司同样可以经营短期健康险、意外险等人身保险业务，因此一些大陆法系国家采用人寿保险与损失保险的分类。① 从保险资金运用法律限制客体的角度，资金组成的区分应更多体现业务属性，而非保险公司的类型，当前的保险分类方式，尚难以支撑区分寿险与非寿险资金投资的具体限制规则。另一方面，投资型保险的发展颠覆了传统保险的定义，按照《国际财务报告准则第 17 号——保险合同》（IFRS 17），保险合同须根据具体合同服务内容进行拆分，风险保障部分列入保险合同收入，投资部分、其他明显与保险不相关的部分不再界定为保险合同收入，即不属于保险准备金。会计准则的变化，对保险资金运用客体的法律限制同样带来挑战。

基于上述原因，当前我国对使用寿险和非寿险准备金的不同法律限制要求，应以原则监管为核心，在保险资金运用法律限制制度中规定寿险与非寿险资金相区分原则，为监管机构利用偿付能力监管、保险资产负债管理监管等手段在监督检查中落实相关要求，提供法律依据。

近年来，投资型保险在我国发展迅速，尤其是万能保险、投资连结保险，资金规模积累较快且直接与保险资金运用情况挂钩，其法律限制问题成为社会关注的焦点。与传统人身保险不同，投资型保险在产品开发时对保险投资预期的依赖性更大，其资金运用的法律限制在遵循一般保险准备金使用相关要求外，应适度做出进一步规范。

一是明确投资型保险的账户资金独立核算。投资型保险主要包括分红保险、万能保险和投资连结保险，但三者各有不同。分红保险与传统寿险所包含的收取保险费、按约定给予回报是一致的，"分红"实质上是保险公司将部分经营利润让渡给被保险人，以提升保险产品的投资价值。万能保险将投保人缴纳的保险费分成两部分，一部分用于风险保障，计入保险账户；另一部分用于投资，计入投资账户。根据原中国保监会于 2010 年颁

---

① 任自力．保险损失补偿原则适用范围思考［J］．中国法学，2019（5）：121．

布的《关于保险业做好＜企业会计准则解释第 2 号＞实施工作的通知》，万能保险分拆后的投资账户负债采用实际利率法，按照摊余成本计量，此种计量方式与分红保险更为接近，该资金仍属于保险准备金。投资连结保险包含保险和投资两部分内容，功能相对独立，其中投资账户负债按照公允价值计量，不同于一般保险准备金的计量方式，并非保险准备金。由于不同种类投资型保险在资金账户的设立与会计核算上存在差异，应明确要求保险公司对分红保险、万能保险和投资连结保险的保险费收入进行分别记账、独立核算，厘清保险准备金的种类，为加强此类资金运用的法律限制规范提供基础。

二是提高投资型保险的资金运用信息披露要求。对于一般保险产品来说，保险消费者并不直接关心保险资金运用的情况，而更多考虑保险公司是否履行保险责任。但对于投资型保险而言，保险资金运用的情况与保险消费者最终获得的保险金挂钩，被保险人和受益人更希望了解到保险投资的实际运作与收益情况。因此，在保险公司日常信息披露监管要求的基础上，从保险资金运用客体法律限制的角度，应提高分红保险、万能保险、投资连结保险的资金运用信息披露要求，要求保险公司将该信息作为独立事项在网站上披露，使保险消费者可以及时了解到相关保险产品的投资方向与收益率变化情况，在保障保险消费者知情权的同时，提升保险公司开展此类投资活动的审慎度。

三是强化对于投资型保险资金投向保险公司关联方的监管。防范保险公司及其股东、管理层的道德风险，避免滥用保险资金，是保险资金运用法律限制的重要目标。实践中，对于保险资金的滥用，很多体现为保险公司将保险资金投资于关联方企业，或重大收购后形成新的关联关系，其中使用投资型保险资金的情况较多。关联交易管理是保险业监管的重要手段，股东、管理层均是确定关联方的重要因素。一直以来，保险资金运用是关联交易管理的重点领域，中国银保监会于 2019 年颁布《保险公司关联交易管理办法》，进一步强化了对于保险资金运用关联交易的穿透监管。① 投资型保险由于产品设计相对复杂，资金核算与收益变化较大，被滥用或挪用的风险更大，应加强对此类保险资金的关联交易监管。一方面，在投资型保险的资金运用信息披露中将关联交易作为特定内容；另一方面增加保险公司将投资型保险资金投向关联方、投资后形成新的关联关系、保险公司人员因投资而进入关联方管理层等情形的报告义务。此外，按照《公司法》，股东、管理层利用关联交易给公司造成损失的，应承担赔偿责任。② 在对投资型保险的账户核算与资金运用信息进行披露的基础上，如因保险公司股东、管理层引导的恶意关联性投资造成被保险人、受益人损失，应允许被保险人、受益人向保险公司的股东、管理层请求赔偿。

（二）使用自有资金的法律限制

自有资金是一家公司信用状况的体现，保障公司具有正常经营能力和责任能力，保护债权人的利益,③ 本质上应为公司经营服务，而非用于投资。保险经营以信用为基础，保险公司在一定时期内的全部保险费收入不可能总保持大于或相当于履行保险责任的赔偿金额,④ 保险公司应保证自有资金的安全性和流动性，以应对保险业务经营中的赔偿压力。因此，保险公司的自有资金并不完全用于经营投入，相当比例的资金可用于投资。

---

① 中国银保监会《保险公司关联交易管理办法》（银保监发〔2019〕35 号）第二十九条规定："保险公司应当按照银保监会的有关规定，主动监测保险资金的流向，及时掌握基础资产状况，穿透识别审查关联交易，建立有效的关联交易风险控制机制。"

② 《公司法》第二十一条。

③ 赵旭东. 从资本信用到资产信用［J］. 法学研究，2003（5）：110 – 111.

④ 孟昭亿. 保险资金运用国际比较［M］. 北京：中国金融出版社，2005：4.

从保护保险公司资金安全的角度看，自有资金的使用应受到一定的限制，但相比具有负债性特征的保险准备金，限制程度应有所放松；相比一般企业的资本金等权益类资金使用，限制则应相对严格，以体现保险经营的特征。

因此，自有资金使用的法律限制，是在保险资金运用法律限制一般要求的基础上，给予自有资金"松绑"，明确仅允许保险公司使用自有资金投资的具体情形。根据我国保险资金运用相关监管制度，结合其他国家和地区经验，自有资金使用法律限制的特别规定，应主要包括以下三个方面。

一是保险公司投资自用性不动产，必须使用自有资金。自用性不动产是指保险公司为自身开展经营活动而购置的办公楼等不动产，该类投资属于保险经营的成本投入，并不直接产生投资回报。从国内外保险立法情况看，对保险公司购置自用性不动产时资金种类的限制要求较为统一，仅限于自有资金。该项限制的目的在于，自用性不动产主要用于保险公司开展经营活动，并非资产保值增值，应避免保险公司利用保险资金为自身经营提供条件，客观上影响保险消费者利益。自有资金大多为股东投入的资本金或保险公司的利润积累，用于保险公司改善经营条件则并无不妥。因此，仅允许保险公司使用自有资金购置自用性不动产，应作为保险资金运用客体法律限制中的一项基本规则。同时，我国现行监管制度对何为自用性不动产并无规定，立法完善时应对该问题予以明确，如借鉴我国台湾地区的做法，保险公司的自用面积不低于不动产总面积的50%时，属于自用性不动产。

二是保险公司以控制为目的的股权投资和股票投资，必须使用自有资金。保险公司因保险投资介入被投资企业的经营，是保险资金运用法律限制中的重要问题。如前所述，我国台湾地区"保险法"严格限制保险公司参与被投资企业的经营活动。前海人寿使用保险资金参与争夺万科公司控制权等事件的发生，正凸显出我国保险法律制度在此方面的约束不足。从当前监管制度看，虽然规定保险公司的重大股权投资和上市公司收购须使用自有资金，但在具体规则上，制度之间仍缺乏衔接。① 与自用性不动产投资的限制理由相似，保险投资的核心目的在于资产保值增值，而以控制为目的的股权投资或股票投资往往渗入了保险公司或其股东的其他目的，如资源共享、战略布局等，甚至可能被滥用于关联公司之间资本金的相互拆借。对于保险公司的此类投资行为，法律上应予以一定限制。从自有资金的情况看，通过设立、收购同类业务公司以增强经营实力，本身属于注册资本金、未分配收益的重要用途，允许保险公司使用自有资金开展以控制为目的的股权或股票投资具有合理性，一概禁止保险公司介入被投资企业经营则存在"矫枉过正"之嫌。② 因此，对于以控制为目的的权益类投资，应限定资金种类为保险公司自有资金。在制度之间的衔接上，限制此类股权投资和股票投资的核心均在于约束保险公司的"控制行为"，具体应包括保险公司设立子公司、以控制为目的的投资未上市企业股权、收购上

---

① 如对以取得被投资企业控制权为目的的股权投资的界定上，我国保险行业相关监管制度规定较为分散。一方面，原中国保监会《关于保险资金运用监管有关事项的通知》将其界定为"重大股权投资"，指"对拟投资非保险类金融企业或者与保险业务相关的企业实施控制的投资行为"，并非区分上市企业和未上市企业的股权投资。另一方面，针对上市企业股权投资，原中国保监会《关于进一步加强保险资金股票投资监管有关事项的通知》又界定为"上市公司收购"，指"通过取得股份的方式成为上市公司的控股股东，或者通过投资关系、协议、其他安排的途径成为上市公司的实际控制人，或者同时采取上述方式和途径拥有上市公司控制权"；而"重大股票投资"则被界定为"保险机构或保险机构与非保险一致行动人持有上市公司股票比例达到或超过上市公司总股本20%，且未拥有上市公司控制权的股票投资行为"，造成前后规定难以相互衔接。

② 李伟群，胡鹏．保险机构股票投资行为的法律规则——以"金融与商业分离原则"为视角［J］．法学，2018（8）：187.

市公司等三种情形，建议在保险资金运用基础规章制度中对以上三种情形必须使用自有资金做出明确界定，避免在不同制度中分散规定。

三是自有资金的使用应不遵守比例限制要求。保险公司的自有资金属于所有者权益类资金，在法律限制上应区别于保险准备金，以避免过分干预保险公司的经营自主权。比例限制属于直接约束保险资金使用范围的手段，在功能上主要是避免保险准备金的滥用，对于自有资金的使用应做出豁免。目前，原中国保监会《关于加强和改进保险资金运用比例监管的通知》对自有资金不遵循比例限制要求已做出规定，但仅局限于特定情形。鉴于自有资金的负债性特征相对较低，且受到偿付能力管理的约束，建议在保险资金运用比例限制规则完善时，对自有资金的使用统一做出豁免。

此外，在具体限制方式上，我国现行监管制度的做法相对简单，仅原则规定上述情形的保险投资活动须使用自有资金。[①] 从实践操作看，此种限制方式给行业监管带来较大压力，监管时既须判断投资行为是否构成自有资金使用的特殊情形，又应识别资金种类是否属于自有资金。在此方面，我国台湾地区"保险法"采用了限制投资总额的方式，规定保险公司投资自用性不动产、控制类股权时投资金额不得超过业主权益或业主权益

[①] 我国现行监管制度规定保险投资须使用自有资金的情形主要包括：1. 原中国保监会《关于保险资金投资股权和不动产有关问题的通知》中关于保险公司重大股权投资和购置自用性不动产的规定；2. 原中国保监会《关于进一步加强保险资金股票投资监管有关事项的通知》中关于保险公司收购上市公司的规定；3. 原中国保监会《保险公司所属非保险子公司管理暂行办法》中关于保险公司直接投资非保险子公司的规定；4. 原中国保监会《保险公司股权管理规定》中关于投资保险公司股权的规定。

的一定比例，① 即由保险监管机构判断特定情形下的投资金额是否超出保险公司会计报表中的股东权益（或股东权益的一定比例），② 该种做法值得借鉴。建议在明确保险公司开展特定情形投资须使用自有资金的同时，增加规定保险公司的自用性不动产投资，以取得被投资企业控制权为目的的权益类投资，投资金额不得超过保险公司自有资金的总额，其中自有资金总额为保险公司当期的所有者权益。

（三）使用其他资金的法律限制

对于保险资金中的其他资金，法律限制要求应根据资金的具体情形确定。一是保留盈余、短期负债等资金，属于财务核算中的变动类资金，如保留盈余中的部分资金将转化为未分配利润，短期负债一般须在较短期限内偿还，由于该类资金与保险业务本身并无直接关联，在属性上更接近于自有资金，建议遵循自有资金使用法律限制的特别规定。二是投资连结保险中的投资账户资金和养老保障管理业务资金，属性界定上相对复杂，下文对其法律限制要求作专门分析。三是除前述两类资金之外的其他资金，鉴于其具体指向须基于实践情况确定，从保险资金运用法律限制的理念出发，原则上应遵循保险准备金使用的法律限制要求。

如前所述，投资连结保险中的投资账户资金虽来源于保险业务，但该类资金独立核算、独立投资运作，并不计入保险准备金，投资风险完全由

---

① 我国台湾地区"保险法"第 146 条之 2 中规定："购买自用不动产总额不得超过其业主权益之总额"；第 146 条之 6 中规定，"经监管机关核准的投资保险相关事业所发行股票之行为，保险机构的投资总额最高不得超过其业主权益；保险机构因投资而与被投资公司具有控制与从属关系者，其投资总额最高不得超过该保险机构业主权益的 40%。"

② 乔石. 两岸保险资金股票投资规范比较研究［J］. 台北：保险经营学报，2018（6）：187－188.

投保人承担，① 具有信托法律关系的性质。但是，该类资金又不同于一般信托法律关系下的受托资金，无独立的受托人，当保险公司遇到财务危机时，存在用于偿付债务的可能性。坚持"保险业姓保""回归本源，突出主业"是我国保险业的发展方向，② 虽然投资连结保险具有较强的投资功能，其投资账户资金在性质上并不属于保险准备金，但作为保险业务的组成部分，对投资连结保险中全部资金实行相同的法律限制要求，更符合保险业回归本源的要求，有利于保护保险消费者的利益。原中国保监会《关于规范投资连结保险投资账户有关事项的通知》中明确规定，投资连结保险中的投资账户资产在配置时应符合保险资金运用相关监管规定要求。同时，在遵循保险资金运用法律限制一般要求的基础上，基于投资连结保险的特点，可以在相关制度中对其投资账户资金的使用做出特别规定。如原中国保监会在保险公司设立投资账户应满足的条件、投资账户资金的配置范围、投资账户的流动性管理要求、账户独立性原则等方面，均做出较为具体的特别规定。③

养老保障管理业务是针对养老保险公司设计的一项特殊业务类型。④与保险业务不同，养老保障业务中并无投保人、被保险人等主体，养老保险公司提供资金管理服务，并非风险保障服务；⑤ 同时，养老保障管理业务的资金并非由保险公司"持有"，实行资金托管机制，由第三方托管银

---

① 原中国保监会《关于规范投资连结保险投资账户有关事项的通知》（保监发〔2015〕32号）第三条。
② 原中国保监会《关于进一步加强保险监管维护保险业稳定健康发展的通知》（保监发〔2017〕34号）。
③ 原中国保监会《关于规范投资连结保险投资账户有关事项的通知》。
④ 原中国保监会《养老保障管理业务管理办法》第三条。
⑤ 原中国保监会《养老保障管理业务管理办法》第十六条。

行负责资金账户管理。① 因此，在性质上，养老保障管理业务具有典型的信托法律关系特点，该项业务资金与保险准备金、保险公司的自有资金是相互分离的。理论上，养老保障管理业务属于养老保险公司开展的信托型资金管理业务，其资金使用的限制应受到相关资产管理合同的约束，并非保险资金运用法律限制的范围。但是，根据原中国保监会《养老保障管理业务管理办法》，养老保障管理业务资金的投资应遵循保险资金运用相关要求，② 采取此种做法，更多是基于养老保障业务自身的特点。养老保障管理业务并非单纯的资金委托管理业务，而是为养老保障服务的特定业务。与基本养老保险基金、职业年金和企业年金等养老性质基金的投资原则相同，养老保障管理业务资金的投资同样以安全性和稳健性作为基础。在当前我国资本市场尚不成熟的情况下，从保险行业监管的角度，要求养老保障管理业务资金在使用上遵守保险资金运用法律限制相关规则，具有一定的合理性。

值得进一步探讨的是，养老保障管理业务分为团体养老保障管理业务和个人养老保障管理业务。其中，团体养老保障管理业务在属性上与职业年金、企业年金较为类似，在产品开发、销售等方面与团体保险则具有一些相同之处。基于上述分析，团体养老保障管理业务资金在原则上遵循保险资金运用相关法律限制规则，并无不妥。而个人养老保障管理业务属于面向个人投资者的金融产品，在属性上与银行理财、公募基金更为接近，与保险业务存在根本差别，其资金使用中的法律限制应体现自身业务特点。目前，中国银保监会制定过程中的《个人养老保障管理业务管理暂行办法》，对个人养老保障管理业务资金的投资要求仍是遵守《资管新规》

---

① 原中国保监会《养老保障管理业务管理办法》第二十二条。
② 原中国保监会《养老保障管理业务管理办法》第三十五条。

相关规定，投资范围、资产分类和定义比照保险资金运用相关监管规定。这实质上反映了现阶段此项业务尚不成熟，资金使用限制遵循相对稳健的保险资金相关要求。期待个人养老保障管理业务发展壮大后，该项业务资金的使用能够制定针对性的法律限制规则。

三、具体规则的立法建议

结合上述分析，从保险资金运用客体法律限制的角度，建议在《保险法》或保险资金运用相关基础制度中增加如下规定。

（一）明确保险资金的划分

具体建议为：保险资金，包括保险公司以本外币计价的保险准备金、自有资金和其他资金。保险准备金，是指来源于保险费收入的各类准备金；自有资金，是指保险公司的资本金、公积金、未分配利润等权益性质资金；其他资金，是指除保险准备金、自有资金之外，保险公司可运用于投资的其他资金。

（二）明确自有资金和其他资金的法律限制

具体建议为：保险公司购置自用性不动产，应使用自有资金。保险公司设立子公司、以控制为目的投资未上市企业股权、收购上市公司，应使用自有资金，经国务院保险监督管理机构批准。

保险公司在开展资金运用中，如确须突破比例限制，应经国务院保险监督管理机构批准。保险公司自有资金的使用，不受比例限制约束。

保险资金中其他资金的范围和使用要求，由国务院保险监督管理机构另行规定。

第四节　保险资金运用行为法律限制的完善

保险资金运用本质上是一种投资活动，保险资金运用的法律限制是对于保险投资活动的行为监管手段，核心要求仍在于行为方式本身的限制。事实上，前述关于保险资金运用主体和客体的法律限制，均是围绕保险投资行为做出的，如保险公司的法律限制要求须根据不同投资形式的特点确定，自有资金使用的法律限制是对于保险投资活动中资金种类的限定。这里对于保险资金运用行为法律限制的研究，是指法律法规及监管制度对于保险公司所实施投资行为的约束，结合境内外保险行业实践情况看，核心问题是保险资金运用在投资形式和投资比例上的法律限制。

一、投资形式的法律限制

保险投资的形式，是指保险资金可以投资的范围或对象。在保险法律制度中对于保险投资形式做出一定程度的限制，是世界各国较为通行的做法，实践中主要包括两种模式：一种是明确规定保险资金可以投资的范围，并对各类投资形式的相关限制要求做出规定，如美国《保险公司投资示范法》、多数大陆法系国家以及我国均采用此种方式。另一种是明确规定禁止保险资金投资的范围，除禁止投资的形式外，法律制度对于保险资金投资其他形式并无限制，如美国的一些州保险法和英国采用此种方式。整体上看，上述第一种模式在实践中更为普遍，从法律制度层面对保险投资形式做出限制，更有利于规范保险公司的投资行为。

自 1995 年制定《保险法》开始，对保险资金的投资范围做出规定，一直为我国保险业立法所遵循。但 2009 年以来，《保险法》及保险资金运用基础制度的修订相对滞后，不仅对于保险投资形式的规定不足，而且在法律限制方面缺乏相对统一的规则。在我国保险资金运用市场改革发展的四十年中，保险投资形式发生了显著变化。在 1995 年《保险法》颁布时，法律规定的保险投资形式仅限于银行存款、政府债券和金融债券，直到 1999 年才增加了企业债券和证券投资基金。2004 年以后，保险投资形式逐步放宽，保险公司可以投资银行次级债券、可转换公司债、股票和境外市场投资，2006 年进一步允许投资基础设施建设项目和商业银行股权。2009 年《保险法》修订后，保险投资形式扩展至无担保债券、未上市股权和不动产，2012 年又进一步增加了信托计划和银行理财等金融产品、股指期货等衍生品。2014 年至 2016 年，保险投资形式先后增加了优先股、创业板股票、创业投资基金、保险私募基金、PPP 项目和沪港通试点，2018 年开始试点投资长租公寓等。① 目前，我国保险资金运用的范围已经基本上覆盖各类主要的投资领域，但在法律限制规则的完善上，尚存在较多不足。作为保险业基础法律，《保险法》在 2009 年之后一直未做出修订，对于保险投资形式的规定已相对滞后；原中国保监会于 2018 年颁布《保险资金运用管理办法》，在原有《保险资金运用管理暂行办法》的基础上做出较大调整，但对于保险投资形式和相关限制要求的规定仍较为原则；各类保险投资形式的范围标准和限制要求散落于行业监管机构颁布的相关规范性文件中，不仅效力层级较低，而且制度之间无法衔接，甚至存在冲突。以不动产投资为例，《保险法》和《保险资金运用管理办法》仅规定保险资金可以投资于不动产，投资时须遵循的法律限制要求则散落于《保险资金

---

① 任春生. 我国保险资金运用改革发展 40 年：回顾与展望［J］. 保险研究，2018（12）：30.

投资不动产暂行办法》《关于保险资金投资股权和不动产有关问题的通知》等规范性文件中，给行业实践带来较多困难。

保险投资形式是保险资金运用行为法律限制的核心要求，从境外立法经验看，此类规定均体现于保险业法等高效力层级的法律制度中。① 完善保险投资形式的法律限制，应从《保险法》及保险资金运用基础监管制度的角度出发，对各类保险投资形式及主要法律限制要求做出统一规范，为保险资金运用行为提供清晰的顶层制度依据。具体来说，该类法律规定主要包括两个方面：一是对保险投资形式进行大类划分。随着保险投资形式的不断拓展，保险资金基本上可以投资于各类主要的资产品种。法律制度对于保险投资形式的规定，并非单纯规定允许保险公司投资的范围，而是根据不同投资形式的属性特征，从大类资产划分的角度，对允许保险资金投资的主要投资形式做出归纳，作为保险资金运用行为法律限制的基础。二是对不同保险投资形式的法律限制要求做出规定。保险资金运用行为法律限制的核心理念是，在放开前端投资形式的同时，加强从后端控制防范风险。② 在对保险投资形式做出规定的基础上，法律制度须针对各类投资形式的限制要求做出规定，即针对不同投资形式的特点，确定对应的法律限制规则。上述法律规定应体现于《保险法》及保险资金运用相关基础行政法规或部门规章中，作为保险公司开展投资活动和行业监管机构制定细化监管制度的核心依据。

从完善《保险法》《保险资金运用管理办法》等保险资金运用基础监管制度的视角，结合当前国内外保险机构大类资产配置情况，以下对保险

---

① 如美国、日本、我国台湾地区均是在最高效力层级的保险业法律中对保险投资形式的法律限制做出规定。

② 中国保险资产管理业协会编著. 国内外保险机构大类资产配置研究［M］. 北京：中国金融出版社，2017：227.

投资形式的大类划分及主要法律限制要求做出探讨，为法律制度完善提供参考。

（一）银行存款

银行存款包括定期存款、协议存款等类别，具有收益稳定性、安全性高等特点，一直是保险资金运用的重要方式。但是，随着保险业务尤其是寿险业务的发展，保险资金运用对于投资收益具有确定要求，银行存款收益率相对较低，在保险资金运用中的占比一般不超过 10%，[①] 更多是保险公司短期调配资金、保持流动性水平的辅助工具。

在法律限制上，安全性是保险资金投资银行存款的主要原因，主要要求体现为三个方面：一是存款银行的资质条件，一般要求资本充足率等指标符合相关监管规定、内部治理结构完善；二是存款银行的信用等级须达到相应的标准，如原中国保监会《关于规范保险资金银行存款业务的通知》规定，存款银行最近一年的长期信用评级应达到 A 级或者相当于 A 级以上；[②] 三是相关禁止性要求，包括禁止保险资金投资非银行金融机构的存款、禁止将保险资金投资的银行存款用于向他人提供质押融资或担保等，该类禁止性要求在其他形式的保险投资活动中同样适用。

（二）有价证券

有价证券包括的范围较为广泛，我国《保险法》仅规定了债券、股票、证券投资基金份额三种类型，从相关监管制度和行业实践情况看，保险资金可以投资的有价证券还应包括票据、金融衍生品、资产证券化产品等其他类型。以下对保险资金投资各类型有价证券的主要法律限制要求分

---

① 陈文辉，等. 新常态下中国保险资金运用研究［M］. 北京：中国金融出版社，2016：146.

② 原中国保监会《关于规范保险资金银行存款业务的通知》（保监发〔2014〕18 号）第二条。

析如下：

一是票据类，包括可转换定期存单、银行承兑汇票、商业本票等。票据类有价证券大多属于流动性资产，与银行存款类似，保险资金投资的比例相对较低，法律限制主要体现为对票据发行机构的资质条件和信用等级要求。

二是债券类，包括国债、金融债券、企业债券等。债券具有多种不同类型，是保险资金运用最主要的形式。保险资金投资债券的法律限制，一方面体现为资产与负债相匹配原则的遵循，即债券期限应与保险业务的资金流动性要求相一致；另一方面主要通过对债券发行主体的资质和信用等级要求加以控制，如金融债券、企业债券相比国债风险更大，信用等级要求相应更高，按照原中国保监会《保险资金投资债券暂行办法》，保险资金投资证券公司债券，发行主体的国内信用评级应在 AA 级以上。①

三是股票类，包括上市公司股票和可转换公司债券。股票类有价证券的交易在特定交易场所完成，证券业监管机构、证券交易所对于交易行为具有严格要求，保险资金运用视角下的法律限制主要体现为一些禁止性要求，以防范保险投资发生重大风险或被保险公司滥用。如原中国保监会《保险机构投资者股票投资管理暂行办法》规定，保险资金不得投资业绩大幅下滑、出现严重亏损或者未来可能发生严重亏损情形的上市公司股票。② 此外，针对保险公司因股票投资而取得上市公司控制权的情形，如前文所述，法律法规应做出特别限制，在资金种类上必须使用保险公司的自有资金。

---

① 原中国保监会《保险资金投资债券暂行办法》（保监发〔2012〕58 号）第九条第（二）项

② 原中国保监会、中国证监会《保险机构投资者股票投资管理暂行办法》第十四条第（五）项

四是证券投资基金类，指公开发行和交易的公募基金。根据投资范围的不同，证券投资基金可以划分为不同类型，如货币型基金、债券型基金、股票型基金等。对于保险资金运用于证券投资基金的法律限制，应根据该基金的具体类型确定，如债券型基金遵循保险资金投资债券的限制要求，股票型基金遵循保险资金投资股票的限制要求。对于混合型基金来说，其主要投资标的仍为股票，应适用股票投资的相关限制规则。

五是金融衍生品类，包括期货、期权等。金融衍生品具有标准化结构、在交易所交易，与股票投资有较多类似之处，法律限制主要体现为规范投资目的，即限于对冲或规避风险，不得用于投机。如根据原中国保监会《保险资金参与股指期货交易规定》，单个资产组合在交易日日终时，所持有卖出股指期货的合约价值，不得超过其对冲标的股票及股票型基金资产的账面价值。[①]

六是资产证券化类，指公开发行和交易的资产证券化产品，如在全国银行中债券市场上交易的资产支持证券产品（ABS）。保险资金投资资产证券化产品与投资债券较为类似，法律限制主要体现为对产品发行方资质和产品的信用等级要求，如原中国保监会《关于保险资金投资有关金融产品的通知》规定，保险资金投资信贷资产支持证券，产品的信用等级不得低于 A 级。[②]

（三）不动产

不动产投资一直是保险资金运用的重要方式，在模式上可以分为直接投资和间接投资两类，直接投资是指通过购置土地、物业、项目等方式配

---

① 原中国保监会《保险资金参与股指期货交易规定》（保监发〔2012〕95 号）第七条。

② 原中国保监会《关于保险资金投资有关金融产品的通知》（保监发〔2012〕91 号）第三条。

置房地产，间接投资是通过投资股权、资产证券化产品等金融工具配置不动产。①

保险资金投资不动产时，除保险公司应具备相应的资质条件和投资自用性不动产须使用自有资金外，法律限制主要体现为对于不动产资产本身的要求，包括：不动产应当产权清晰，没有权属争议；不动产项目应取得相应的土地、建设和销售资质；不动产资产所在区域应具有较强的投资价值，如我国台湾地区"保险法"要求保险资金投资的不动产应能够即时利用并具有收益；不动产项目涉及的行业和用途应符合国家政策，与保险行业具有相关性，如原中国保监会《保险资金投资不动产暂行办法》严格禁止将保险资金用于开发或销售住宅。②

（四）未上市企业股权

按照我国保险行业相关监管制度，股权投资是指对境内未公开上市企业股权的投资行为，与不动产投资相同，分为直接投资和间接投资两种模式。很多国家在界定保险资金运用形式时，并未区分股权与股票，由于股票投资在交易方式、投资风险、退出机制等诸多方面与股权投资存在较大差异，本书认为在分析不同保险投资形式的限制要求时，应对两者做出区分。

股权投资具有周期性长、风险较高的特点，同时受到回报方式、退出机制等诸多因素影响，相关法律限制要求较为复杂，总体上主要考虑如下方面：一是投资目的上，股权投资应以财务投资为主，使保险资金能够获得稳定收益，对于战略投资则应有所限制，须符合资产负债相匹配原则；③

---

① 吴永刚. 保险资金投资不动产研究［M］. 北京：经济科学出版社，2014：35.
② 原中国保监会《保险资金投资不动产暂行办法》第十六条。
③ 陈文辉，等. 保险资金股权投资问题研究［M］. 北京：中国金融出版社，2014：3.

二是投资范围上，股权投资一般周期较长，应根据投资目的而有所限制，战略型投资限于具备成长性、与保险经营相关的行业，财务性投资则可扩大为绝大多数行业，限制投资高污染、高耗能或技术附加值较低的行业；三是退出机制上，保险资金投资股权应具备明确的退出机制安排，以保证资金安全，根据资产负债相匹配原则，寿险与非寿险资金周期要求不同，退出机制应与资金种类相对应。

此外，以取得控制权为目的的股权投资是保险资金投资股权时的一种特殊情形，法律上一般会做出严格限制。一方面在资金种类上应要求重大股权投资须使用自有资金；另一方面则主要通过投资领域应与保险行业具有相关性、须经行业监管机构核准等手段加以限制。

（五）非标准化资产管理产品

非标准化资产管理产品是指金融机构发行的非标准化投资资产项目，具体形式包括商业银行理财产品、信托公司集合资金信托计划、证券公司专项资产管理计划、私募基金、保险资产管理公司项目资产支持计划、其他保险资产管理产品等。根据原中国保监会《关于加强和改进保险资金运用比例监管的通知》，该类资产被界定为"其他金融资产"，行业实践中则被称为"非标产品"。随着中国人民银行等部委联合颁布《资管新规》，本书倾向于将此类产品界定为非标准化资产管理产品，以保持与最新监管制度的一致性。① 非标准化资产管理产品的发行与交易受到《资管新规》及

---

① 须予以说明的是，《资管新规》中规定的"资产管理产品"与原中国保监会《关于加强和改进保险资金运用比例监管的通知》中规定的"其他金融资产"在范围上并不一致，如在证券交易所公开发行的证券投资基金，属于资产管理产品的范畴，但在保险投资形式中则纳入有价证券。保险投资形式中的其他金融资产或非标产品，更多强调是非标准化的资产管理产品。由于《资管新规》是针对金融行业的统一规范要求，为了保证研究结论的可操作性，本书将保险投资形式中的其他金融资产、非标产品，界定为非标准化资产管理产品。

所属行业相关监管制度的限制，如对保险资产管理公司发行的基础设施投资计划等资产管理产品，保险行业监管机构制定了相应的监管规则。此外，基于投资标的的属性和法律限制的目的，本书倾向于保险资金运用中的非标准化资产管理产品应具有固定收益性，如股权投资计划、不动产投资计划等，实质上同样属于资产管理产品，但在保险投资范围划分时则分别被纳入未上市企业股权、不动产。

保险资金投资非标准化资产管理产品时，相关法律限制主要体现在如下方面：一是对于融资方、担保方及资产管理产品的信用等级要求，非标准化资产管理产品以债权性质的投资为主，产品本身及相关主体的信用等级要求是保险公司投资此类资产时控制风险的重要因素，从行业角度出发，法律制度层面应对允许保险资金投资的非标准化资产管理产品的最低信用等级做出规定（不能进行信用评级的资产管理产品除外，如股权类产品）；二是基于投资对象自身属性的限制，非标准化资产管理产品在形式上是对于不同投资对象在交易结构、收益分配方式等方面的设计，被投资标的是资产管理产品的基础，也是投资风险的根本来源，法律限制应针对投资对象的不同属性而有所差别，如非标准化资产管理产品的基础投资资产为不动产、股权、债权时，须遵循相对应的法律限制要求；三是基于非标准化资产管理产品在法律结构特征上的限制，不同行业发行的非标准化资产管理产品特征各异，从保证资金安全的角度看，法律制度层面应做出针对性的限制，如中国银保监会《关于保险资金投资集合资金信托有关事项的通知》中规定，保险资金投资的集合资金信托计划，应在信托合同中明确约定各方的权责义务，由受托人自主管理，禁止将资金信托作为通道。①

---

① 中国银保监会《关于保险资金投资集合资金信托有关事项的通知》（银保监办发〔2019〕144 号）第八条。

（六）境外投资

严格意义上，境外投资并非保险投资的形式，而是泛指具有涉外因素的各类保险投资行为。因此，保险资金境外投资的法律限制，更多体现为在遵循前述保险投资形式法律限制的基础上，根据涉外因素做出进一步要求，主要包括以下三个方面。

一是对于投资区域的限制，境外投资最大的风险因素在于所投资国家或地区的政治、经济变化，法律制度层面须对投资区域做出一定程度的限制，为了便于区域调整，此类限制一般由行业监管机构颁布允许保险资金投资的国家或地区清单；二是根据具体投资形式做出进一步限制，考虑到境外投资相比境内投资风险相对更大，对于同一类型的投资形式，法律制度往往会在一般投资形式限制要求的基础上做出进一步规定，如在信用评级方面要求更高；三是针对境外的一些特殊投资资产做出相对应的限制要求，如对于投资房地产信托投资基金（REITs），原中国保监会《保险资金境外投资管理暂行办法实施细则》规定须在列明的国家或者地区交易所挂牌交易。[①]

以上对于保险投资形式的大类划分和主要法律限制要求的归纳，更多是基于健全《保险法》《保险资金运用管理办法》等保险投资基础制度，并没有覆盖各类保险投资形式的全部法律限制要求。从完善我国保险投资形式法律限制的角度看，《保险法》应对保险投资的形式和范围做出更为完整的规定，主要法律限制要求则应在《保险资金运用管理办法》等基础管理制度中体现，共同作为保险公司实施保险投资行为的核心依据，与境外国家或地区的做法相一致。对于保险投资形式的拓宽和法律限制要求的

[①] 原中国保监会《保险资金境外投资管理暂行办法实施细则》（保监发〔2012〕93号）第十二条第（三）项

进一步细化，可以通过行业监管机构颁布具体监管制度的形式实现，便于监管要求及时调整，当制度成熟后再纳入高效力层级规定中。

二、投资比例的法律限制

在保险资金运用相关法律法规中，根据保险投资形式或投资对象的不同，对投资金额占保险资金总额的最高比例做出限制，是规范保险投资活动的重要手段，即保险投资比例的法律限制。形式上，投资比例的法律限制分为类别比例限制和单一比例限制。类别比例限制是指对于保险资金投资不同资产类型的投资金额占保险资金总金额的比例做出限制；单一比例限制是指对于保险资金投资单一资产或单一交易对手的投资金额占保险资金总金额的比例做出限制。

（一）投资比例法律限制的基础

保险资金运用以资产组合学说为基础，核心是保险资金能够实现有效的大类资产配置。资产配置是指为了实现资金运用的目标，将全部资金在货币、债券、股票、不动产等不同资产上进行比例分配的过程。[1] 按照资产组合学说，稳定收益的取得不仅须考虑资产的收益率，更应统筹评估资产风险，通过不同资产的比例配置以实现收益与风险的相互均衡。[2] 根据有关研究对于大规模资金运作收益情况的测算，长期投资业绩90%源于资产配置，只有10%的收益是由择时交易和证券选择所带来的。[3] 保险资金是通过业务收入累积形成的大规模资金，追求长期稳健的投资回报，"鸡蛋不能放在一个篮子里"，保险投资涉及收益目标、风险控制、资产负债匹配、流动性

---

[1] 段国圣. 资本约束下的保险公司最优资产配置：模型及路径 [J]. 财贸经济，2012 (8)：72.
[2] MARKOWITZ H：Portfolio Selection [J]. Journal of Finance, 7 (1), 1952：78.
[3] SWENSEN D F. Pioneering Portfolio Management [M]. Free Press, 2009：41.

等诸多因素,① 资产配置是保险公司开展资金运用活动的基本策略。②

保险资金的大类资产配置同样是行业监管的重要内容。③ 保险资金运用市场的整体资产配置情况决定了行业承受的风险水平,④ 如资金大量聚集于高风险领域,发生系统性风险的可能性将随之上升。从行业监管的角度看,可以对投资于不同资产形式的资金占保险资金总额的比例做出限制,以保障市场的安全稳健发展,即保险投资比例的法律限制。投资比例的法律限制是资产组合学说在行业监管层面的运用,但与保险公司的大类资产配置存在较大差异。保险公司的大类资产配置是将所持有资金分散投资于不同资产形式的比例安排,⑤虽然体现为多重收益与风险的博弈选择,但核心是资金收益率。⑥ 投资比例的法律限制是一种对保险公司投资行为的制度约束,仅仅限制部分投资形式的最高投资比例,并不涉及整体资产配置对投资收益率的影响,核心是行业风险的防范。大类资产配置是投资比例限制的基础,但投资比例的法律限制客观上会对资产配置的选择和投资收益带来一定制约。正因如此,对于投资比例的法律限制,各国保险业监管实践中采取了不同的做法。如前所述,美国《保险公司投资示范法》对不同保险投资形式做出严格的比例限制,保险公司的大类资产配置须遵循比例要求;英国则采用间接监管的方式,资产配置策略完全由保险

---

① WALSH C. Key Management Ratios [M] . Financial Times Publishing, (4th ed.), 2012:12 –21.

② FOLLMER H, SCHIED A. Convex Measures of Risk and Trading Constraints [J] . Finance and Stochastics, 6 (4), 2002: 429 –447.

③ COLQUITT L L, COX L A. The Efficacy of Regulator's Estimates of Life Insurer Portfolio Risk [J] . Risk Management and Insurance Review, 2 (2), 1999: 1 –13.

④ GRAY J, HAMILTON. Implementing Financial Regulation: Theory and Practice [M] . John Wiley & Sons Inc, 2006: 122.

⑤ CUMMINS J D. Allocation of Capital in the Insurance Industry [J] . Risk Management and Insurance Review, 3 (1), 2000: 7 –27.

⑥ MYERS S C, READ J A, Jr. Capital Allocation for Insurance Companies [J] . Journal of Risk and Insurance, 68 (4), 2001: 545 –550.

公司自主决定。

由上述分析可见，明确我国是否有必要实施保险投资比例的法律限制，是研究相关问题的基础。本书认为，从当前我国保险行业实际出发，结合境外保险业监管经验，投资比例法律限制相关要求应在保险行业监管制度中加以体现。理由包括以下两个方面。

一方面，我国保险资金运用市场尚不成熟，在风险为本的理念下，应采取一定的直接行为监管手段，设置不发生系统性风险的防火墙。表 5 对主要国家 2001 年与 2015 年保险行业大类资产配置情况进行简要对比：

表5　2001 年与 2015 年主要国家保险资产配置比例变动情况①

		现金及存款	固定收益类②	股票类③	其他资产④
美国	2001 年	少于10%	70% 左右	7% 左右	5% 左右
	2015 年	少于10%	70% 左右	5% 左右	5% 左右
英国	2001 年	少于5%	30% 左右	50% 左右	15% 左右
	2015 年	少于5%	40% 左右	30% 左右	30% 左右
德国	2001 年	少于5%	80% 左右	10% 左右	10% 左右
	2015 年	少于5%	85% 左右	5% 左右	少于10%
日本	2001 年	少于10%	70% 左右	10% 左右	少于10%
	2015 年	少于10%	80% 左右	5% 左右	少于10%
我国	2001 年	60% 左右	35% 左右	5% 左右	少于5%
	2015 年	少于20%	35% 左右	15% 左右	35% 左右

---

① 相关数据主要来源于中国保险资产管理业协会编著. 国内外保险机构大类资产配置研究［M］. 北京：中国金融出版社，2017；周立群. 保险与投资若干问题研究［M］. 北京：中国财政经济出版社，2013：367－398.

② 固定收益类资产主要包括境内外政府债券、企业债券、保险公司抵押贷款及债权类基金。其中，境外国家保险资金可以投资的固定收益类资产包括抵押贷款，我国尚不允许保险资金用于抵押贷款。

③ 股票类资产主要包括境内外股票及股票类基金。

④ 其他资产主要包括房地产、未上市企业股权、信托产品、私募基金等非标准化资产管理产品、大宗商品，由于不同国家保险资金运用法律制度存在差异，保险资金可以投资的其他资金在范围上并不一致。

通过上述比较可以看出，在相对成熟的保险资金运用市场中，采取投资比例限制的国家，行业资产配置情况相对稳定，如美国、德国，固定收益类资产与股票类资产的投资比例在十五年内波动较小。相比之下，未采取投资比例限制的国家，行业资产配置变动幅度相对较大，且投资高风险领域资产的比例更高，如英国的股票投资比例显著高于其他国家。[①] 同时，当保险资金运用市场进入成熟阶段后，高风险资产的投资比例呈现下降趋势，无论是否采取投资比例限制，美国、英国、德国、日本的股票类资产配置比例均在 15 年内呈现下降趋势。其中较为典型的是日本，在 2010 年取消对于保险投资形式的比例上限后，股票类资产的投资比例并未上升。

从我国的情况看，在保险资金运用市场近二十年的变革历程中，保险投资形式的拓宽是"主旋律"，尤其是在 2010 年以后，房地产、未上市企业股权、信托计划等其他资产投资陆续放开。从 2001 年到 2015 年，我国保险行业的固定收益类投资并未发生显著变化，股票类资产和其他资产的投资则大幅上升，反映了保险投资渠道拓宽带来的刺激作用，也证明了我国保险资金运用市场仍处于初步发展阶段，尚不成熟。与英国保险行业自律性较高、保险公司普遍具有风险控制意识不同，我国保险行业对于大类资产配置和投资风险控制的理解并不深刻，尤其是近年来发生的一系列保险资金滥用事件，更折射出行业主体自律性不足等问题，一旦放开保险投资比例限制，将给行业带来较大的风险和隐患。因此，基于我国保险资金运用市场的发展程度，应遵循投资比例的法律限制，以防范行业的整体风险。

另一方面，我国保险业监管制度中一直存在投资比例的法律限制规定，对现行比例限制规则做出完善，对行业发展更具有实践意义。2014 年以前，我国的保险投资比例限制规定散落于各类监管制度中。如早在 2003

---

① 罗鸣. 保险资产配置国际比较及启示［J］. 武汉金融，2017（1）：63.

年，原中国保监会《保险公司投资证券投资基金管理暂行办法》就曾规定，保险公司投资基金的总金额，不超过其上季末总资产的 15%；① 2010年颁布的《保险资金运用管理暂行办法》曾规定，保险公司投资股票和股票型基金的总金额，合计不高于其上季末总资产的 20%；② 2012 年印发的《关于保险资金投资有关金融产品的通知》也曾规定，保险公司投资理财产品、信托计划等非标准化金融产品的总金额，合计不高于其上季度末总资产的 30%。③ 2014 年 1 月，原中国保监会颁布《关于加强和改进保险资金运用比例监管的通知》，以保险可投资资产分类为基础，对主要投资形式的比例限制做出重新规定，确立了保险资金运用领域的统一比例限制规则，④ 前述各项比例限制要求随之废止。整体上看，《关于加强和改进保险资金运用比例监管的通知》合理区分了不同投资形式的交易特点和风险程度，针对风险较大的类别资产、单一投资资产及单一交易对手均做出比例限制要求，构建了相对完整的保险投资比例法律限制规则体系，对规范保险公司的投资活动发挥了积极作用。从理论上探讨，逐步取消保险投资的比例限制具有积极意义，可以使投资行为归于市场选择。⑤ 但如前所述，保险公司的大类资产配置与行业监管层面的投资比例限制存在本质差异，遵循我国保险监管制度的发展阶段，进一步完善现行的投资比例法律限制规则，更有利于当前行业的健康运行。从境外经验情况看，取消投资比例

① 原中国保监会《保险公司投资证券投资基金管理暂行办法》（保监发〔2003〕6 号）第八条。
② 原中国保监会《保险资金运用管理暂行办法》（保监会令〔2010〕年 5 号）（已废止）第十六条。
③ 原中国保监会《关于保险资金投资有关金融产品的通知》（保监发〔2012〕91 号）第十条。
④ 《关于加强和改进保险资金运用比例监管的通知》答记者问［EB/OL］. 中国保险监督管理委员会，2014 - 02 - 19.
⑤ 祝杰. 我国保险资金运用法律规则的审视与优化［J］. 当代法学，2013（3）：93.

限制并非唯一路径，如美国保险市场已相对成熟，仍保留了完整的投资比例限制制度。

（二）类别投资比例的法律限制

投资比例法律限制包括类别比例限制和单一比例限制。类别比例限制的要求是，针对保险资金运用形式中风险相对较大的资产类型，确定投资金额占保险资金总额的最高比例。一方面，根据不同投资的风险特征，对于保险资金可投资资产进行大类划分，是类别比例限制的前提。这种大类资产划分是根据保险公司资产配置要求做出的，主要考虑收益率确定机制、风险状况、财务核算等要素，与保险资金运用形式的划分方式不同，大类资产划分更为概括。按照原中国保监会《关于加强和改进保险资金运用比例监管的通知》，我国将保险资金可投资资产划分为流动性资产、固定收益类资产、权益类资产、不动产类资产和其他金融资产等五大类资产。① 另一方面，类别比例限制是对于高风险资产的投资比例限制，并非

---

① 原中国保监会《关于加强和改进保险资金运用比例监管的通知》第一条规定："保险公司投资资产（不含独立账户资产）划分为流动性资产、固定收益类资产、权益类资产、不动产类资产和其他金融资产等五大类资产。（一）流动性资产。流动性资产是指库存现金和可以随时用于支付的存款，以及期限短、流动性强、易于转换为确定金额现金，且价值变动风险较小的资产。（二）固定收益类资产。固定收益类资产是指具有明确存续到期时间、按照预定的利率和形式偿付利息和本金等特征的资产，以及主要价值依赖于上述资产价值变动的资产。（三）权益类资产。权益类资产包括上市权益类资产和未上市权益类资产。上市权益类资产是指在证券交易所或符合国家法律法规规定的金融资产交易场所（统称交易所）公开上市交易的、代表企业股权或者其他剩余收益权的权属证明，以及主要价值依赖于上述资产价值变动的资产。未上市权益类资产是指依法设立和注册登记，且未在交易所公开上市的企业股权或者其他剩余收益权，以及主要价值依赖于上述资产价值变动的资产。（四）不动产类资产。不动产类资产指购买或投资的土地、建筑物及其他依附于土地上的定着物等，以及主要价值依赖于上述资产价值变动的资产。（五）其他金融资产。其他金融资产是指风险收益特征、流动性状况等与上述各资产类别存在明显差异，且没有归入上述大类的其他可投资资产。"

针对全部大类资产。如银行存款、金融票据、债券等资产，风险相对可控，并无投资比例的限制要求。原中国保监会《关于加强和改进保险资金运用比例监管的通知》仅针对权益类资产、不动产类资产、其他金融资产等三类资产做出比例限制要求，此外对境外资产的投资比例也做出规定。①以下基于我国现行监管规则，对类别比例限制的完善做出分析。

一是权益类资产投资的比例限制。权益类资产投资主要包括买卖上市公司股票、直接和间接投资未上市企业股权。根据原中国保监会《关于加强和改进保险资金运用比例监管的通知》，权益类资产合并计算，投资总金额不得高于保险公司上季末总资产的30%。虽然理论上股票与股权具有同等法律性质，但如前所述，买卖股票在保险投资形式中属于有价证券投资，投资未上市企业股权则属于单独的投资形式，两者在交易方式、风险特征等方面均存在较大差异。股票属于标准化资产，投资行为在证券交易所内完成，遵循证券业相关监管制度；未上市企业股权则属于非标准化资产，包括股权转让、投资以股权为基础资产的金融产品等不同形式，交易结构更为复杂且透明度较低，如我国资本市场上曾长期存在"明股实债"现象。②从境外相关经验看，多数国家采取分别对股票投资和股权投资做出比例限制的做法。如德国寿险公司投资股票的最高比例为20%，投资未

---

① 原中国保监会《关于加强和改进保险资金运用比例监管的通知》第二条规定："为防范系统性风险，针对保险公司配置大类资产制定保险资金运用上限比例。（一）投资权益类资产的账面余额，合计不高于本公司上季末总资产的30%，且重大股权投资的账面余额，不高于本公司上季末净资产。账面余额不包括保险公司以自有资金投资的保险类企业股权。（二）投资不动产类资产的账面余额，合计不高于本公司上季末总资产的30%。账面余额不包括保险公司购置的自用性不动产。保险公司购置自用性不动产的账面余额，不高于本公司上季末净资产的50%。（三）投资其他金融资产的账面余额，合计不高于本公司上季末总资产的25%。（四）境外投资余额，合计不高于本公司上季末总资产的15%。"

② 苏奎武. 明股实债类融资工具的交易结构与风险识别［J］. 债券，2016（9）：52 - 58.

上市企业股权的最高比例为 10%；意大利寿险公司投资股票和未上市企业股权的最高比例均为 20%，但分别做出规定。① 因此，建议对当前我国权益类资产投资的比例限制要求做出完善，分别制定股票投资与未上市企业股权投资的最高投资比例，使类别比例限制与相关专项监管制度相互衔接。② 同时，权益类资产投资的比例限制应与自有资金使用的法律限制保持一致，对于以控制为目的的股票或股权投资，资金种类上必须为保险公司的自有资金，可不遵循比例限制要求。

二是不动产类资产投资的比例限制。不动产投资既包括直接投资不动产，也包括投资以不动产为基础资产的金融产品，可以通过物权、债权及股权等不同投资方式实现。③ 不动产价值随市场变化波动较大，且此类资产流动性相对较低，投资风险相对较高。对于不动产投资比例做出专门限制，为多数国家所采用。从完善我国现行监管规则的角度看，由于不动产投资的形式较为多样化，应对纳入不动产投资限制的范围做出厘定。一方面，采用股权方式投资不动产，所投资企业一般为持有不动产的项目公司，投资风险来源于不动产本身，应纳入不动产投资比例限制范围，而并非股权投资，另一方面，基础资产为不动产的保险债权投资计划、信托计划等，还款来源与投资风险均集中于融资主体，实质上仍属于债权投资，应纳入非标准化资产管理产品投资的比例限制范围，而并非不动产投资。此外，如前所述，自用性不动产投资在资金种类上须为保险公司的自有资金，可以不遵循比例限制要求。

---

① 段国圣，李斯，高志强. 保险资产负债匹配管理的比较、实践与创新［M］. 北京：中国社会科学出版社，2012：146.

② 我国对于保险资金股票投资和股权投资的监管要求分别规定于《保险机构投资者股票投资管理暂行办法》《保险资金投资股权暂行办法》等制度中。

③ 原中国保监会《保险资金投资不动产暂行办法》第十三条。

　　三是非标准化资产管理产品投资的比例限制。根据原中国保监会《关于加强和改进保险资金运用比例监管的通知》，保险资金投资其他金融资产的金额不得高于保险公司上季末总资产的25%，如前所述，这里的其他金融资产建议界定为非标准化资产管理产品（以下简称"非标产品"）。①实际上，非标产品的范围较为广泛，包括银行理财、信托计划、保险资产管理产品、资产支持计划等不同类型，产品结构和风险特征并不相同。从其他国家或地区的经验看，由于金融市场体系和监管制度差异较大，对非标产品投资做出专门比例限制的情况较少。近年来，我国的资产管理业务发展迅速，非标产品由于设计灵活、收益率相对较高，且一般具有第三方担保等信用增级措施，成为各类投资资金的"重仓"领域，在保险资金运用中更发挥着"压舱石"的作用。但是，非标产品本身具有发行规模大、透明度低、流动性相对较差等特点，一些不规范的业务操作给投资活动带来较多不确定，如多层嵌套、刚性兑付等问题，在实践中已经暴露出较大风险。② 鉴于当前我国保险投资领域对非标产品较为"热衷"，而该类产品的发行和销售仍处于逐步规范过程中，从防范不发生系统性风险的角度看，应坚持现行监管制度确定的非标产品投资比例限制。

　　四是境外投资的比例限制。境外投资是投资各类具有涉外因素资产的统称，由于不同国家或地区在政治环境、法律制度、经济习惯等方面的差异，境外资产的投资风险一般高于同类境内资产。随着全球一体化趋势的不断发展，境外投资已经成为保险资金运用的重要方式。境外投资的核心

---

① 原中国保监会《关于加强和改进保险资金运用比例监管的通知》规定："关于其他金融资产，境内品种主要包括商业银行理财产品、银行业金融机构信贷资产支持证券、信托公司集合资金信托计划、证券公司专项资产管理计划、保险资产管理公司项目资产支持计划、其他保险资产管理产品，境外品种主要包括不具有银行保本承诺的结构性存款，以及其他经中国保监会认定属于此类的工具或产品。"

② 《资管新规》第六条。

风险源于资产本身，涉外因素更多是增加了风险程度；并且境外投资仍须遵守所投资类别的比例限制，如境外股权投资、境外不动产投资，与境内投资合并计算限制比例。因此，建议不再针对境外资产投资单独做出比例限制要求，而是在前述类别比例限制中，规定该投资形式下的境外投资，投资比例不得高于原类别比例限制的50%。

五是比例标准的确定。在类别比例限制中，不同投资形式的具体限制比例如何确定，是完善相关规则的难点。从原中国保监会《关于加强和改进保险资金运用比例监管的通知》的制定背景看，相关比例标准更多是借鉴已有监管制度和境外经验确定。如前所述，保险大类资产配置是投资比例法律限制的基础，基于资产组合学说中的均值——方差模型，可以为比例标准的确定提供参考。

保险大类资产配置的基础为资产组合学说，该理论的核心测算模型为均值——方差模型,[①] 主要计算公式如下：

假设存在 N 类资产，对应预期收益率分别为 r_i（$i=1, 2..., N$），投资权重分别为 w_i（$i=1, 2..., N$），令 $R_i = E(r_i)$，$\sigma_i^2 = Var(r_j)$，该资产配置组合的总收益 R_p 和总风险 σ_P^2 可以通过如下方式进行测算：

$$R_P = \sum_{i=0}^{N} w_i R_i, \sigma_i^2 = Var\left(\sum_{i=0}^{N} w_i r_i\right) = \sum_{i=0}^{N}\sum_{j=0}^{N} w_i \sigma_{ij} w_j$$

$$\sigma_{ij} = E(r_i - R_i)(r_j - R_j)$$

以 σ_0^2 代表能够接受的最大风险，以 W_i 代表第 i 种资产的最大投资比例。均值 - 方差模型可以表示为：

$$MaxR_P = w_i R_j, s.t. \sum_{i=0}^{N}\sum_{j=0}^{N} w_i \sigma_{ij} w_j \leqslant \sigma^2, \sum_{i=0}^{N} w_i = 1, w_i \leqslant w_i$$

根据该模型，在设定总体投资风险可控的前提下，可以对保险大类资

---

① Markowitz H: Portfolio Selection [J]. Journal of Finance, 7 (1), 1952: 77 -91.

产配置组合中不同投资形式能够接受的最大投资比例进行测算。[①] 根据学者的实证研究结果，2010 年以后我国保险监管制度对类别比例限制的放松，优化了保险投资的风险收益结构，从测算情况看，可以进一步适度放松相关限制比例。[②] 上述模型测算是在理论条件下做出，无法充分评估实践中的各种复杂因素，测算结论更多用于检验当前限制比例是否合理及完善的方向。同时，该种测算是从保险资金大类资产配置的角度做出，如前所述，投资比例的法律限制更强调对于高风险领域的风险防范，此种测算应作为确定比例标准的考虑因素之一，而不应作为唯一因素。

综合考虑我国当前投资比例法律限制规定、境外经验及均值——方差模型的测算结论，对类别比例限制规则的完善建议如下。

首先，在当前权益类资产投资的比例限制基础上，对股票和未上市企业股权投资做出区分。建议股票投资的投资金额不高于保险公司上季末总资产的 20%；未上市企业股权投资的投资金额不高于保险公司上季末总资产的 10%。其次，保持当前不动产类资产投资的比例限制标准，不动产投资的投资金额不高于保险公司上季末总资产的 30%。再次，在当前其他金融资产投资限制比例为 25% 的基础上，根据行业资产配置发展趋势，适度增加非标准化资产管理产品的投资上限。建议非标准化资产管理产品投资的投资金额不高于保险公司上季末总资产的 30%。最后，上述投资资产为境外资产时，建议规定最高投资比例为该类资产限制比例的 50%。

随着投资市场的创新与保险行业的成熟，保险资产配置的结构与风险

---

① 朱南军，等. 保险资金运用风险管控研究 [M]. 北京：北京大学出版社，2014：139 - 148.

② 王兵，苏健. 保险资产配置比例问题的实证研究 [J]. 南方金融，2013（6）：76 - 79.

特征将不断变化,① 类别投资的比例限制也应根据实践情况有所调整。上述建议更多基于我国保险资金运用市场的现状,行业监管机构应根据市场需求和保险公司经营情况动态调整相关比例。②

(三)单一投资比例的法律限制

单一投资比例的法律限制,是指对于单一资产或单一交易对手的投资金额,不得高于保险资金总额的一定比例。单一投资比例限制包括投资单一资产的比例限制和投资单一交易对手的比例限制。投资单一资产比例限制的对象是单一投资品种,在各类别资产比例限制的基础上,规定单一品种的投资不得高于保险资金总额的一定比例。根据原中国保监会《关于加强和改进保险资金运用比例监管的通知》,保险公司投资单一固定收益类资产、权益类资产、不动产类资产或其他金融资产时,投资金额不得高于其上季末总资产的5%。投资单一交易对手比例限制的对象是单一投资主体,规定与单一投资主体之间的交易金额,包括固定收益类投资、不动产投资、资产管理产品投资等各项交易的总金额,不得高于保险资金总额的一定比例。根据原中国保监会《关于加强和改进保险资金运用比例监管的通知》,保险公司与单一法人主体之间的交易总金额,不高于其上季末总资产的20%。③ 当保险公司与所投资法人主体存在关联关系时,该限制比例须做出进一步控制。④

单一投资比例的法律限制,是集中度风险防范在保险资金运用领域的

---

① BRADLEY S P, CRANE D B. A Dynamic Model for Bond Portfolio Management [J]. Management Science, 19 (2), 1972: 139 – 151.

② 参见中国银保监会《保险资产负债管理监管暂行办法》第三十条。

③ 原中国保监会《关于加强和改进保险资金运用比例监管的通知》第三条。

④ 参见原中国保监会关于进一步规范保险公司关联交易有关问题的通知(保监发〔2015〕36号)第三条。

体现。① 集中度风险是金融机构风险管理的重要内容，包括业务、投资等活动集中于单一资产品种、单一法人主体、单一行业、单一区域等引发的风险敞口。② 在银行业，对于贷款业务的集中度风险一般通过大额风险暴露管理的方式加以控制，③ 设定大额风险敞口的监管门槛与监管上限；④ 在保险业，集中度风险防范是保险公司经营管理的重要方面，偿付能力监管对集中度风险相关指标的设定与测量具有明确要求，⑤ 且集中度风险的管理须扩展至保险集团公司。⑥ 从保险资金运用监管的角度看，单一投资品种和单一投资对象的集中度控制是防范相关风险的核心。一方面，保险投资行为的风险聚集主要源于保险公司的激进投资，如为了获取高额收益，将保险资金大量投资于单一上市公司股票或非标准化单一资产管理产品，近年来我国保险业发生的一些"保险投资乱象"，即是保险资金大规模投资单一股票所引发。⑦ 另一方面，单一投资比例限制也是防范保险公司道德风险的手段，避免保险公司利用资金运用与其控股股东、实际控制人或其他交易主体进行利益输送，如保险公司受到控股股东影响，大规模增持成长性较差的单一上市公司股票。

单一投资比例限制是保险行业集中度风险监管制度的细化，在规则上须与保险公司偿付能力管理等要求相互衔接。在限制比例的确定上，集中

---

① 江朝国."保险业对同一人、同一关系人或同一关系企业之放款及其他交易限额规定"之评释［J］.台北：月旦法学，2008（8）：130.

② DE LAVENERE LUSSAN. Financial Times Guide to Investing in Funds［M］. Financial Times Publishing, 2012：152－156.

③ 中国银保监会《商业银行大额风险暴露管理办法》（银保监会令〔2018〕第 1 号）

④ 巴曙松，刘晓依，朱元倩，等.巴塞尔 III：金融监管的十年重构［M］.北京：中国金融出版社，2019：260－261.

⑤ 原中国保监会《保险公司偿付能力监管规则第 11 号：偿付能力风险管理要求与评估》

⑥ 原中国保监会《保险公司偿付能力监管规则第 17 号：保险集团》

⑦ 中国保监会发布《关于进一步加强保险资金股票投资监管有关事项的通知》［EB/OL］.中国保险监督管理委员会，2017－01－24.

度风险的产生原因较为复杂，尚未成为统一的评估与监管标准。[1] 从金融行业实践情况看，监管比例的确定依据包括敞口比例、基尼系数、经济资本模型等计量方法，[2] 保险投资中的单一限制比例与其他金融行业中同类监管指标的确定方法是一致的。实际上，投资单一品种和单一交易对手的风险受到多种因素的影响，不同投资对象的集中度风险差异较大，如蓝筹股票的投资风险一般小于创业板股票。鉴于单一投资比例限制的此种特点，法律法规应给予行业监管机构明确授权，允许其在一定范围内调整全行业或部分保险公司的单一投资限制比例。[3] 如韩国保险法规定，行业监管机构认为必要时，可以根据保险业务种类和保险公司资产规模，在法定保险投资限制比例50%的范围内，下调保险资金投资上限。[4]

此外，根据保险资金运用的特点，应明确规定单一投资比例限制的例外情况：与类别比例限制相同，单一投资比例限制的目的仍在于防范高风险投资领域的集中度风险，对于中央政府债券、准政府债券、银行存款等风险极低的投资形式，应不受单一投资比例限制的约束；对于重大股权投资、上市公司收购、自用性不动产购置等使用保险公司自有资金的投资行为，属于保险公司实施战略投资或改善经营条件的投入，体现了保险公司对于自身权益的处分，同样不适用单一投资比例的限制要求。

① 李红侠. 商业银行贷款集中度风险的计量模型与实证研究 ［J］. 海南金融，2010 (2)：25.

② 颜新秀，王睿. 银行业集中度风险的计量与监管——国际经验对我国的启示 ［J］. 中国金融，2010 (3)：24.

③ 如原中国保监会于2015年印发的《关于提高保险资金投资蓝筹股票监管比例有关事项的通知》(保监发〔2015〕64号) 中，允许符合条件的保险公司经备案后，投资单一蓝筹股票的余额占上季度末总资产的监管比例上限由5%调整为10%。

④ 段国圣，李斯，高志强. 保险资产负债匹配管理的比较、实践与创新 ［M］. 北京：中国社会科学出版社，2012：147.

三、具体规则的立法建议

结合上述分析，针对保险资金运用行为的法律限制，建议在《保险法》或保险资金运用相关基础制度中增加如下规定。

（一）完善保险资金运用的范围

具体建议保险资金运用限于下列形式：银行存款、有价证券、不动产、非上市企业股权、非标准化资产管理产品，以及国务院保险监督管理机构规定的其他资金运用形式。

前款所称有价证券，包括票据、存单、债券、股票、证券投资基金份额、金融衍生品、资产支持证券等形式。保险资金可运用于前款规定形式下的境外投资，境外投资的具体管理办法由国务院保险监督管理机构制定。

（二）完善类别比例限制和单一比例限制

具体立法建议保险资金运用遵循如下类别比例限制：投资股票的账面余额，合计不得高于保险公司上季末总资产的20%；投资未上市企业股权的账面余额，合计不得高于保险公司上季末总资产的10%；投资不动产类资产的账面余额，合计不得高于保险公司上季末总资产的30%；投资非标准化资产管理产品的账面余额，合计不得高于保险公司上季末总资产的30%。所投资资产为境外资产时，上述类别比例限制按照50%计算。

保险资金运用遵循如下单一比例限制：投资单一资产的账面余额，合计不高于保险公司上季末总资产的5%；投资单一法人主体的账面余额，合计不高于保险公司上季末总资产的20%。投资境内的中央政府债券、准政府债券、银行存款除外。

结　语

　　保险资金运用是保险经营活动的重要组成部分。保险资金具有负债性、长期性、稳定性等特征，虽然形式上由保险公司持有并自主开展投资活动，但资金运用的结果关系着投保人、被保险人、受益人等保险消费者利益，保险资金运用不同于其他金融行业投资活动，保险法律制度应对保险公司的资金运用活动做出适度限制。

　　法律限制是保险资金运用监管的重要方式。我国保险资金运用监管制度中的法律限制要求较为分散，理论上缺乏统一认识，实践中各类规则难以相互衔接。完善我国保险资金运用的法律限制，须解决两个问题：一是保险资金运用法律限制的理由，尤其是我国遵循保险资金运用法律限制的意义；二是如何完善保险资金运用的法律限制，包括构建我国保险资金运用法律限制制度体系及具体规则的完善。对于上述两个问题的分析论述，是本书的研究结论。

　　保险资金运用法律限制的理由。经济活动具有负外部性，保险资金运用同样呈现出具有自身特点的负外部性风险，包括保险公司盲目追逐高收益率，将资金大量投入高风险领域；保险公司或其控股股东、实际控制人、管理层存在道德风险，滥用保险资金，扰乱市场秩序，损害保险消费者利益。法律限制是防范保险资金运用负外部性风险的重要监管方式，具有保护保险消费者利益、维护市场秩序稳定、避免保险行业资源滥用、弥补保险公司自身缺陷等作用。从境内外保险资金运用发展历程看，一系列因保险公司盲目投资或滥用资金引发的重大案例，成为保险资金运用法律限制产生与发展的实践基础，如2015年的"宝万之争"事件直接推动了我国加强保险资金股票投资监管。基于当前我国保险资金运用市场的发展阶段，法律限制的价值主要体现在三个方面：首先，保险消费者与保险公司在保险资金运用中存在利益博弈关系，通过法律制度对保险投资活动做出适度限制，是保护保险消费者作为利益相关者的重要手段；其次，保险资金运用不应脱离风险保障这一保险的本质功能，法律限制是从资金运用角度对于保险产品设计与开发的反向约束，能够促进保险公司遵循资产与负债相匹配的基本原则；最后，保险业监管体系是审慎监管与行为监管的结合，保险资金运用体现为保险公司的投资活动，主体层面的审慎监管无法覆盖具体投资行为，法律限制是从行为监管角度的补充。

如何完善保险资金运用的法律限制。保险资金运用的法律限制首先是一种理念，贯穿于制度建设和监管实践中，具有相对完整的原则基础和制度结构，进而体现为不同层级法律制度中的具体限制规则。一方面，我国保险资金运用法律限制体系的构建，应确立法律限制的基本原则，遵循谨慎投资原则、收益性原则、资产与负债相匹配原则、寿险与非寿险业务相区分原则和保护保险消费者利益原则，作为体系建设和规则完善的核心理念；明晰法律限制的边界，法律限制是保险公司自主开展投资活动的最低标准，目的在于为保险资金运用提供规范的制度环境，减少过多的行政干预；优化法律限制的制度结构，在保险法、保险资金运用相关部门规章中确立法律限制的主要要求，推动出台专项行政法规，提升监管规则的效力层级。另一方面，我国保险资金运用法律限制的规则完善，应从主体、客体、行为等三个角度展开。在主体上，建议以统一的保险投资管理能力建设作为基础，明确保险公司开展不同形式投资活动的要求，鉴于保险资金运用大多采用委托投资模式，受托管理机构除须具备相应的保险投资管理能力外，应保持经营管理的独立性，与资产管理产品发行方的身份相区分。在客体上，建议将保险资金划分为保险准备金、自有资金和其他资金，对不同种类资金的指向做出明确，如将投资连结保险中的投资账户资金和养老保障管理业务中的资金纳入其他资金范围；对于自有资金的使用做出特别规定，自用性不动产投资、以控制为目的的股权投资和股票投资，须使用保险公司的自有资金，由于自有资金的负债属性较弱，建议不遵循比例限制的约束。在行为上，建议将保险投资的形式划分为银行存款、有价证券、不动产、未上市企业股权、非标准化资产管理产品和境外投资，根据不同投资形式的特点，分别制定相应的法律限制要求，如有价证券包括债券、股票、证券投资基金、金融衍生品等不同类型，具体限制要求存在较大差异；投资比例的限制分为类别比例限制和单一比例限制，类别比例限制主要针对高风险领域的投资风险，建议对股票、未上市企业股权、不动产、非标准化资产管理产品的投资上限做出规定，并针对投资境外资产的情形做出特别限制，单一比例限制的目的在于防范保险资金运用领域的集中度风险，应针对单一品种、单一交易对手的投资上限做出规定。

如同过去四十年中，保险资金运用市场发生了天翻地覆的变化，在未来实践中，我国的保险资金运用仍将不断发展与创新，上述研究结论须与时俱进、不断完善。保险资金运用服务于保险主业，随着人工智能、大数据等科学技术的革新，保险业务本身的变化将直接影响保险资金运用的形式和监管要求；投资市场是创新频率最高的领域之一，新的投资方式、投资要求的出现，也将引起保险资金运用监管的重大变化。在创新与变革的视角下，本书的研究结论仅是基于当前我国保险市场的初步探讨，仍存在较多不足，期待随着保险资金运用的发展进一步探索。

参考文献

一、学术著作

（一）中文著作

［1］邹海林．保险法学的新发展［M］．北京：中国社会科学出版社，2015.

［2］金涛．保险资金运用的法律规制［M］．北京：法律出版社，2012.

［3］陈文辉，等．新常态下中国保险资金运用研究［M］．北京：中国金融出版社，2016.

［4］缪建民，等．保险资产管理的理论与实践［M］．北京：中国经济出版社，2014.

［5］熊海帆．"大资管"时代的保险资金运用监管创新——基于外部性及企业社会责任的视角［M］．北京：经济科学出版社，2015.

［6］孟昭亿．保险资金运用国际比较［M］．北京：中国金融出版社，2005.

［7］江朝国．保险业之资金运用［M］．台北：保险事业发展中

心，2003.

[8] 黄华明.风险与保险 [M].北京：中国法制出版社，2002.

[9] 王绪谨.保险学 [M].北京：高等教育出版社，2011.

[10] 马克·S.道弗曼.风险管理与保险原理（第9版）.齐瑞宗，译. [M].北京：清华大学出版社，2009.

[11] 任自力主编.保险法学 [M].北京：清华大学出版社，2010.

[12] 邹海林.保险法 [M].北京：社会科学文献出版社，2017.

[13] 齐瑞宗.保险理论与实践 [M].北京：知识产权出版社，2015.

[14] 张维迎.理解公司：产权、激励与治理 [M].上海：上海人民出版社，2014.

[15] [荷] 乔安妮·凯勒曼、雅各布·德汗，费姆克·德弗里斯.21世纪金融监管.张晓朴，译. [M].北京：中信出版集团，2016.

[16] 郭冬梅，郭三化编著.保险投资学 [M].北京：经济科学出版社，2017.

[17] 廖淑惠，译述.新日本保险业法 [M].台北：保险事业发展中心，2003.

[18] 梁宇贤.保险法新论 [M].北京：中国人民大学出版社，2004.

[19] 项俊波主编.保险资金运用实践与监管 [M].北京：中国时代经济出版社，2016.

[20] 袁宗蔚.保险学——危险与保险（增订三十四版） [M].北京：首都经济贸易大学出版社，2000.

[21] 刘喜华，杨攀勇，宋媛媛.保险资金运用的风险管理 [M].北京：中国社会科学出版社，2013.

［22］保险公司投资资产委托管理模式研究［M］．北京：首都经济贸易大学出版社，2007.

［23］赵廉慧．信托法解释论［M］．北京：中国法制出版社，2015.

［24］吴永刚．保险资金投资不动产研究［M］．北京：经济科学出版社，2014.

［25］陈文辉，等．保险资金股权投资问题研究［M］．北京：中国金融出版社，2014.

［26］斯蒂格利茨．微观规制经济学［M］．朱绍文，等译．北京：中国人民大学出版社，2000.

［27］张世明．经济法学理论演变原论［M］．北京：中国人民大学出版社，2019.

［28］肯尼斯·S. 亚伯拉罕．美国保险法原理与实务［M］．韩长印，韩永强，楚清，等译．北京：中国政法大学出版社，2012.

［29］马克·J·洛．强管理者 弱所有者［M］．郑文通，邱东辉，王雪佳，译．上海：上海远东出版社，1999：82.

［30］段国圣，李斯，高志强．保险资产负债匹配管理的比较、实践与创新［M］．北京：中国社会科学出版社，2012.

［31］童适平．日本金融监管的演化［M］．上海：上海财经大学出版社，1998.

［32］朱南军．保险会计［M］．北京：北京大学出版社，2017.

［33］中国保险学会．中国保险史［M］．北京：中国金融出版社，1998.

［34］刘丹．利益相关者与公司治理法律制度研究［M］．北京：中国人民公安大学出版社，2005.

［35］魏巧琴．保险投资风险管理的国际比较与中国实践［M］．上

海：同济大学出版社，2005.

[36] 徐高林编著. 保险资金投资管理教程 [M]. 北京：北京大学出版社，2008.

[37] 中国保险资产管理业协会编著. 国内外保险机构大类资产配置研究 [M]. 北京：中国金融出版社，2017.

[38] 张文显. 法学基本范畴研究 [M]. 北京：中国政法大学出版社，1993.

[39] 诺伯特·霍斯特. 法是什么？法哲学的基本问题 [M]. 雷磊，译. 北京：中国政法大学出版社，2017.

[40] 久保英也. 保险的独立性及其与资本市场的融合——以日本为例 [M]. 王美，译. 北京：科学出版社，2016.

[41] 许凌艳. 金融监管法制比较研究——全球金融法制变革与中国的选择 [M]. 北京：法律出版社，2016.

[42] 朱南军，等. 保险资金运用风险管控研究 [M]. 北京：北京大学出版社，2014.

[43] 巴曙松，刘晓依，朱元倩，等. 巴塞尔 III：金融监管的十年重构 [M]. 北京：中国金融出版社，2019.

[44] 周立群. 保险与投资若干问题研究 [M]. 北京：中国财政经济出版社，2013.

[45] 郑玉波. 保险法论 [M]. 台北：三民书局，1984.

[46] 刘宗荣. 保险法 [M]. 台北：三民书局，1995.

[47] 温世扬主编. 保险法（第三版）[M]. 北京：法律出版社，2016.

[48] 孟昭亿主编. 国际保险监管文献汇编——NAIC 卷（下）[M]. 北京：中国金融出版社，2008.

［49］中国保险资产管理业协会编著．保险资金服务实体经济——国际经验与路径选择［M］．北京：中国财政经济出版社，2018.

［50］邹海林主编．中国商法的发展研究［M］．北京：中国社会科学出版社，2008.

［51］中国保险资产管理业协会．中国保险资产管理业发展报告2017［M］．北京：中国财政经济出版社，2017.

［52］中国保险资产管理业协会．中国保险资产管理业发展报告2018［M］．北京：中国财政经济出版社，2018.

（二）外文著作

［1］LAWRENCE J D. Investment Policies of Life Insurance Companies［M］. Cambridge：Harvard University，1968.

［2］JACKSON C J. Stochastic Models of a Risk Business Operating under the Influence of Investment Fluctuation［M］. University of Wisconsin，1971.

［3］TRENERRY C F. The Origin and Early History of Insurance［M］. Lawbook Exchange Ltd，2010.

［4］ADOLF B，MEANS G. The Modern Corporation and Private Property［M］. London：Macmillan，1932.

［5］BOGERT G T. Trusts［M］. West Publishing Co，（6th ed.），1987.

［6］REJDA G E，MCNAMARA M J. Principles of Risk Management and Insurance，［M］. Pearson Education Inc，（13th ed.），2016.

［7］MARSHALL A. Principles of Econimics［M］. London：Macmillan，1920.

［8］PIGOU A. The Economics of Welfare［M］. London：Geneal Books LLC，2010.

［9］LESTER C. America's Greatest Depression［M］. New York：Harper &

Row, 1970.

[10] GERDING E F. Law, Bubbles, and Financial Regulation [M]. Routledge Taylor & Francis Group, 2014.

[11] OGBORN M E. Equitable Assurances: The Story of Life Assurance in the Experience of The Equitable Life Assurance Society 1762 – 1962 [M]. Routledge, Taylor & Francis Group, 1962.

[11] CUMMINS J D, VENARD B. Handbook of International Insurance: Between Global Dynamics and Local Contingencies [M]. Berlin: Springer – Verlag, 2007.

[12] FREEMAN R E. Strategic Management: A Stakeholder Approach [M]. Pitman Publishing Inc, 1984.

[13] DORFMAN M S, CATHER D A、Introduction to Risk Management and Insurance [M]. Pearson Education Inc, (10th ed.), 2012.

[14] TAYLOR M W. Twin Peaks: A Regulatory Structure for the New Century [M]. London: Centre for the Study of Financial Innovation, 1995.

[15] SWENSEN D F. Pioneering Portfolio Management [M]. Free Press, 2009.

[16] WALSH C. Key Management Ratios [M]. Financial Times Publishing, (4th ed.), 2012.

[17] GRAY J, HAMILTON. Implementing Financial Regulation: Theory and Practice [M]. John Wiley & Sons Inc, 2006.

[18] DE LAVENERE LUSSAN. Financial Times Guide to Investing in Funds [M]. Financial Times Publishing, 2012.

[19] WINTER W D. Marine Insurance: Its Principles and Practice [M]. Nabu Press, 2010.

［20］SCHWARCZ S L. Structured Finance：A Guide to the Principles of Asset Securitization ［M］. Practicing Law Institute, 2002.

［21］SLOVIC P. The Perception of Risk ［M］. London：Earthscan Ltd, 2000.

［22］BABBEL D F, STRICKER R. Asset Liability Management for Insurers：Insurance Perspectives ［M］. Goldman Sachs, 1987.

［23］TRIESCHMANN J S, GUSTAVSON S G, HOYT R E. Risk Management and Insurance ［M］. South – Western College Publishing, （11th ed.）, 2000.

［24］PENNER J E. The Law of Trusts ［M］. Oxford University Press, （4th ed.）, 2005.

［25］BABBEL D F, FABOZZI F J. Investment Management for Insurers ［M］. John Wiley & Sons Inc, 1999.

［26］HOPKIN P. Fundamentals of Risk Management：Understanding, Evaluating and Implementing Effective Risk Management ［M］. Kogan Page Ltd, （4th ed.）, 2018.

［27］RAWLINGS, PHILIP. Insurance Law：Doctrines and Principles ［M］. Hart Publishing, 2000.

［28］COOLEY, WILLIAM R. Briefs on the Law of Insurance ［M］. Nabu Press, 2010.

二、学术期刊

（一）中文期刊

［1］费安玲，王绪谨. 保险投资监管法律问题的思考 ［J］. 北京商学

院学报，2000（1）.

[2] 姜淞源.各国保险资金运用法律监管的比较与借鉴 [J] .经济研究导刊，2008（12）.

[3] 祝杰.我国保险资金运用法律规则的审视与优化 [J] .当代法学，2013（3）.

[4] 李伟群，胡鹏.保险机构股票投资行为的法律规则——以"金融与商业分离原则"为视角 [J] .法学，2018（8）.

[5] 陈文辉.保险资金运用原则 [J] .中国金融，2016（18）.

[6] 杜墨.英国保险资金的运用、监管及其借鉴 [J] .保险研究，1999（4）.

[7] 杨帆，韩卫国，甘露.保险资金运用国际比较研究 [J] .保险研究，2002（6）.

[8] 张洪涛.美日英韩四国及台湾地区保险资金运用的启示 [J] .保险研究，2003（5）.

[9] 徐高林.美国财险公司投资示范法研究与借鉴 [J] .国际商务——对外经济贸易大学学报，2006（6）.

[10] 曲扬.保险资金运用的国际比较与启示 [J] .保险研究，2008（6）.

[11] 曾庆久，蔡玉胜.保险资金运用和监管的国际比较与借鉴 [J] .经济纵横，2007（5）.

[12] 魏华林.保险的本质、发展与监管 [J] .金融监管研究，2018（8）.

[13] 初北平，曹兴国.海上保险及其立法起源考 [J] .中国海商法研究，2013（4）.

[14] 胡良.偿付能力与保险资金运用监管 [J] .保险研究，2014

（11）.

　　［15］李华.中国大陆保险资金股权投资监管与保险消费者之保护
［J］.月旦财经法，2018（11）.

　　［16］漆多俊.中国经济法理论之创新与应用——30年回顾与启示
［J］.法学评论，2009（4）.

　　［17］陈甦.商法机制中政府与市场的功能定位［J］.中国法学，
2014（5）.

　　［18］薛克鹏.国家干预的法理分析［J］.法学家，2005（2）.

　　［19］刘燕.发现金融监管的制度逻辑——对孙大午案件的一个点评
［J］.法学家，2004（3）.

　　［20］白钦先.20世纪金融监管理论与实践的回顾与展望［J］.城市
金融论坛，2000（5）.

　　［21］侯利阳.市场与政府关系的法学解构［J］.中国法学，2019（1）.

　　［22］杨长虹.历史的重现——1929年的美国大萧条［J］.金融博
览，2008（12）.

　　［23］张桂华.美国金融经营体制演变与我国金融经济体制改革［J］.金
融科学，2001（1）.

　　［24］丁昶，商敬国.英国公平人寿事件剖析［J］.中国金融，2004
（16）.

　　［25］孙丽娟，费清.经济泡沫、保险自由化与改革：日本保险业的
发展历程［J］.现代日本经济，2017（2）.

　　［26］吉玉荣，张爱红，张维.日本保险业危机对我国保险监管的启
示［J］.南京审计学院学报，2007（2）.

　　［27］胡坤.日本保险业的危机与启示［J］.金融研究，2000
（11）.

[28] 江朝国. 保险法修正评释 [J]. 月旦法学, 2009 (1).

[29] 黄震, 杨佑. "关国亮违规运用资金案" 回顾与反思——谈保险业公司治理问题及监管 [J]. 中国保险, 2009 (5).

[30] 方子睿, 于波. 险资举牌背景下上市公司应对恶意收购的策略研究——以宝万之争为例 [J]. 中国商论, 2018 (9).

[31] 张宗新, 季雷. 公司购并利益相关者的利益均衡吗?——基于公司购并动因的风险溢价套利分析 [J]. 经济研究, 2003 (6).

[32] 李心合. 面向可持续发展的利益相关者管理 [J]. 当代财经, 2001 (1).

[33] 李福华. 利益相关者理论与大学管理体制创新 [J]. 教育研究, 2007 (7).

[34] 中国保监会保险消费者权益保护局课题组. 保险消费者权益问题的思考 [J]. 保险研究, 2012 (9).

[35] 叶林, 郭丹. 保险本质和功能的法学分析 [J]. 法学杂志, 2012 (8).

[36] 孙祁祥, 朱南军. 保险功能论 [J]. 湖南社会科学, 2004 (2).

[37] 王华庆. 论行为监管与审慎监管的关系 [J]. 中国银行业, 2014 (5).

[38] 钟震, 董小君. 双峰型监管模式的现状、思路和挑战——基于系统重要性金融机构监管视角 [J]. 宏观经济研究, 2013 (2).

[39] 贾晓雯. 双峰监管: 理论起源、演进及英国监管改革实践 [J]. 金融监管, 2018 (5).

[40] 刘轶. 金融监管模式的新发展及其启示——从规则到原则 [J]. 法商研究, 2009 (2).

[41] 曾耀锋. 日本人寿保险业资金运用之监理规范: 以不动产投资为论述核心 [J]. 中科大学报, 2014 (1).

[42] 柴荣, 刘键. 我国台湾地区的金融监管体制研究 [J]. 政治法学研究, 2017 (1).

[43] 乔石. 两岸保险资金股票投资规范比较研究 [J]. 保险经营学报, 2018 (6).

[44] 舒国滢. 法律原则适用的困境——方法论视角的四个追问 [J]. 苏州大学学报 (哲学社会科学版), 2005 (1).

[45] 任春生. 我国保险资金运用改革发展 40 年: 回顾与展望 [J]. 保险研究, 2018 (12).

[46] 王军辉. 保险资金大类资产配置的战略思考与实践 [J]. 清华金融评论, 2019 (2).

[47] 任自力. 保险损失补偿原则适用范围思考 [J]. 中国法学, 2019 (5).

[48] 赵旭东. 从资本信用到资产信用 [J]. 法学研究. 2003 (5).

[49] 段国圣. 资本约束下的保险公司最优资产配置: 模型及路径 [J]. 财贸经济, 2012 (8).

[50] 罗鸣. 保险资产配置国际比较及启示 [J]. 武汉金融, 2017 (1).

[51] 苏奎武. 明股实债类融资工具的交易结构与风险识别 [J]. 债券, 2016 (9).

[52] 王兵, 苏健. 保险资产配置比例问题的实证研究 [J]. 南方金融, 2013 (6).

[53] 江朝国. "保险业对同一人、同一关系人或同一关系企业之放款及其他交易限额规定" 之评释 [J]. 月旦法学, 2008 (8).

[54] 李红侠. 商业银行贷款集中度风险的计量模型与实证研究 [J].

海南金融, 2010 (2).

[55] 颜新秀, 王睿. 银行业集中度风险的计量与监管——国际经验对我国的启示 [J]. 中国金融, 2010 (3).

[56] 李玉泉, 李祝用. 修改《保险法》的若干思考 [J]. 中国保险, 2002 (4).

[57] 邹海林. 评中国大陆保险法的修改 [J]. 月旦法学, 2003 (8).

[58] 陈文辉. 保险资金运用的回归与展望 [J]. 保险研究, 2013 (9).

[59] 缪建民, 张雪松. 资产周期特征与保险公司资产配置策略 [J]. 保险研究, 2010 (8).

[60] 罗明敏. 两岸保险业产业结构与资金运用差异比较之研究 [J]. 财金论文专刊, 2011 (15).

(二) 外文期刊

[1] MARKOWITZ H. Portfolio Selection [J]. Journal of Finance, 7 (1), 1952.

[2] HARRINGTON S E, NELSON J M. A Regression – Based Methodology for Solvency Surveillance in the Property – Liability Insurance Industry [J]. Journal of Risk and Insurance, 53 (4), 1986.

[3] BABBEL D F, ARTHUR B H. Incentive Conflicts and Portfolio Choice in the Insurance Industry [J]. Journal of Risk and Insurance, 59 (4), 1992.

[4] NIEKERK J P V. Fragments from the History of Insurance Law [J]. South Africa Mercantile Law Journal, (12), 2001.

[5] NELLI H O. The Earliest Insurance Contract – A New Discovery [J]. Journal of Risk and Insurance, 39 (2), 1972.

[6] JOHN C. Whatever happened to insurance? More small companies retain risk [J]. Managed Care, 12 (8), 2003.

［7］REDDY S, MULLER M. Risk – Based Capital for Life Insurers: Part Ⅱ Assessing the Impact ［J］. Risks and Rewards, 5 (9), 1993

［8］COLQUITT L L, SOMMER D W. An Exploratory Analysis of Insurer Groups ［J］. Risk Management and Insurance Review, 6 (2), 2003.

［9］GUPTA K. Chandrasekhar Krishnamurti and Alireza Tourani – Rad, Financial Development, Corporate Governance and Cost of Equity Capital ［J］. Journal of Contemporary Accounting & Economics, 14 (1), 2018.

［10］CUMMINS J D, VENARD B. Insurance Market Dynamics: Between Global Developments and Local Contingencies ［J］. Risk Management and Insurance Review, 11 (2), 2008.

［11］WISMAN J D. The Financial Crisis of 1929 Reexamined: The Role of Soaring Inequality ［J］. Review of Political Economy, 26 (3), 2014.

［12］LUCHTENBERG K F. The 2008 Financial Crisis: Stock Market Contagion and Its Determinants ［J］. Research in International Business and Finance, 3 (6), 2015.

［13］WILLIAMSON O E. Corporate Finance and Corporate Governance ［J］. Journal of Finance, 18 (3), 1988.

［14］KLINE W, MCDERMOTT K. Evolutionary Stakeholder Theory and Public Utility Regulation ［J］. Business and Society Review, 124 (2), 2019.

［15］VLADIMIR N, JELENA C. The Protection of Financial Services Users: The Case of Insurance Companies and Investment Funds ［J］. Beograd: Marketing, 43 (4), 2012.

［16］ZWEIFEL P, AUCKENTHALER C. On the Feasibility of Insurers' Investment Policies ［J］. Journal of Risk and Insurance, 75 (1), 2008.

［17］FISCHER K, SCHLUTTER S. Optimal Investment Strategies for Insurance Companies when Capital Requirements are Imposed by a Standard Formula [J]. The Geneva Risk and Insurance Review, 40 (3), 2015.

[18] HUANG E J, LU E P, KAO G W. Investment Regulation, Portfolio Allocation, and Investment Yield in the U. S. and China Insurance Industry [J]. The Chinese Economy, 49 (1), 2016.

[19] ALMEIDA H, KIM C S, KIM H B. Internal Capital Markets in Business Groups: Evidence from the Asian Financial Crisis [J]. The Journal of Finance, 70 (6), 2015.

[20] ROTMAN L I. Fiduciary Doctrine: A Concept in Need of Understanding [J]. Alberta Law Review, 34 (4), 1996.

[21] FOLLMER H, SCHIED A. Convex Measures of Risk and Trading Constraints [J]. Finance and Stochastics, 6 (4), 2002.

[22] COLQUITT L L, COX L A. The Efficacy of Regulator's Estimates of Life Insurer Portfolio Risk [J]. Risk Management and Insurance Review, 2 (2), 1999.

[23] CUMMINS J D. Allocation of Capital in the Insurance Industry [J]. Risk Management and Insurance Review, 3 (1), 2000.

[24] MYERS S C, READ J A, Jr. Capital Allocation for Insurance Companies [J]. Journal of Risk and Insurance, 68 (4), 2001.

[25] BRADLEY S P, CRANE D B. A Dynamic Model for Bond Portfolio Management [J]. Management Science, 19 (2), 1972.

[26] DIALLO B, AI MANSOUR A. Shadow Banking, Insurance and Financial Sector Stability [J]. Research in International Business and Finance, 4 (5), 2017.

[27] BREWER E, MONDSCHEAN T H. Life Insurance Company Risk

Exposure: Market Evidence and Policy Implications［J］. Contemporary Economic Policy, 11（4）, 1993.

［28］VENEZIAN E C, Ratemaking Methods and Profit Cycles in Property and Liability Insurance［J］. Journal of Risk and Insurance, 52（5）, 1985.

［29］BROWNE M, KIM K. An International Analysis of Life Insurance Demand［J］. Journal of Risk and Insurance, 60（4）, 1993.

［30］GRACE M F, HOTCHKISS J L. External Impact on the Property – Liability Insurance Cycle［J］. Journal of Risk and Insurance, 62（4）, 1995.

［31］SCHWENDIMANAND C J, PINCHES E. An Analysis of Alternative Measures of Investment Risk［J］. Journal of Finance, 30（1）, 1975.

三、论文集

［1］卢劲松. 我国保险资金运用监管法律制度的缺失及其完善［A］. 中国商法年刊（2007）：和谐社会构建中的商法建设［C］. 北京：北京大学出版社, 2008.

［2］常敏, 邹海林. 我国保险法修订的路径思考［A］. 谢贤主编. 保险法评论（第二卷）［C］. 中国法制出版社, 2009.

四、学位论文

［1］祝杰. 我国保险监管体系法律研究——以保险资金运用为视角［D］. 长春：吉林大学, 2011.

［2］梁昭铭. 保险业资金运用规范之妥当性——以中寿投资开发金衍生之争议为例［D］. 台北：国立政治大学, 2005.

［3］李亚敏. 我国保险资金运用问题研究——基于资本市场的收益与

风险分析［D］．上海：复旦大学，2007．

［4］郝延伟．"美国大萧条"——史实与争论［D］．上海：复旦大学，2011．

［5］王姝．主要发达国家保险监管制度比较研究［D］．长春：吉林大学，2013．

［6］徐高林．英美寿险资金投资原理研究［D］．北京：对外经济贸易大学，2004．

［7］张学江．保险投资论［D］．厦门：厦门大学，2002．

［8］刘丹．利益相关者与公司治理法律制度研究［D］．北京：中国政法大学，2003．

五、报纸文章

［1］陈俊元．保险资金投资股权与介入经营问题——两岸法制之比较［N］．中国保险报，2015 - 10 - 23．

［2］谭显英．保险公司投资不动产的收益与风险［N］．中国保险报，2011 - 06 - 13．

［3］陈冲．摸不着头脑［N］．台北：中时电子报，2014 - 06 - 10

六、报告

［1］梁宏源，彭亚筑，黄胤茜等．台湾保险业资金资产配置允当性之探讨［R］．台北：台湾致理技术学院保险金融管理系，2011．

［2］中国保险资产管理业协会．2018 - 2019 保险资管业调研报告［R］．北京：中国保险资产管理业协会，2019．

［3］安邦资产管理有限责任公司．中外保险资金大类资产配置研究

［R］. 北京: 中国保险资产管理业协会, 2015.

［4］Praet P. Fixed Income Strategies of Insurance Companies and Pension Funds, Bank for International Settlements, ［R］. The Committee on the Global Financial System Report, 2011.

［5］Swiss Re. World Insurance in 1998: Deregulation, overcapacity and financial crises curb premium growth, ［R］. Sigma, 1999.

七、境外法律法规

［1］Investments of Insurers Model Act – Defined Standards Version, National Association of Insurance Commissioners, 2001.

［2］Investments of Insurers Model Act – Defined Limits Version, National Association of Insurance Commissioners, 1996.

［3］New York Consolidated Laws, Insurance Law, 2015.

［4］The Insurance Companies Regulations, UK Statutory Instruments, No. 1516, 1994.

［5］The Interim Prudential Sourcebook for Insurers, UK, Financial Service Authority, 2001.

［6］The Prudential Sourcebook for Insurers, UK, Financial Service Authority, 2006.

［7］Act on the Supervision of Insurance Undertakings, Germany, Federal Financial Supervisory Authority, 1992, amended in 2007.

［8］Insurance Business Act, No. 105, Japan, 1995, amended in 2018.

［9］Ordinance for Enforcement of the Insurance Business Act, Ordinance of the Ministry of Finance No. 5, Japan, 1996, amended in 2010.

后 记

本书是在我的博士论文基础上完成的。选择"保险资金运用的法律限制"作为研究主题，源于我的工作经历。过去的十余年来，我一直从事保险法律工作，与保险法朝夕相伴。准备博士论文时，我希望以保险法为方向，将自己的工作心得与理论研习结合起来。保险资金运用的法律限制研究正是基于这样一种构想：从保险资金的源头——保险合同法律关系出发，将投保人、被保险人、受益人等保险消费者的利益保护要求体现在保险资金运用相关法律规则中，以法律限制作为纽带，将保险合同与保险资金运用联系在一起，落脚于当前我国保险法的修改——对完善保险资金运用相关规定的建议。然而，理想很美好，现实很残酷，在撰写过程中，我屡次受挫。一方面，我深感法学理论之博大精深，自己的思考不过冰山一角；另一方面，博士论文在逻辑严谨、行文规范等方面的高要求，也让我这个兼顾工作、家庭与学业的"高龄"博士生心力交瘁。能够最终完成论文并顺利毕业，我要感恩自己的幸运，更感激各位老师、领导、朋友、家人的帮助。我深知本书研究还存在很多不足，大量新的问题有待探索，希望能够以此为起点，将保险法研究作为此生追求。

某种程度上，本书是我二十余年法律专业学习、近十五年法律实务工作的见证。一路走来，我在关怀中成长，始终心存感激。

240

感谢北京航空航天大学法学院圆了我的博士梦。感谢我的博士生导师北京航空航天大学任自力教授，多年来对我悉心指导和照顾。感谢本科和硕士母校中国政法大学，四年四度军都情，一生一世法大人。感谢我的硕士生导师中国政法大学刘丹教授和"大哥"薛元锁先生，一直如同亲人般对我关心备至。感谢中国法学会保险法学研究会为本书出版提供支持，感谢腾讯给予资助。感谢中国政法大学管晓峰教授、对外经济贸易大学陈欣教授、中国人民大学贾林青教授、上海交通大学韩长印教授、北京师范大学夏利民教授、北京航空航天大学周学峰教授、对外经济贸易大学李青武教授，感谢各位老师在本书创作过程中给予的指导与鼓励。

感谢中国人民保险——PICC这样一个伟大的平台。我很荣幸能够成长于人保法律部。感谢人保法律部创始人、原人保集团副总裁李玉泉先生的谆谆教诲，让我明白很多做人做事的道理。感谢人保集团党委委员、副总裁李祝用先生的言传身教，让我懂得全力以赴应该是一种习惯。感谢因人保法律部结缘的各位领导和同事，感谢人保集团法律合规部总经理白飞鹏先生、总经理助理鲍为民先生、风险管理部处长王庆松先生、人保财险董事会秘书邹志洪先生、人保健康法律合规部总经理卞江生先生、人保资产法律合规部总经理胡凌斌先生、中再集团法律总监曹顺明先生、湖北银保监局局长刘学生先生、现代财险副总经理周岷先生，感谢人保财险江苏省分公司法律合规部总经理卫文女士、福建省分公司法律合规部总经理詹功俭先生、原辽宁省分公司法律合规部副总经理彭发明先生、广东省分公司纪委书记徐海东先生、太原市分公司总经理张弛先生、广州康达律师事务所合伙人陈雷鸣先生。在每个阶段，各位的鼓励与支持一直是我前行的动力。

感谢我所在的公司。感谢人保养老总裁张海波先生，他对于年轻人的信任，让我感动。感谢人保养老副总裁王隽女士，每次遇到困难，她的睿智和大度给予我很多信心。感谢陈志刚监事长、龙晖副总裁、胡伟益副总裁、彭国利副总裁，在各个方面都给予我很多支持。感谢人保养老的各位领导、同事，在这里我完成了职业生涯的蜕变。

感谢我的朋友们。感谢中国社会科学院大学梁鹏教授、中国人民大学张俊岩副教授、中国政法大学薄燕娜教授、翟远见副教授、翁武耀副教授、北京航空航天大学王天凡副教授，各位对于本书的真知灼见让我受益良多。感谢北京航空航天大学朱晓婷博士，从资料收集到观点推敲，她都给予我很多启发。感谢挚友陈百龄女士，在千里之外的台北为我收集境外资料。感谢孙红妮、高晓鹏、姚兆中、张锴、钱魏、李超田、程远、李星、林志坚、高杨、吴文波、章杰超、于天美、袁圆、冯晶、骆杰、耿胜先、乔乔、张恒、谭蔚、王辉、万千、段琼、王天瑜、任江凌、张优优、李珊珊、冀伟、梁正纲、李钺博、董朝燕、赵精武、周瑞珏、李旭强、姚寅、张清玉，是各位的关心和帮助，让我学会坚持。感谢我的兄弟们，是你们让我一直心怀理想。这一路走来，我得到了很多人的帮助，抱歉没能一一致谢，朋友是我最大的财富，感激在心中。

感谢我的父亲乔鸣远先生、母亲闫永琴女士，父母是我的力量源泉，此生一直索取却无以回报，希望本书能够寄托我对于父母的感恩。感谢我的妻子王荟女士，在家庭中的分担，是对我最大的支持。最后，我想写给女儿然然一句话——不抱怨、不羡慕，唯有努力，方不负此生。